UNI WISSEN

Kulturwissenschaft Spanien

Arno Gimber

Ernst Klett Sprachen
Barcelona · Budapest · London · Posen · Sofia · Stuttgart

Bibliographische Information der Deutschen Bibliothek.
Die Deutsche Bibliothek verzeichnet diese Publikation in der
Deutschen Nationalbibliographie; detaillierte bibliographische
Daten sind im Internet über http://dnb.ddb.de abrufbar

1. Auflage A 1 5 4 3 2 1 | 2007 2006 2005 2004 2003

Internetadresse | http://www.klett-verlag.de

Redaktion | Dr. Susanne Schauf
Umschlaggestaltung und Layout | Christine Schneyer
Satz | Steffen Hahn GmbH, Medienservice, Kornwestheim
Druck | Ludwig Auer GmbH, Donauwörth. Printed in Germany.
ISBN 3-12-939625-X

Inhalt

Vorwort

Dieses Buch ist als Einführung ins Studium der spanischen Kulturwissenschaft gedacht und wendet sich auch an Studentinnen und Studenten der Hispanistik. Die spezifische Behandlung des Kulturellen kann außerdem für andere Universitätsfächer und Wissenschaftsdisziplinen von Interesse sein und will darüber hinaus generell zu einer fundierteren Kenntnis der spanischen Kultur beitragen.

Neben dem repräsentativen Einblick und Überblick über das Standardwissen lag es in meiner Eigenverantwortung, wie ich in einer zuletzt doch subjektiven Auswahl große mit kleinen Kulturthemen verbunden habe. Auch wenn ich damit zuweilen die herkömmliche Grenzziehung durchbreche, hielt ich an dem Vorsatz fest, mich durch die Erwähnung und Behandlung sehr unterschiedlicher Themen dem schwer zu definierenden und nicht klar abgrenzbaren Bereich der Kultur auf einem wissenschaftlichen Niveau zu nähern und dabei den aktuellen Forschungsstand nicht aus den Augen zu verlieren. Allerdings wurden die theoretischen Erwägungen zur Kulturwissenschaft in der Einleitung auf ein Minimum reduziert. Für eine tief greifendere Auseinandersetzung sei hier auf den ebenfalls in der Reihe UNI WISSEN erschienenen Band *Kulturwissenschaft Französisch* von Dorothee Röseberg verwiesen.

Da im Mittelpunkt meiner Ausführungen wichtige Entwicklungslinien, Konstanten und Veränderungen stehen, ist die vorliegende Kulturanalyse notgedrungen historisch ausgerichtet. Hinter der Gliederung in vier Teile verbirgt sich jedoch die Absicht, ein bloß chronologisches Vorgehen in der Gesamtdarstellung zu vermeiden. Zuerst wurden deshalb synchron die nach meinem Dafürhalten großen Kulturthemen Spaniens, die Grunddispositionen der spanischen Kultur also, abgehandelt. Erst Kapitel vier bietet dann den diachron konzipierten Abriss des 20. Jahrhunderts, aus dem sich zuletzt der gegenwärtige Zustand des kulturellen Lebens in Spanien herauskristallisiert.

Der Band wurde von einem Deutschen geschrieben, der seit nunmehr fünfzehn Jahren im Ausland, davon zehn in Spanien lebt. Daraus erklärt sich eine ganz spezifische Sichtweise, die nicht geleugnet werden kann und auf die zurückzuführen ist, dass bestimmte Themen gar nicht oder nur kurz, andere hingegen ausführlicher behandelt wurden. Vollständigkeit konnte und sollte nicht erreicht werden. Das Buch, das ich zwischen historischer Darstellung und Nachschlagewerk geschrieben habe, soll zum Weiterlesen einladen, denn nur so kann dem Charakter des Vorläufigen und des Fragmentarischen entgegengewirkt werden.

Mein Dank gilt den Professoren Dieter Ingenschay und Hartwig Kalverkämper von der Humboldt-Universität Berlin für ihr Vertrauen, Cecilia Dreymüller und Isolde Specka für die hilfreichen kritischen Kommentare und ganz besonders José Manuel Rodríguez Martín, der mir in zahlreichen Gesprächen und durch einen barock geschulten Blick immer wieder die Begeisterung für seine spanische Kultur vermittelt hat. Sie kommt in diesem Buch an vielen Stellen zum Ausdruck.

Arno Gimber
im Februar 2003

1 KAPITEL Identitäten

1 Die spanische(n) Kultur(en)

1 Problemstellung

Hintergrund

Wenn Ortega y Gasset (1883–1955) 1927 in seinem Aufsatz *Meditación del Escorial* von den Spaniern als *„pueblo más anormal de Europa"* (1983, II: 557) spricht, weist diese Charakterisierung zurück auf die Sentenz des Romantikers Mariano José de Larra (1809–1837) *„nuestro país es el país de las anomalías"* (252). Dahinter steht die über Jahrhunderte andauernde Abgrenzung Spaniens vom übrigen Europa und die Forderung nach seiner erneuten Eingliederung. Ortegas Schüler Julián Marías (1914) formuliert diesen Wunsch während der Isolation im Franquismus erneut: *„Hay que desterrar de una vez para siempre la idea de que España es un país anómalo y para quien no valen las leyes de la física, la política o la moral; de que constituye siempre un caso especial, una ‚excepción' al amparo de la cual puede hacerse lo que convenga. No, España no es un fenómeno de feria, sino un país que ha dado no pocas pautas al mundo y ha contribuido enérgicamente a hacerlo; y esas pautas son también válidas para ella. España está en Europa, y ésta no está sola, sino en Occidente"* (1966: 36).

Die Feststellung der drei Intellektuellen ist das Resultat eines von außen herangetragenen Spanienbildes. Insbesondere das Schaubudenphänomen, auf das Marías anspielt, zeigt, wie sehr die Auseinandersetzung mit dem Fremdbild das Verständnis von der eigenen Kultur mitbestimmt. Heute, zu Beginn des 21. Jhs., ist diese Stereotypisierung überwunden, die Forderung nach Integration ist eingelöst, aber der Vergleich mit Europa zieht sich in Spanien als Grundgedanke durch Kulturhaltung und -handlungen der letzten zweihundert Jahre. Er bildet deshalb den Hintergrund dieser Untersuchung.

Kulturvielfalt

Der nationale Charakter einer Kultur ist nicht nur Resultat von Eigen- und Fremdbildern, sondern er beruht auch auf konkreten Kulturkontakten. Schon vorchristliche Kulturen trafen auf der iberischen Halbinsel in einer bemerkenswerten Dichte zusammen, denkt man nur an die Iberer, Kelten, Phönizier, Punier, Griechen und Römer. Später kamen die Westgoten und während sieben Jh. die Araber hinzu. Die historischen und sozialen Rahmenbedingungen, unter denen sich die Basismerkmale und Grundstrukturen der Kultur(en) auf der iberischen Halbinsel dann im Mittelalter zeigten, oszillierten zwischen den starken arabischen und jüdischen Einflüssen einerseits und der christlichen Tradition andererseits. Das Ende der Reconquista 1492 führte, so die These AMÉRICO CASTROS (1885–1972), die heute von JUAN GOYTISOLO (1931) weitergedacht wird, zu starken kulturellen Einschränkungen. In der Literatur des spanischen Mittelalters vernehme man das Echo des Zusammenspiels der verschiedenen Kulturen, ab der Renaissance sei es jedoch verloren gegangen.

Das theoretische Modell, auf dem die folgenden Ausführungen beruhen, setzt ein Verständnis von Kultur als Kulturvermischung im Sinne eines Prozesses von wechselseitiger Fremd- und Selbstbestimmung voraus. Dies ist sowohl grenzüberschreitend zu verstehen, als auch im Blick auf die regionalen, sozialen und geschlechterspezifischen Beziehungen im Innern der Nation. Ziel des vorliegenden Bandes soll es auch sein, die Vielfalt der Kulturen unter dem Gesichtspunkt einer Vernetzung der verschiedenen kulturellen Felder (im Sinne Bourdieus), aus denen sich eine Nationalkultur zusammensetzt, zu umreißen.

Nationalkultur

Kultur ist kein vereinheitlichender Begriff. Diesen Gedanken brachte schon THOMAS MANN zu einer Zeit, als in Deutschland die Nazidiktatur jede kulturelle Diversifikation unterdrückte, in dem Essay *Meerfahrt mit Don Quijote* auf den Punkt: *„Man muss seine Zeit ganz in ihrer Komplexheit und Widersprüchlichkeit in sich haben, denn Vielfaches, nicht eines nur, bildet die Zukunft vor“* (1982: 1056).

Der Begriff der Nationalkultur löst sich in mehrere Fassetten auf. Nicht eine kulturelle Identität Spaniens, sondern mehrere kulturelle Identitäten müssen herausgearbeitet und in Beziehung gesetzt werden. Es gibt ihn natürlich nicht, *den* Spanier, weil ja schon die Übereinstimmung von Nation, Volk, und Sprachgemeinschaft nicht gilt und weil generell nationale Totalitäten Konstrukte von Gemeinplätzen sind. Je tiefer man in kulturelle Gegebenheiten eindringt, desto deutlicher zeigt sich die hybride Grundkonzeption. Auch wenn alle Spanier Mitglieder einer Gesellschaft mit einem selben politischen und wirtschaftlichen System und übereinstimmenden sozialen Zielvorstellungen sind, ist Differenzierung notwendig. Schon die gemeinsame Geschichte der spanischen Nation wird in Katalonien und im Baskenland infrage gestellt.

Grenzkultur

Spanien gehört zu den herausragenden europäischen Grenzkulturen, bedingt nicht nur durch die geografische Nähe zu Afrika und durch seine Kolonialgeschichte als Schwellenräume zwischen Fremdem und Eigenem, sondern auch durch seine inneren Kulturgrenzen. Diese gehen auf die christlichen Königreiche zurück, die sich im Zuge der Reconquista – ausgehend von Asturien – herausgebildet hatten. Auch deshalb ist die spanische Kultur nach FRANCO mehr denn je durch Kulturvielfalt gekennzeichnet.

Während der Zweiten Republik war die Anerkennung der Regionalsprachen vor dem Hintergrund der autonomen Statuten für

Katalonien und das Baskenland konstitutionell verankert, und nach 1975 stehen in Katalonien, im Baskenland und in Galicien die Regionalsprachen wieder institutionell gleichberechtigt neben dem Kastilischen. Diese Regionen wählen heute ihre eigenen Länderparlamente und betreiben eine autonome Politik, die in vielen Punkten als föderalistisch bezeichnet werden kann.

Aber die neue Situation birgt Probleme, wie sie Joseba Gabilondo in einem Artikel von 1999 herausstellt: Die spanischen Regionen sind in ihrer historischen Formation und in ihrem Selbstverständnis als Nationen Phänomene des 18. Jhs. Deshalb strukturieren und artikulieren sie sich wie periphere *Kleinnationen* und kämpfen immer noch gegen das längst gescheiterte Projekt der Staatsnation unter FRANCO an. Natürlich wird im vorliegenden Band, dessen Thema Spanien ist, die baskische, galicische oder katalanische Kultur in Erwägung gezogen. Eine Bewegung wie z. B. die *Renaixença* besitzt Kulturbedeutung für ganz Spanien. Und die kulturellen Probleme des Baskenlands sind mit der nationalen Politik aufs Engste verflochten.

Kulturbegriff

Wir werden im Folgenden von einem weit gefassten Kulturbegriff ausgehen, der alle Produkte geistiger Tätigkeit der Menschen berücksichtigt. Die unterschiedlichen Bedeutungen von Kultur können hier nicht erläutert werden, entscheidend ist jedoch zweierlei: Hinter den verschiedensten kulturellen Manifestationen müssen erstens im Sinne des Kulturanthropologen Clifford Geertz Muster und Einstellungen aufgedeckt und gedeutet werden. Zudem soll sich die Untersuchung nicht nur auf dem kulturellen Höhenkamm der Aktivitäten von künstlerischen oder intellektuellen Eliten bewegen, sondern sie will auch viele Bereiche der Alltagskultur miteinbeziehen, um ein möglichst umfassendes Bild der kulturellen Wirklichkeit in Spanien vorzustel len.

In einem Punkt müssen hier Abstriche gemacht werden: Mit Michel Espagne und Michael Werner (1987) ist davon auszugehen, dass die kulturellen Veränderungen – und im Wandel liegt ein Hauptinteresse jeder Kulturanalyse – nach Anstößen von außen in der Aneignung und Weiterentwicklung im Landesinnern größtenteils von Elitegruppen getragen werden. Auf diesem komplexen Zusammenspiel, das seine Wirkung besonders in Krisensituationen entfaltet, muss ein Hauptaugenmerk der Interpretation liegen.

Leitthemen

Nach dem bisher Gesagten muss die Behauptung, es gäbe einen gemeinsamen Nenner, der für alle Menschen einer Kultur Gültigkeit besitzt und über den eine Kultur beschrieben werden kann, stark eingeschränkt werden. Dennoch existieren Leitthemen der Kulturanalyse, die die spanischen Kulturhandlungen bis zur Gegenwart mitprägen, wie z. B. die Dominanz barocker und katholischer Traditionen in verschiedenen Repräsentationsformen, die Dichotomie zwischen Einheitsbestrebungen und Pluralismus oder die Spannung zwischen

Isolation und europäischer Integration. Darauf wird in den Kapiteln zwei bis vier einzugehen sein.

Jede Kultur setzt ihre Normen und Wertvorstellungen in eine soziale Praxis um. Die dahinter sichtbar werdenden Bedeutungen gilt es herauszustellen, und zwar auf einem möglichst breiten Boden der Tatsachen. Dabei orientiert sich die vorliegende Darstellung nicht an den landeskundlichen Inhalten einer Kulturbeschreibung, sondern versucht über Konzepte wie Kollektivsymbole, Habitus als soziales Verhaltensmuster, Gebräuche und kollektives Wissen die Haupttendenzen der spanischen Kultur herauszuarbeiten.

Geschichte und Gedächtnis

Grundlage der Kulturanalyse muss deshalb auch die langangelegte historische Betrachtung sein, in deren Verlauf sich das kulturelle Gedächtnis stabilisiert. Nur durch das geschichtliche Bewusstsein wird die Kohärenz einer größeren sozialen Gruppe über die Zeit hinweg gesichert. Das kulturelle Gedächtnis, in dem Normen und Wertvorstellungen gespeichert sind, verbürgt die Kontinuität einer Kulturgemeinschaft, und in dieser Kontinuität liegt das Hauptaugenmerk der kulturwissenschaftlichen Untersuchung auf den Konstanten. Rituale, Zeremonien und Mythen, die entscheidend zur Identitätsdefinition einer Nation oder Region beitragen, können in ihrer Entstehung und ihrer Entwicklung nur geschichtlich verstanden werden und bleiben in der kollektiven Erinnerung präsent.

Eine Einführung in die kulturelle Wirklichkeit Spaniens zu geben, bedeutet deshalb, diese sowohl in der Geschichte als auch in der Aktualität zu konzipieren. Nur durch die Verbindung von synchroner und diachroner Beschreibung können Kulturmuster erkannt und erklärt werden.

Verhaltensformen

Im Kontext dieses Paradigmas haben sich auch charakteristische Verhaltensformen herausgebildet, die bis heute gültig sind. Esssitten oder Körperhaltung im Tanz, in der Begrüßung, usw., weisen kulturelle Eigenheiten auf, die als *typisch* angesehen werden. So entstehen auch Kulturwörter wie *Siesta* und *Fiesta* und übernehmen die Funktion von Identitätsträgern. Auch auf Sprichwörter und Redewendungen wird oftmals zurückgegriffen, um charakteristische Handlungsmuster zu beschreiben.

Sprichwörtern wurde in Spanien lange eine große Bedeutung beigemessen, vielleicht weil es Sancho Panza durch ihre Verwendung immer wieder gelang, Don Quijote auf den Boden der Tatsachen zurückzubringen. Damit Charaktereigenschaften erklären zu wollen, scheint aus wissenschaftlicher Perspektive jedoch mehr als fragwürdig. In einer aktuellen Studie begrenzt Amando de Miguel (2000) ihre Gültigkeit auf das Leben in früheren Zeiten. In der modernen Gesellschaft hätten sie sie verloren. Der Maler ANTONIO SAURA (1930–1998) erkennt hinter dem Interesse an Sprichwörtern ein dürftiges Bildungsniveau. Der Bezug auf Sprichwörter zur Erklärung kollektiver Eigenschaften führe nicht nur zu einer Simplifizierung, sondern gar zu einer kulturellen Entstellung (1999: 178). Es besteht dadurch eben die Gefahr, nach völkerpsychologischen Mustern Spanierinnen und Spanier auf eine stereotype Betrachtung zu reduzieren.

Stereotypen

Stereotypen bedeuten in der kulturwissenschaftlichen Terminologie auf bestimmte Eigenschaften reduzierte Eigen- und Fremdbilder. Sie sind Repräsentations- und Identifizierungsformen, die dauernde Gültigkeit beanspruchen. Der sprichwörtliche Stolz als Identitätsmerkmal des Spaniers findet sich schon im 38. Brief von CADALSOS *Cartas marruecas* (1789), dem Werk, in dem auch von seiner ökonomischen Untauglichkeit die Rede ist.

Bei einer Untersuchung wie der vorliegenden gilt es zu vermeiden, in eine Stereotypisierung zu verfallen. Die Festschreibung der spanischen Eigenart, wie sie von außen herangetragen oder im Innern erfunden wurde, entbehrt jeder Überzeugungskraft. Topoi, die Spaniens Singularität betonen und sich größtenteils auf die Grenzsituation im Süden beziehen, wie etwa *„südlich der Pyrenäen beginnt Afrika"* oder *„Spain is different"*, müssen als Aussagen vermieden werden, sind als kulturelle Phänomene jedoch aufschlussreich und bedürfen einer Interpretation.

So sind schon die Gemeinplätze über die spanische Lebensweise wie *„En España se vive peor, pero se vive más"* oder *„El español es más pobre, pero de mayor holgura vital"* im Kontext des Sonderwegs und der Abtrennung von Europa zu verstehen. Der galicische Journalist und Auslandskorrespondent JULIO CAMBA (1884–1962) beschrieb in seiner Artikelsammlung *Alemania. Impresiones de un español* von 1916 das europäische Haus, in dem die Engländer und die Franzosen in den besseren Wohnungen lebten, die Deutschen neu zugezogen waren und die Spanier unter dem Dach hausten. Sie gälten als die ärmsten Bewohner, seien aber lebensfroh und deshalb am glücklichsten. Solche natürlich ironisch gemeinte Pointen können nur in ihrem historischen Kontext – hier als Reaktion auf Spaniens Rückständigkeit um 1900 – in ihr richtiges Verhältnis gesetzt werden.

Nationale Konstrukte

Vor diesem Hintergrund sind auch andere nationale Identitätskonstituierungen zu verstehen. 1926 definierte RAMIRO DE MAEZTU (1874–1936) in seinem bekannten Essay *Don Quijote, Don Juan y la Celestina. Ensayos en simpatía* den nationalen Charakter anhand dieser drei fiktiven Figuren. Das Resultat ist eine Mischung von gescheitertem Idealismus (Don Quijote), undiszipliniertem Individualismus (Don Juan) und egoistischer Bereicherung gegen die Interessen der Gemeinschaft (Celestina). Ein Jahr später bezeichnete der spätere Franco-Ideologe ERNESTO GIMÉNEZ CABALLERO (1899–1988) in *Los toros, las castañuelas y la Virgen* Stierkampf, Tanz zu Kastagnettenmusik und die Verehrung der Jungfrau Maria als die wichtigsten spanischen Kulturwerte. Er differenzierte die Persönlichkeitsreihe, indem er neben

Don Quijote und Don Juan die dämonische Gestalt der Kupplerin Celestina durch den Ritter Amadís de Gaula ersetzt, weil er die spanischen Tugenden Ehre und Disziplin verkörpere.

Salvador de Madariagas (1886–1978) 1928 im englischen Exil veröffentlichte Studie *Englishmen, Frenshmen, Spainiards. An Essay in Comparative Psychology* ist als Versuch zu werten, aus dem ideologischen Lager eines Liberalen den Nationalcharakter zu definieren. Das Ergebnis liegt jedoch auf der gleichen Ebene. Der Spanier zeichne sich im Unterschied zu den übrigen Europäern durch ästhetischen Sinn und Passivität aus. Nur die *Seele* sei ihm wichtig, alles übrige seien daraus resultierende Varianten und Leidenschaften. Dem Franzosen schreibt Madariaga Vernunft und dem Engländer Tat zu. Wie unsinnig solche pseudowissenschaftlichen Analysen sind, hat Egon Schwarz (1983) gezeigt.

Wenn Menéndez Pidal (1869–1968) noch 1947 in *Los españoles en la historia* von drei Charaktereigenschaften der Spanier – *„sobriedad, idealidad religiosa y individualismo"* (letztere negativ gekoppelt an Neid) – spricht, schlägt er in die gleiche Kerbe. Der Vater der modernen Philologie und Geschichtswissenschaft in Spanien greift zurück auf seinen Landsmann Seneca und findet bei ihm stoische Haltung, Strenge und Einfalt. Nicht nur, dass in diesem und ähnlichen Kulturtexten kritisches Hinterfragen und methodologisches Vorgehen fehlt, sie beziehen sich zudem, wenn sie vom Spanien des 19. und 20. Jhs. sprechen, ausschließlich auf Kastilien.

Medialität

In der vorliegenden Untersuchung werden solche Annäherungen vermieden. Wo sie für die Kulturkonflikte und -debatten von Relevanz waren, müssen sie und werden sie gleich im ersten Kapitel erwähnt und abgehandelt. Eigentliches Ziel ist es jedoch, Kultur über ihre Darstellung in Literatur und Filmen, in der Malerei, der Architektur und in Bräuchen oder Festen, in Wissenschaft und Sprache vor einem Hintergrund zu erfassen, zu dem Institutionen, Politik und Ideologie gehören.

Um alle Kulturträger zu interpretieren, ist interdisziplinär vorzugehen. Dazu muss der herkömmliche Textbegriff fächerübergreifend und medial erweitert werden. Die *„Pluralisierung der Quellen"*, wie sie Böhme und Scherpe (1998: 10) fordern, bildet den interdisziplinären Rahmen, vor dem in der vorliegenden Untersuchung eine *dichte Beschreibung* der spanischen Kultur unternommen werden soll. Der Fluchtpunkt der Kulturwissenschaft muss dabei immer präsent sein.

Das besondere Augenmerk wird auf Schlüsselmomente und -texte zu richten sein. Die Geschichte von Picassos *Guernica* komprimiert aus der kulturwissenschaftlichen Perspektive die Tragödie des spanischen Bürgerkriegs, die Zweiteilung des Landes und die späte Versöhnung durch ihren Symbolwert gehaltvoller als zahlreiche Bände historischer Analysen. Velázquez' *Las meninas* oder architektonische Leistungen wie der Klosterpalast El Escorial geben Aufschluss über bestimmte kulturgeschichtliche Epochen und über Praktiken der Repräsentation, die bis in die Gegenwart Gültigkeit besitzen. Auch der Film *Ay Carmela* (1990) von CARLOS SAURA (1932) zeichnet sich als Kulturtext im Medienwechsel durch eine besondere Dichte aus. Die Handlung spielt im spanischen Bürgerkrieg und ist als ein Versuch von Vergangenheitsbewältigung zu verstehen. Das Werk geht zurück auf das gleichnamige Theaterstück von JOSÉ SANCHIS SINISTERRA (1940).

Text

Auch innerhalb des rein sprachlichen Textverständnisses wird im kulturwissenschaftlichen Arbeiten der Quellenbegriff undeutlich. Aus Michael Richards essaystischer Abhandlung *A Time of Silence* kann man Aufschluss über die spanische Kultur nach dem Bürgerkrieg erhalten, aus dem Roman *Tiempo de silencio* von LUIS MARTÍN SANTOS ebenfalls. Von allen Textsorten kann instrumentell Gebrach gemacht werden, nur die exegetische Annäherung muss natürlich unterschiedlich sein, je nachdem, ob es sich um literarische, philosophische, politische oder wissenschaftliche Texte handelt. Es fragt sich zudem, wie Werke wie *La revolución y la crítica de la cultura* von ALFONSO SASTRE oder *Usos amorosos de la postguerra española* von CARMEN MARTÍN GAITE einzuordnen sind. Für die kulturwissenschaftlichen Belange werden die Grenzen zwischen Primär- und Sekundärliteratur durchlässig. Schlüsse über den Sinnkomplex der Kultur können im Folgenden aus allen möglichen Textsorten gezogen werden.

2 Hauptwerke einer spanischen Kulturbeschreibung

Identitätssuche

Überblickt man die Interpretationen der spanischen Kultur des letzten Jhs., so sind mehrere Tendenzen zu unterscheiden. Zum einen wird seit der Krise der vorletzten Jahrhundertwende der Versuch unternommen, in der Auseinandersetzung mit Europa ein Identitätsmodell zu definieren. Die Vertreter der *generación del 98* (RAMIRO DE MAEZTU, MIGUEL DE UNAMUNO oder AZORÍN) waren in ihren Ausführungen mehr schöpferisch oder literarisch als wissenschaftlich tätig. Die Tradition ihrer globalen und stereotypen Kulturanalysen, die sich immer im Rahmen der Dichotomie zwischen konservativ und progressiv bewegten, findet sich noch bei JUAN MARICHAL in *El secreto de España* (1995), wo die Ausgangsfrage lautet, wie man den Widerspruch erklären könne zwischen dem traditionell absolutistischen und dem liberalen Spanien.

Neuerdings wird von solchen übergreifenden Fragestellungen Abstand genommen. Wichtigere Kulturthemen sind derzeit die Perspektive zwischen Isolierung und Öffnung oder die erst langsam in Gang kommende Auseinandersetzung mit dem Bürgerkrieg und der Diktatur seit der *transición*. Das 1973 erschienene Buch *La República y la España de Franco* des Wirtschaftshistorikers RAMÓN TAMAMES ist sowohl als innovative Studie über die spanische Zeitgeschichte als auch als Kulturdokument gegen die Diktatur von Bedeutung. Ähnlich verhält es sich mit LÓPEZ ARANGURENS *La cultura española y la cultura establecida* von 1975.

Regionalität

Eine neue Art der Kulturbetrachtung, die sich an Ansätze aus dem 19. Jh. und der Zweiten Republik anlehnte, wurde Mitte der sechziger Jahre dank der Öffnung des Franco-Regimes möglich. 1964 schrieb JULIÁN MARÍAS noch zaghaft gegen die Kulturhoheit Kastiliens die *Consideraciones de Cataluña* und zwei Jahre später die *Meditaciones sobre la sociedad española*. MAURICI SERRAHIMA stellte in *Realidad de Cataluña* (1967) radikalere Forderungen der Divergenz, wie sie auch der Anthropologe JULIO CARO BAROJA in *El mito del carácter nacional. Meditaciones a contrapelo* (1970) aufgriff. Nach diesen Vorarbeiten haben sich seit der *transición* die Studien zu den Regionalkulturen einen festen Platz in der spanischen Kulturgeschichtsschreibung und Kultursoziologie erobert.

Auflösungen

Obwohl sich auch renommierte Literaturwissenschaftler wie JOSÉ-CARLOS MAINER immer wieder kulturwissenschaftlichen Themen zuwenden, orientieren sich ihre Studien hauptsächlich an geschichtlichen Interpretationsmodellen und -methoden. Die anthropologische Öffnung der Disziplin wird in Spanien bisher eher von Soziologen diskutiert und vorangetrieben, wie dies in dem Band 234 der *Revista de Occidente* (April 2000) deutlich wird.

Natürlich hat sich seit den achtziger Jahren eine Verschiebung hin zu einem geweiteten Kulturbegriff eingestellt. Neben Abhandlungen aus dem feministischen Blickwinkel erschienen in den letzten Jahren auch Studien über Randgruppen der offiziellen Kultur. 1991 veröffentlichte Oscar Guasch eine Untersuchung zu *La sociedad rosa*, und 1999 konnte Alberto Miras mit einem Lexikon zur schwulen und lesbischen Kultur in Spanien (*Para entendernos*) eine Lücke schließen.

Auch der Alltagskultur wird immer mehr Raum eingeräumt. Zwei Ausstellungen der letzten Jahre stehen beispielhaft für ihre Aufwertung: 1998 wurde in Madrid im Centro de Arte Reina Sofía *Diseño industrial en España* und 2001 in Valencia *Claves de la España del siglo XX* gezeigt.

Blick von außen

Neben diesen Texten liegen auch in deutscher Sprache Arbeiten vor, auf die zum Teil später eingegangen werden soll. Der in Vergessenheit geratene REINHOLD SCHNEIDER (1903–1958) evoziert in seinem Buch *Philipp II. oder Größe und Macht* (1931) ein mystisches Spanienbild, das heute noch bei dem Holländer CEES NOOTEBOOM (*De omweg naar Santiago*, 1992) anklingt. Ganz anders konzentriert sich HANS MAGNUS ENZENSBERGER (1929) in *Ach Europa* (1989) auf das Zusammenspiel von Kultur, Geschichte, Politik und sozialen Strukturen. ENZENSBERGER, der auch Autor eines Romans über den spanischen Bürgerkrieg (*Der kurze Sommer der Anarchie*, 1972) ist, geht es vornehmlich um die Frage, ob und wie es Spanien gelungen ist, die langjährige Diktatur zu überwinden.

Norbert Rehrmanns kulturgeschichtliches Lesebuch von 1991 fasst unter einer ähnlichen Fragestellung die wichtigsten Kulturthemen und -probleme in Form einer Textanthologie zusammen, und zwar mit einer Weitsicht, die dem Buch bis heute, zehn Jahre nach seinem Erscheinen, Aktualität verleiht. Auch der Sammelband zu Spanien, den Hans-Peter Burmeister erst vor kurzem in der Evangelischen Akademie Loccum herausgab, geht auf die wichtigsten Probleme und Konflikte der spanischen Gegenwartskultur ein.

Zieht man die Fülle von nordamerikanischen *cultural studies* zur Hispanität in Erwägung, fällt auf, dass aus der eurozentrischen Perspektive nicht klar erkennbar ist, dass sich die spanische Kultur trotz ihrer immensen Kulturvielfalt immer mehr zu einer Regionalkultur entwickelt. Die hispanoamerikanische Kultur und mit ihr die spanische Sprache breiten sich in den USA immer stärker aus. Aus diesem Blickwinkel dominiert weltweit eine amerikanische Hispanität. Die Kulturnationen auf dem alten Kontinent sind demgegenüber in einem Auflösungsprozess begriffen und verlieren ihre Individualcharaktere.

Literatur

Bachmann-Medick (1996); Böhme/Matussek/Müller (2000); Böhme/Scherpe (1998); Espagne/Werner (1987); Enzensberger (1972); Enzensberger (1989); Gabilondo (1999); Larra (1989); Marías (1966); Martín Gaite (2001); Miguel (2000); Ortega y Gasset (1983); Rehrmann (1991); Saura (1999); Schwarz (1983).

2 Stereotypen

1 Die *leyenda negra*

Ursprung

Das Minderwertigkeitsgefühl, das in Spanien gegenüber Europa noch immer spürbar ist, hat seine geschichtliche Erklärung in der *leyenda negra*. Das damit verbundene negative Spanienbild, das ab dem 16. Jh. bis zum Ende der Aufklärung in Europa kursierte, ist einerseits zurückzuführen auf die despotische Regierung Felipes II. in den flämischen Besitztümern, andererseits auf das Verhalten der spanischen Konquistadoren in Mittel- und Südamerika. Fray Bartolomé de las Casas (1474–1566) lieferte den Verfechtern der *leyenda negra* durch seine *Brevísima relación de la destrucción de las Indias* (1542) wichtige Argumente. 1963 verfasste Menéndez Pidal ein Buch über den Dominikanermönch und ersten Bischof von Chiapas, in dem er ihn als Lügner und Pathologen bezeichnet. Der Historiker erwies Spanien einen schlechten Dienst, als er den Versuch unternahm, der *leyenda negra* eine wenig überzeugende *leyenda aurea* entgegenzuhalten. Schon 1937 verteidigte er die *Conquista* in einem Vortrag auf Kuba, 1940 noch einmal in der franquistischen Zeitschrift *Escorial*.

Oft wurde der Versuch unternommen, das Negativbild zu revidieren. Nach der Bewunderung Spaniens durch die Romantiker wurde die Erinnerung an die *leyenda negra* zu Beginn des 20. Jhs. jedoch erneut wach, als 1914 im Kontext der *Semana trágica* in Barcelona die Hinrichtung des Anarchisten FRANCESC FERRERS internationale Empörung nach sich zog. Daraufhin veröffentlichte JULIÁN JUDERÍAS (1877–1918), um Spaniens guten Ruf wieder herzustellen, ein Buch mit dem Titel *La leyenda negra y la verdad histórica*. Sein Versuch, sein Land in den Kreis der modernen, fortschrittlichen Nationen Europas einzureihen, überzeugte jedoch nicht.

Inquisition

Die Inquisition wurde als weiteres Argument angeführt, um besonders im Zeitalter der Aufklärung die Negativhaltung Europas gegenüber Spanien zu untermauern. Sie wurde als staatliche Institution 1478 von den Katholischen Königen zunächst in Kastilien eingeführt. Die Forschung sieht diese Maßnahme im Kontext des Frühabsolutismus, als die religiöse Einheit notwendige Voraussetzung für die Nationenbildung war. Deshalb wurden die Juden zur Bekehrung gezwungen und die Konvertiten von der Inquisition überwacht. Zwischen 1540 und 1700 klagte das Inquisitionsgericht ungefähr 15000 Ketzer an, und mindestens 1500 wurden der weltlichen Macht zur Hinrichtung übergeben. Die Inquisition ging außerdem, allerdings in geringerem Maße als beispielsweise in Deutschland, gegen Hexen und sexuell Abweichende (Sodomiten), im 18. Jh. auch gegen Freidenker vor.

Erst nachdem im frühen 19. Jh. die inquisitorialen Prozesse spürbar zurückgegangen waren und damit eines der Hauptargumente gegen Spanien entkräftet war, konnte die europäische Romantik Spaniens Mittelalter entdecken. Auch die nationalliberalen Bewegungen im übrigen Europa zollten Spanien wegen der frühen Erhebung gegen Napoleon und der demokratischen Verfassung von 1812 Bewunderung. Die Reisenden des 19. Jhs., allen voran THÉOPHILE GAUTIER, entdeckten das exotische und pittoreske Andalusien, eine Region, die bis heute im Ausland repräsentativ für Spanien steht.

Die Kulturdebatten über die Inquisition dauern bis heute an. Zuletzt wurde in der Tageszeitung *El País* der Streit zwischen den Historikern ANTONIO DOMÍNGUEZ ORTIZ (Madrid) und BENZION NETANYAHU (Cornell) über dessen Buch *Los orígenes de la Inquisición* ausgetragen. NETANYAHU zog einen Vergleich zwischen der Judenverfolgung durch die Inquisition und im Nazi-Deutschland, worauf der Spanier empfindlich reagierte.

España negra

1899 erschien ein literarischer Reisebericht mit dem Titel *España negra*. Verfasst wurde das Buch von dem belgischen Dichter ÉMILE VERHAEREN (1855–1916); der spanische Maler DARÍO DE REGOYOS (1857–1913) illustrierte und veröffentlichte es in Madrid. Es löste sofort einen Skandal aus, obwohl es sich trotz des provokativen Titels nicht auf die *leyenda negra* bezog, sondern auf ein Spanien, das die Künstler der Jahrhundertwende bewunderten, ein archaisches, rurales Spanien, das sich dem industriellen und wissenschaftlichen Fortschritt verweigerte: Städte und Dörfer weitab von den Bahnschienen, in Schwarz gehüllte Frauen, Friedhöfe und der Tod, der in Spanien überall präsent ist. In dieses dekadente Spanien projizierten die europäischen Dichter ähnlich wie in Venedig oder Brügge ihre Sehnsüchte und Ablehnungen. Eine besondere Aufmerksamkeit kam dabei den baskischen Festen zu. Ihr düsterer und archaischer Charakter wurde staunend herausgestellt.

Durch die häufigen Bezüge auf den Katholizismus konnte VERHAEREN die Verbindung zur Inquisition und zu FELIPE II. doch noch herstellen. Aus der Sicht des Belgiers wird der König als Tyrann geschildert, der Escorial als *„evocación neta y fría del espíritu de Felipe II."* Die düsteren und trostlosen Bilder REGOYOS' passen genau zu der von VERHAEREN evozierten Atmosphäre und nehmen aus kunsthistorischer Sicht den *tremendismo* des Malers JOSÉ GUTIÉRREZ SOLANAS (1886–1945) vorweg. Auch dieser Maler veröffentlichte übrigens ein Buch mit dem Titel *España negra*.

2 Carmen und Don Juan

Fremdbild

1991 bemerkte ANTONIO SAURA in der Zeitschrift *El Paseante* treffend, dass Carmen kein spanisches Thema sei (Saura 1999: 235). Das Bild dieser rebellischen Frauenfigur war vielmehr Ergebnis der stereotypen Spaniensicht von außen. PROSPER MERIMÉES Erzählung *Carmen*, die 1845 veröffentlicht wurde, trug entscheidend dazu bei, das Spanienbild nördlich der Pyrenäen ins Exotische zu kehren. Vorher schon interessierten sich LORD BYRON, VICTOR HUGO, TÉOPHILE GAUTIER oder WASHINGTON IRVING für das von Europa verschiedene Spanien, in dem sich zu den maurischen Einflüssen in der Architektur und in der Musik exotische Personifizierungen von Freiheit und Rebellion in Zigeunerinnen, Schmugglern und Anarchisten gesellten.

Carmen

GEORGES BIZET brachte in seiner Oper *Carmen* (1875) die erste unabhängige Frau auf die Bühne. Und diese moderne Frau sollte eine Spanierin sein. Spanien machte sich das fremde Carmen-Bild zu Eigen und verwandelte es in ein kulturelles Aushängeschild. Es ging in die kollektive Kultursymbolik ein und die Bezugnahmen sind bis heute sehr vielseitig. Carmen ist einer der häufigsten Mädchennamen. In der Kunst wären Gemälde von JULIO ROMERO DE TORRES (1880–1930) bis zu EDUARDO ARROYO (1937) zu erwähnen. Letzterer malte die Arbeiterin aus der Sevillanischen Zigarettenfabrik in parodistischer Absicht als Mann.

Neben den *a la españolada* ausgerichteten Musikfilmen über die andalusische Zigeunerin schlägt der erfolgreiche *Carmen*-Film von CARLOS SAURA (1983) eine Auseinandersetzung vor, die zwar in den Gemeinplätzen des Machismo verhaftet bleibt, aber als Hauptmotiv des Mythos die Mischung von Liebe und Tod, Eros und Thanatos behandelt. In diesem Sinne kann die Verbindung zur Männerwelt hergestellt werden: Der *Carmen*-Mythos ist auch mit dem Mythos des Stierkampfs verbunden. Nicht zufällig stirbt sie in der Stierkampfarena den symbolischen Liebestod. Der ebenfalls im Film präsente Flamencotanz gehört als weiteres Element in die Reihe der Gemeinplätze, wodurch sich Spanien vom Rest der Welt unterscheidet.

Stierkampf

Der Stierkampf gilt in Spanien als *fiesta nacional*. Unter FRANCO wurde er auch zur Identitätsfestigung Spaniens genutzt. Der Stierkampf, so wie wir ihn heute kennen, ist eine Variante, die sich erst im 18. Jh. herausbildete. Vorher wurden die Stiere, wie z. B. heute noch in Pamplona, durch die Straßen getrieben und dann auf öffentlichen Plätzen zum Kampf herausgefordert. Die eigentliche Stierkampfarena, *Plaza de Toros*, entstand erst um 1750.

Auch wenn er heutzutage eher mit dem traditionellen Spanien in Verbindung gebracht wird, ist der Stierkampf mehr als ein folkloristischer Überrest. Seine Anhänger sprechen immer wieder von seinem Symbolgehalt durch den Sieg des Menschen über die Natur. Die Wildheit wird von der Form bezwungen in einem genau reglementierten Ablauf von drei Teilen (*tercios*), denen drei Waffen, Lanze, *banderillas* und Degen, entsprechen.

Polemik

Schon im goldenen Zeitalter wurde Polemik gegen den Stierkampf laut, und es gab im Laufe der Jahrhunderte mehrere Versuche, ihn zu verbieten. Besonders von kirchlicher Seite sah man dahinter einen heidnischen Kult. Andererseits wurde immer wieder der Versuch unternommen, den Stierkampf religiös zu konnotieren, am stärksten natürlich während der Diktatur FRANCOS, wo Katholizismus und spanische Traditionen zusammengedacht wurden. Der schon erwähnte Hauptideologe des Franquismus, GIMÉNEZ CABALLERO, verglich die *corrida* mit einer Messe, den Torero mit dem Priester und den Stier mit Gott, der in der Eucharistie geopfert wird. Gegen die Behauptung, der Stierkampf sei eine Kunst, sprachen schon die Aufklärer von der Verherrlichung der rohen Gewalt. Heute demonstrieren Tierschützer unter dem Motto *„no es cultura sino tortura“* gegen die *corrida de toros*.

Anfänge

Dokumentarisch bezeugt ist der Stierkampf erst ab dem 13. Jh. z. B. in den Miniaturen aus den *Cantigas de Santa María* von ALFONS DEM WEISEN (1221–1284). Sein Ursprung geht jedoch weiter zurück. Er wird entweder im Stierkult der griechischen Antike gesucht oder auch in den Kämpfen der Gladiatoren im alten Rom. Anthropologen gehen schon von einem keltiberischen Brauch aus, den sie durch das Vorhandensein der *verracos*, Granitskulpturen in Form von Stieren oder Schweinen in Kastilien, untermauern. Es zirkuliert außerdem die These, dass erst die Araber die Stierkämpfe ins Land brachten.

Ángel Álvarez de Miranda (1962) sucht die Erklärung in einem Fruchtbarkeitsritual, das im Mittelalter unmittelbar vor Hochzeitsfesten inszeniert wurde. Zur Darstellung kamen die Tapferkeit des Mannes als Kämpfer und die Fruchtbarkeit der Frau durch das Blut des Stieres. Daneben ist schon im späten Mittelalter der Stierkampf zu Pferd belegt, der auf die Turnierpraxis und Jagdprivilegien der Adelsgesellschaft verweist. Mit dem Wechsel der Königsdynastie nach dem Spanischen Erbfolgekrieg (1701–1714) distanzierten sich die Bourbonen von den einheimischen Bräuchen und nahmen das Privileg, am Stierkampf teilzunehmen, nicht mehr in Anspruch. Jetzt wurden die ehemaligen Helfer aus dem Fußvolk zu Protagonisten. Der Adlige ist in der *corrida* nur noch als Relikt in der Figur des *picador* präsent, und der Torero ist ein Held aus dem Volk, ohne Pferd, aber im Besitz eines Degens. Hinter dieser Konstellation verbirgt sich ein Element der Rebellion, und der subversive Charakter durch die Umkehrung der gesellschaftlichen Hierarchie verweist auf den Stierkampf als Spiegel der sozialen Auseinandersetzungen zu Beginn des 18. Jhs.

Machismo

Die äußere Organisation der *corrida* veranschaulicht auch die Bedeutung des Machismo in der spanischen Gesellschaft. Schmid Noerr und Eggert (1986) verstehen den Stierkampf als vierdimensionales Geschehen, in dem Torero, Stier, Publikum und Präsident genau definierte Plätze einnehmen. Dabei ist wichtig, dass Stier und Kämpfer ihre geschlechtlichen Rollen während des Kampfes tauschen. Zunächst symbolisiert der Stier einen Mann, der den Stierkämpfer erotisch zu verführen sucht. Dieser gewährt ihm den Geschlechtsakt nicht, sondern bindet, indem er das Tier zähmt, die männlichen Macht in die sozialen Normen ein. Der Stierkämpfer versinnbildlicht zwar den sprichwörtlichen Stolz des spanischen Mannes (z. B. durch die enge Hose, die sein Geschlecht betont), aber gleichzeitig umwirbt er tänzerisch und im bunten Kostüm mit weiblicher Anmut den Stier, dessen Hörner eine phallische Erektion versinnbildlichen.

Bei diesem Ritus werden sowohl Zeichen der Männlichkeit als auch der Weiblichkeit gesetzt, in denen Schmid Noerr und Eggert zunächst eine *„homosexuelle Vermischung der Geschlechter“* (139) erkennen. Durch den Rollentausch im Verlauf des Kampfes triumphiert über den zunächst homoerotisch konnotierten Geschlechtsakt die normgerechte Heterosexualität. Der Stierkämpfer erhält nach seinem Sieg als Trophäe die abgeschnittenen Ohren und den Schwanz des Tieres. Zuletzt werden seine Hoden verzehrt. Die Machtstruktur wird außerdem durch die Anwesenheit eines Präsidenten und eine streng reglementierte Abfolge des Kampfes offensichtlich.

Dichte Beschreibung

Die kulturpsychologische Deutung ist damit jedoch noch nicht abgeschlossen. Die Tatsache, dass sich der Torero im Verlauf des Stierkampfes zunehmend männlicher zeigt und dass am Ende seine Heterosexualität über die homosexuellen Tendenzen triumphiert, bringen Schmid Noerr und Eggert mit den matriarchalischen Familienstrukturen auf der iberischen Halbinsel in Verbindung. Auf das inzestuöse Liebesverlangen des Sohnes folgt dann eine latente Homosexualität und ihre Sublimierung durch eine übersteigerte Männlichkeit, die zu dem vielbeschworenen Machismo führt. So werden familiäre Hierarchien im Spiel transparent, der *„Scheinkrieg der symbolischen Gestalten"* (Geertz) spiegelt u. a. die Spannungen zwischen Matriarchat und Machismo wider.

Im Stierkampf als kulturellem Phänomen finden psychologische, soziale und künstlerische Momente zusammen. Er hat als Ritual, an dem das Kollektiv als Zuschauer teilnimmt, die Funktion inne, *„die personale Identität mit der sozialen zu verklammern"* (Schmid Noerr/ Eggert: 103). Ganz ähnlich wie dies Clifford Geertz in seiner berühmten Interpretation des balinesischen Hahnenkampfs unternahm, könnte man auch in Bezug auf den spanischen Stierkampf von der Selbstinterpretation einer Kultur sprechen: Über Symbolhandlungen werden kollektive Gefühle zur Darstellung gebracht.

Stierkampf und Kunst

Weitet man den Blick auf die künstlerischen Verarbeitungen des Stierkampfes aus, so findet man viele der bisherigen Beobachtungen bestätigt. HEMINGWAY spricht von der Tragödie, die hier inszeniert wird, und diese wurde zu allen Zeiten künstlerisch nachempfunden. Der Stierkampf findet in der Kunst seinen ersten ästhetischen Höhepunkt bei GOYA in den als *Tauromaquia* (1816) bekannten Radierungen. Aus der Sicht von außen seien GUSTAVE DORÉS Zeichnungen erwähnt. PICASSO widmet dem Stier ganze Zyklen, z. B. in den dreißiger Jahren die *Minotauros*. Auch in dem noch zu besprechenden Gemälde *Guernica* nimmt das Tier eine zentrale Stellung ein. Die Großformate MIQUEL BARCELÓS (1957) und die dazugehörenden literarischen Texte wären mit die letzten Beispiele der künstlerischen Verarbeitung des Stierkampfs. Selbst auf den seriellen Stierkampfplakaten, die zum Tourismusgeschäft gehören, macht sich noch der Einfluss des Impressionisten SOROLLA (1863–1923) bemerkbar.

Das Thema des Stierkampfes findet seinen literarischen Niederschlag am häufigsten in der lyrischen Gattung. GARCÍA LORCA schrieb das berühmte Gedicht *Llanto por Ignacio Sánchez Mejías* aus Anlass des Todes des Stierkämpfers. Gerade die *generación del 27* bezieht sich voller Bewunderung auf diese spanische Kulturvariante. Die Spannung zwischen Tradition und ihrer Dekonstruktion interessiert den Theaterschriftsteller FRANCISCO NIEVA, wenn er den Stierkämpfer in Übereinstimmung mit den oben erwähnten Theorien als androgynes

Wesen sieht und ihn, indem er die Verbindung zur Homosexualität aufgreift, auf der Bühne kulturell entmystifiziert.

Sprache

Wie tief die *fiesta nacional* im Kulturverhalten der Spanier verwurzelt ist, zeigt ihre Verwobenheit mit der Alltagssprache, wo sich Metaphern festgesetzt haben, die aus dem semantischen Bereich des Stierkampfs stammen. Im Spanischen ist die *„faena"* eine mühselige Arbeit, ursprünglich bezeichnet man damit die Anforderungen an den Stierfechter. *„Dar largas"* bedeutete im spezifischen Sinn eigentlich *„lancear a una mano, citando el diestro al toro de frente, y tirando del capote llevarlo en él empapado hasta el remate"* (Villalobos Racionero: 64), heute kann der Ausdruck nach der *Real Academia de la Lengua Española* auch als *„diferir un inconveniente"* oder *„retardar una cosa"* übertragen werden. Viele Sprichwörter stammen aus dem Bereich des Stierkampfes, wie z. B. *„sin buen picador no hay matador"* oder *„el buen toreo ha de ser a prueba de cuerno"*.

Körperverhalten

Der Torero umtanzt, wie schon gesagt, den Stier, er lockt und verführt ihn, indem er ihm seinen Körper in provozierender Haltung zeigt. Versteht man dabei den Körper und seine Bewegungen als kulturelle Erscheinung, wäre es interessant, die Übertragung des Körperverhaltens der Stierkämpfer auf die Alltagsgestik zu untersuchen. Zurückgebogene Körper und aufreizende Bewegungen, die sexuell erregen wollen, die Mut und Stolz repräsentieren, finden sich in der Machismo-Gesellschaft in Alltagssituationen und in verschiedenen Symbolgefügen. So ähneln die Bewegungen des Torero auch denen des Flamencotänzers, über den der Kreis mit der andalusischen Kultur und den verschiedensten *Carmen*-Interpretationen wieder geschlossen wird.

Flamenco

Auf der Verbindung zwischen dem Carmen-Mythos und der Flamencomusik insistiert der Regisseur CARLOS SAURA nicht nur in *Carmen*, sondern auch in *El amor brujo* (1986) und dem Dokumentarfilm *Sevillanas* (1992). Besonders in *Carmen* wird deutlich, dass der Stierkampf und bestimmte Flamenco-Tänze den Geschlechtsakt symbolisieren. In dem Film *Bodas de Sangre* (1981, ebenfalls von CARLOS SAURA), das auf das gleichnamige Stück GARCÍA LORCAS zurückgeht, wird der Todestanz zwischen den Geschlechtern wie in einer Arena auf dem *tablao* ausgetragen.

Die Flamencomusik lässt sich ebenso in die Stereotypenkette einreihen wie der Stierkampf. Sie besteht aus mehreren Elementen, von denen dem Gesang (*cante*), dem Tanz (*baile*) und der Gitarrenmusik (*toque*) der Hauptanteil zukommt. Zur Begleitung greifen die Künstler auch auf Klatschen, Finger- und Zungenschnalzen, Aufstampfen und – wenn auch seltener als im Ausland angenommen – auf Kastagnetten zurück. Wo genau die geschichtlichen Ursprünge des Flamenco liegen, ist nicht klar nachzuvollziehen, ganz sicher ist er mit den Zigeunern, die ab 1425 in Andalusien, dem Schmelztiegel verschiedener Kulturen, nachgewiesen sind, in Verbindung zu bringen. Arabische und jüdische Einflüsse sind in der Flamencomusik klar nachvollziehbar.

Ehrproblematik

Die übertriebene Ehrproblematik, die Altamira in seiner *Historia de España y de la civilización española* (1899–1906) zu den Merkmalen der spanischen Identität zählt, wird von Carmen auf den Kopf gestellt. Die Frau frönt der freien Liebe, und sie ist diejenige, die (im Gegensatz zum Don Juan-Schema) den Mann verlässt.

Der Don Juan-Stoff geht wohl auf ein Ereignis aus der Zeit König Alfonsos XI. (1311–1350) zurück, und als erstes literarisches Zeugnis gilt TIRSO DE MOLINAS Drama *El burlador de Sevilla* (1613/1630). Schon da finden sich vor der Folie der Ehrproblematik zahlreiche Elemente des stereotypen Spanienbildes: Frauen hinter vergitterten Fenstern, der draufgängerische *capa y espada*-Verführer und das Duell. Wichtig ist außerdem die religiöse Implikation: Ohne das Bewusstsein der Sünde gäbe es keinen Mythos von Don Juan.

Don Juan

1919 stellt der Schriftsteller RAMÓN PÉREZ DE AYALA (1881–1962) in seiner Don Juan-Interpretation *Las máscaras* den misogynen Geist der Spanier durch die gesellschaftliche Bevorteilung des Mannes und die Zweitrangigkeit der Frau heraus. Und GIMÉNEZ CABALLERO spricht in dem schon erwähnten Werk *Los toros, las castañuelas y la Virgen* von der Spannung, die zwischen Don Juan und dem Marienkult besteht. Erst indem Don Juan den Ehrenkodex in Gefahr brachte, konnte das Dogma der unbefleckten Empfängnis als solches entstehen und verteidigt werden. Don Juan repräsentiere den Scheideweg zwischen Zweifel an der Jungfräulichkeit und Erhöhung der Unbefleckten Empfängnis. Bis heute spielt die *Inmaculada*, wie sie z. B. MURILLO in mehreren Varianten malte, eine bedeutende Rolle. Der 8. Dezember ist in Spanien Feiertag.

Gerade von spanischer Seite wurden zahlreiche Don Juan-Deutungen geliefert. ORTEGA Y GASSET nahm 1921 die in Deutschland seit GRABBE bekannte Verbindung zwischen Don Juan und Faust wieder auf, und 1922 veröffentlichte AZORÍN (1873–1967) seine Auslegung des Don Juan-Mythos. Er lässt ihn den Abstieg Spaniens von der Weltmacht zum drittklassigen Staat betrauern. Auf der Suche nach Auswegen aus der Krise wird aber sowohl von AZORÍN als auch von seinen Zeitgenossen eher die Figur des Don Quijote bemüht.

3 Don Quijote und die Kulturtheorien nach der Jahrhundertwende

Mythos

CERVANTES' Roman *El ingenioso hidalgo Don Quijote de la Mancha*, 1605 und 1615 in Madrid veröffentlicht, wurde zu Beginn des 20. Jhs. zum Mythos der nationalen Identität erhoben. Der *Quijotismo* geht auf vielseitige Auslegungen zurück und gilt bis heute auch wegen Don Quijotes *anderer* Weltsicht als eine Stereotype der spanischen Wesensart. Schon während der Krise der Jahrhundertwende erfanden die Vertreter der *generación del 98* die Figur des Ritters von der traurigen Gestalt neu. ANTONIO MACHADO (1875–1939) gab seinen Landsleuten zu bedenken, dass eine Kultur, aus der *Don Quijote* hervorgegangen war, nicht minderwertig sein könne. Jedoch ist, wie schon Martin Franzbach betont, Don Quijote als Symbolgestalt kein Beitrag zur Hinwendung Spaniens zu Europa, sondern durch seine eigenwillige Persönlichkeit eher Garant für den spanischen Sonderweg. Der beispielhafte Verrückte wird in RAMIRO DE MAEZTUS schon erwähntem Essay von *Don Quijote, Don Juan y La Celestina* als Symbol des spanischen Niedergangs, sowohl im goldenen Zeitalter der spanischen Kultur als auch in der Jetztzeit charakterisiert. Spanien und CERVANTES hätten ihr eigenes Weltbild erfunden und lachten mit Don Quijote über das Unverständnis von außen.

Krise

Die Rückständigkeit Spaniens gegenüber Europa trat Ende des 19. Jhs. besonders klar zu Tage. Als anderswo industrieller Fortschritt mit religiöser Skepsis einherging, herrschte südlich der Pyrenäen in beider Hinsicht noch Lethargie. Dazu kam 1898 die Niederlage im Kubanischen Krieg gegen die USA und der Verlust der letzten Kolonien gerade in dem Augenblick, als sich die anderen europäischen Imperialismusmächte aggressiv gebärdeten. Die spanische Regenerationsbewegung – darunter befanden sich auch Vertreter der *generación del 98* – schlug die Einbindung in Europa vor. Dafür distanzierte sie sich selbst von den kulturellen Besonderheiten wie beispielsweise dem Stierkampf.

Und dennoch gehen die Verbesserungsvorschläge nicht über den eigenen kulturellen Horizont hinaus. Zur Erklärung der spanischen Lebewelt kommt schon ÁNGEL GANIVET (1865–1898) im *Idearium español* (1897) auf Don Quijote zu sprechen. Nachdem schon er den Ursprung des Spaniers in SENECAS Stoizismus findet, schlägt er eine spirituelle Regeneration unter der Führung Don Quijotes, der über allen weltlichen Ambitionen stand, vor. Für MENÉNDEZ PIDAL, der GANIVETS Idee des stoischen Spaniers übernehmen sollte, versinnbildlicht Don Quijote das a-soziale und damit rebellische Moment des fahrenden Ritters in einer Zeit, die durch die starken politischen Institutionen zu streng organisiert war.

AZORÍN versteht den fahrenden Ritter in *La ruta de don Quijote* (1905) als Träumer und Handelnden gleichzeitig. In einem Artikel im *ABC* vom 16. Januar 1912 definiert er dementsprechend Spanien durch die Figur Don Quijotes als Allianz zwischen Idealismus und Pragmatismus.

Christusfigur

Im Werk MIGUEL DE UNAMUNOS erreicht Don Quijote eine noch größere Relevanz. Das Problem Spaniens sieht UNAMUNO in der fehlenden Öffnung nach außen und dem Versuch, der Welt die eigenen Ideen (des Katholizismus) aufdrängen zu wollen. Deswegen findet sich in *En torno al casticismo* (1895) als Lösung des spanischen Problems noch der Ausruf *„¡Muera don Quijote!"* Wie die Figur in CERVANTES' Roman müsse auch Spanien sterben, d.h. dem *españolismo* entsagen, um zu Universellerem zu gelangen.

Dies ist freilich nur der frühe UNAMUNO. Schon in seinem Werk *Vida de Don Quijote y Sancho* von 1905 fordert er die Hispanisierung der europäischen Kolonialmächte. Sein neuer Don Quijote wird zum Heiligen stilisiert, UNAMUNO sieht ihn sogar (und natürlich nicht ohne einen ironischen Unterton) als spanischen Christus, Dulcinea als Gottesmutter, Sancho als Volk und den Quijotismus als Nationalreligion und gleichzeitig als literarisch verwobenes philosophisches System. Spaniens Beiträge zur Universalphilosophie seien schon immer literarischer Natur gewesen. Gegen diese Auffassung spricht sich wenig später ORTEGA Y GASSET aus.

Negation

ORTEGA Y GASSETS erste bedeutende Studie erschien 1914 unter dem Titel *Meditaciones del Quijote*. Auch er analysierte über den Quijote-Mythos die spanische Kultur. CERVANTES' Roman gilt ihm als *„primera piedra de toque de los valores nacionales"* und Don Quijote sei der individuelle Held, der die Welt verändern wollte. Aber schon durch das Zitat seines Lehrers HERMANN COHEN *„Ist etwa der Don Quijote nur eine Posse?"* relativiert ORTEGA die Bedeutung dieser Figur. Aus dem Blickwinkel des in Deutschland geformten Philosophen kritisiert er die Verhältnisse in seinem Land, denn um Veränderungen zu bewirken, müsse zunächst die Wirklichkeit so gesehen werden, wie sie ist. Diese *España posible* ist eben nicht Quijotes Spanien, der sich zudem eine nicht mehr zeitgemäße Pflicht auferlegt hatte und somit in anachronistischen Vorstellungen befangen blieb. Er hing einer messianischen Hoffnung nach, die zu einer Spaltung zwischen Wirklichkeit und Ideal führen musste. Für ORTEGA Y GASSET basiert alles philosophische Denken auf der konkreten Realität. Das Negativbeispiel ist jenes Spanien ohne Rückgrat, dem er 1922 eine eigene Studie – *España invertebrada* – widmete.

Auch in ORTEGA Y GASSETS Kulturanalyse fehlt wie bei den Vertretern der *generación del 98* die pluralistische Sicht der spanischen Gegebenheiten. Sie wurde jedoch schon 1886 von VALENTÍN ALMIRALL DE PI (1810–1904) in *Lo Catalanisme* eingeführt. Aus der katalanischen Sicht wird Don Quijote als nur kastilische Symbolfigur negativ beurteilt.

4 Kulturdebatte

Hauptthesen

Nicht lange nach der Diskussion zwischen UNAMUNO und ORTEGA Y GASSET entfachte sich eine Debatte über den Ursprung und die Identität der Spanier zwischen dem Literatur- und Kulturwissenschaftler AMÉRICO CASTRO und dem Historiker CLAUDIO SÁNCHEZ ALBORNOZ (1893–1984), beide Schüler und Mitarbeiter MENÉNDEZ PIDALS am 1907 gegründeten *Centro de Estudios Históricos*. CASTRO steht den Regenerationsgedanken ORTEGA Y GASSETS näher als denen der *generación del 98*, sieht aber die spanische Kultur wegen der arabischen und jüdischen Einflüsse in Europa als einzigartig an. Er erklärt sie historisch durch das friedliche Zusammenleben von Arabern, Juden und Christen während der Zeit der vormodernen Staatenbildung. Diese Koinzidenz hatte bedeutende kulturelle Errungenschaften zur Folge.

Die Antwort auf die in *España en su historia* (1948) formulierte These erhielt CASTRO von SÁNCHEZ ALBORNOZ in *España, un enigma histórico* (1956). Danach sei die spanische Kultur stärker durch das europäische Substrat der Römer und Westgoten determiniert als durch semitische Einflüsse. Auch den vorrömischen Völkern auf der iberischen Halbinsel komme mehr Bedeutung zu als der arabischen Präsenz.

Erklärungen

Hinter der Diskussion stehen zwei verschiedene Auffassungen von Geschichte: SÁNCHEZ ALBORNOZ schrieb als Positivist und Empiriker gegen den *Biografiker* CASTRO, der in der Tradition DILTHEYS und ORTEGA Y GASSETS stand. Schon CASTROS Biografie verweist auf eine kulturelle Komplexität. Er wurde in Brasilien geboren und wuchs in Granada auf. Er gehörte zu den Intellektuellen, die für die Europäisierung Spaniens eintraten und war Mitte der dreißiger Jahre Botschafter der Zweiten Republik in Deutschland. Nach dem Bürgerkrieg ging er zunächst ins argentinische und dann ins nordamerikanische Exil, wo er an verschiedenen Universitäten als herausragender Hispanist lehrte. Dort entwickelte er seine These von der durch die Fremdeinflüsse fruchtbaren Abgrenzung Spaniens von Europa weiter.

Konsequenzen

Weil die dominierende christliche Kultur mit dem Sieg der Reconquista einen Ausschlusscharakter annahm, so Américo Castro, versperrte sie der spanischen Nation den im 14. und 15. Jh. vorbereiteten Weg in die Moderne. Wissenschaftsgeist und Unternehmertum blieben unter den Katholischen Königen stark eingeschränkt, und statt Rationalismus dominiere in Spanien ein magisches Denken. Nicht im Wissen, sondern im Glauben bestehe – so würden wir heute sagen – die epistemologische Grunddisposition der spanischen Kultur.

Die zwanghaft Bekehrten (*conversos*), die in einem Spannungsverhältnis zwischen Unterdrückung und verbotener Äußerung des eigenen Glaubens lebten, konstruierten in Spanien die ästhetische Moderne. Nur über literarische Aktivitäten, die ihnen als Ventil dienten, konnten sie sich verwirklichen. Ob es sich um die anonymen

Autoren z. B. des Lesedramas *La Celestina* (1499) und des Schelmenromans *Lazarillo de Tormes* (1553) oder gar um die ins Mystische übersteigerte Frömmigkeit der Heiligen TERESA DE ÁVILA handelt, für CASTRO blieb die spanische Kultur immer konfliktgeladen, weil die Auseinandersetzung zwischen den Kasten, zwischen den *cristianos viejos* und *nuevos*, das kollektive Bewusstsein vor dem Hintergrund des spanischen Ehrbegriffs und der Forderung der *limpieza de sangre* mitbestimmte.

Bewertung

CASTROS Thesen laufen darauf hinaus, das offizielle und uniformisierende Geschichtsbild des Franquismus zu zerstören. Das Epochenjahr 1492 und die spanische Einigung unter den Katholischen Königen verstand er nicht als ruhmreiches Kapitel der spanischen Geschichte, sondern als Beginn des Niedergangs durch die Unterdrückung des einstigen kulturellen Pluralismus.

Widerspruch wird neuerdings in der Geschichtswissenschaft und der spanischen Arabistik laut, die gegen die vereinfachte Geschichtsdarstellung CASTROS opponieren. Von einem toleranten Zusammenleben der drei erwähnten Kulturen während des Mittelalters könne, so Serafín Fanjul (2000), nicht die Rede sein, auch wenn die Kommunikationsbereitschaft zwischen Juden, Arabern und Christen nicht geleugnet werden kann. Vielleicht übersah CASTRO auch die Bedeutung der katalanischen Kultur für Spanien, wie dies Asensio (1992: 204–208) herausstellt, aber sein weiter Blick auf die spanische Kultur, der über die religiöse Einheit hinausgeht, muss als bahnbrechend gewertet werden und gerät heute, im multikulturellen Zeitalter, erneut ins Zentrum der Aufmerksamkeit.

Polarisierung

Zugespitzt könnte man CASTROS afrikanisches und SÁNCHEZ ALBORNOZ europäisches Spanien gegenüberstellen. Gemeinsam ist beiden Theorien, dass sie ausschließlich historisch argumentieren, um Kultur zu erklären. FRANCISCO AYALA (1906) erkennt den Fehler, wo sich CASTRO von der Disziplin des Geschichtswissenschaftlers entfernt, um sich in die spekulativeren Sphären der Philosophiegeschichte im Stil HEGELS zu begeben. Andererseits muss man CASTRO natürlich eine stärker differenzierte Vision der spanischen Gegebenheiten zugestehen, als sie SÁNCHEZ ALBORNOZ vertritt, für den – um nur ein Beispiel anzuführen – die ungünstigen klimatischen Verhältnisse in Kastilien den industriellen Fortschritt des Landes verhinderten.

5 Die Preußen des Südens

Lebensart

In der Tradition SÁNCHEZ ALBORNOZ' bezeichnete MENÉNDEZ PIDAL in *Los españoles en la historia* Kastilien als die *„nación más germanizante"*, und zwar wegen der Kulturbedeutung der Westgoten, die ihre Herrschaft während fast drei Jahrhunderten auf die iberische Halbinsel konzentrierten. Die Meinung, dass sich die besondere spanische Lebensart mehr als in anderen Mittelmeerländern an nördliche Gegebenheiten annähert, geht in jüngster Zeit jedoch auf Fremdbilder zurück, denn nach dem Eintritt Spaniens in die Europäische Union (1986) wurde im übrigen Europa mit Überraschung festgestellt, wie leistungsfähig man jenseits der Pyrenäen sein konnte. Auch deshalb investieren ausländische Wirtschaftsunternehmen in Spanien überdurchschnittlich mehr als in anderen europäischen Ländern.

Zahlen

Auf das gestiegene Ansehen Spaniens auf internationaler Ebene weisen wirtschaftliche Indizien hin: Zwischen 1979 und 1998 ist der Umfang der Auslandsinvestitionen um das Dreißigfache gestiegen. 1960 lag das spanische Bruttosozialprodukt knapp über der Hälfte des europäischen Durchschnitts, im Todesjahr FRANCOS dann schon auf 80%, und das Pro-Kopf-Einkommen war im gleichen Zeitraum von 400 auf 2000 Dollar gestiegen. 1995 stand das spanische Bruttosozialprodukt weltweit an achter Stelle. Der Übergang von der Agrargesellschaft zur modernen Dienstleistungsgesellschaft kann ebenfalls an Zahlen abgelesen werden: 76 % der Bevölkerung lebt heute in Städten und nur noch 8,3 % sind im agrarischen Sektor tätig. In Spanien gibt es bei 40 Millionen Einwohnern über 60 Universitäten. Es studieren heute mehr Frauen als Männer. Traditionell war Spanien zu 90 Prozent katholisch, zwischen 1976 und 1995 gingen die kirchlichen Trauungen um 100 000 zurück, die zivilen Eheschließungen stiegen von 877 auf 47726 (Jover Zamora, 2001: 848). Im Jahre 2000 verzeichnete das Land die niedrigste Geburtenrate auf der Welt, was als weiteres Indiz für die inzwischen etablierte Wohlstandsgesellschaft gewertet werden kann.

Seit 1981 ist Spanien weltweit das fünfte Land in der Bücherproduktion. Sein Absatzmarkt in Lateinamerika spielt dabei natürlich eine wichtige Rolle. Andererseits gehört die Zahl der wirklichen Leser zu den niedrigsten in Europa, u. a. wegen des langjährigen Bildungsrückstands, denn ernsthaft wurde die Schulpflicht erst in den sechziger Jahren des 20. Jhs. durchgesetzt.

Blick von außen

Die Veränderung des Spanienbildes nach 1985 spielt für die neue Selbsteinschätzung der Spanier eine wichtige Rolle. In Deutschland – etwa in einem ZEIT-Artikel vom 13. Januar 1989, der mit *„Ankunft in der Moderne"* überschrieben ist – wurde Spanien als effizientestes Land im romanischen Europa bezeichnet. Auch *The Economist* insinuierte 1992 in einem als *„Mitteleuropa on the Med"* betitelten Artikel Spanien als germanisches Paradies. Diese Urteile übernahm die Tageszeitung *El País* in ihrer Berichterstattung über die Olympischen Spiele, wo von *nordic dispassion*, deutscher Pünktlichkeit und schweizer Präzision die Rede war.

Von der kulturellen Normalisierung zeugen auch die zahlreichen internationalen Auszeichnungen, die spanische Künstler nach 1975 erhielten. Literaturnobelpreise gingen 1977 an VICENTE ALEIXANDRE (1898–1984) und 1989 an CAMILO JOSÉ CELA (1916–2002). JUAN GOYTISOLO erhielt 1985 den Europalia und 1993 den Nelly-Sachs-Preis, JORGE SEMPRÚN 1994 den Friedenspreis des Deutschen Buchhandels und 1995 in Frankreich den Femina-Preis. 1996 wurde der Architekt RAFAEL MONEO mit dem Pritzker ausgezeichnet. Oscarpreisträger für den besten nicht amerikanischen Film waren 1983 JOSÉ LUIS GARCI mit *Volver a empezar*, 1994 FERNANDO TRUEBA mit *Belle Epoque* und zuletzt PEDRO ALMODÓVAR mit *Todo sobre mi madre* (1999/2000).

Das veränderte Spanienbild rührt auch daher, dass Spanien seine Kultur seit Mitte der achtziger Jahre anders zu repräsentieren verstand. 1985 organisierte das Land die *Bruselas Europalia* und stellte eine vielseitige Kulturauswahl vor, die von den mittelalterlichen Buchillustrationen der apokalyptischen *Beatos* bis hin zu dem zeitgenössischen Maler MIQUEL BARCELÓ reichte. 1991 stand die Frankfurter Buchmesse unter dem Zeichen Spaniens, was zu einem Spanienboom unter Deutschlands Lesern führte. Der Messebeauftragte ANDRÉS AMORÓS konzipierte – im Inland stark kritisiert – den offiziellen Spanienstand als Stierkampfarena und griff damit doch noch einmal auf eine bekannte Stereotype zurück.

Blick von innen

Der mit Stolz und Genugtuung ausgesprochene Satz, Spanien habe den Anschluss an Europa zurückgewonnen, ist zu einem kulturellen Leitmotiv der letzten Jahre geworden. Der Mythos von den zwei Spanien, der auf die ideologische Teilung des Landes im 19. Jh. und seine Wiederaufnahme im letzten Bürgerkrieg zurückgeht, klingt noch in Äußerungen wie der folgenden mit: "*Es un momento dulce que demuestra que si España vive en paz y convivencia democrática, la iniciativa de los españoles es capaz de conquistar grandes objetivos*". Dieses Zitat steht für viele und stammt aus der Ausgabe vom 7. Mai 2000 der Tageszeitung *La razón*, wo in mehreren Artikeln über das positive Spanienbild in der Welt berichtet wurde. Spanien kann heute nicht mehr als *caso aparte* betrachtet werden, sondern das Land – jetzt weniger exotisch – ist wieder in den historischen Zyklus Europas integriert.

Literatur

Altamira (1899–1906); Altmann (2000); Álvarez de Miranda (1998); Amando de Miguel (2000); Amorós (1990); Anuario El País (1984–2000); Asensio (1992); Bennassar (1984); Braun (1997); Castro (1958); Castro (1959); Castro (1973); Castro (1990); García Cárcel (1992); Cazorla Pérez (1982); Dressendörfer (1999); Fanjul (2000); Franzbach (1988); García Cárcel/Doris Moreno Martínez (2001); Gómez Martínez (1972); Hönsch (2000); Jover Zamora (2001); Kamen (1965); Rollhäuser (1990); San Martín (1998); Schmid Noerr/Eggert (1986); Unamuno (1988); Valdivieso Rodrigo (1988); Villalobos Racionero (1995).

2

KAPITEL **Begegnungen und Begrenzungen**

1 Differenzierungen

Institutionelle Voraussetzung

Ein Schlagwort der Kulturwissenschaft lautet Pluralität. Gerade für die spanischen Verhältnisse entpuppt es sich als Schlüsselbegriff der Kulturbeschreibung. Kaum jemand leugnet heute die kulturelle Vielseitigkeit im Land, Begriffe wie Zentralismus oder Uniformismus gehören der Vergangenheit an. Als wichtigste politische Maßnahme muss zwischen 1979 und 1983 die Einführung der Autonomie-Statuten in siebzehn spanischen Regionen erwähnt werden. Damit wurde die Voraussetzung für die Entfaltung eines eigenständigen kulturellen Lebens geschaffen. Obwohl das spanische Staatssystem noch nicht wirklich föderalistisch organisiert ist (was schon durch die fehlenden regionalen Vertretungen im Senat erklärt werden kann), ist die Kulturhoheit der Autonomen Regionen inzwischen weitgehend erreicht. Dies führt natürlich zu einer kulturellen Auffächerung, die hier nicht in ihren Einzelheiten behandelt werden kann.

1 Interkulturelle Wechselbeziehungen

Geschichte

Der Terminus der Hispania, der sich erst unter der Herrschaft der Römer durchsetzte, obwohl er auf ein griechisches oder phönizisches Etymon zurückgeht, bezeugt aus historischer Sicht die Völkervielfalt auf der iberischen Halbinsel. Im Zuge der Völkerwanderung ließen sich verschiedene germanische Stämme nieder, von denen die Westgoten den stärksten Einfluss ausübten. Ihr Reich erstreckte sich zunächst noch über große Teile Südfrankreichs. Die Hauptstadt Toulouse gaben sie erst Mitte des 6. Jhs. auf, 568 verlegten sie sie nach Toledo. Zu diesem Zeitpunkt dominierten im Zentrum und Nordosten der Halbinsel die Westgoten, im Nordwesten die Sueben und im Südosten Byzanz. Schon im 8. Jh., d.h. unmittelbar nach dem Einfall der Mauren, die sich zu Beginn der Eroberung aus einer kleinen Führungsgruppe von Arabern und einer Mehrheit von Berbern zusammensetzten und demnach auch keine homogene Gruppe bildeten, nahm im Norden der Halbinsel die Reconquista ihren Ausgang. In ihrem Verlauf kam es in der ersten Hälfte des 12. Jhs. zur Abspaltung Portugals.

Toleranzthese

Bevor die christliche Rückeroberung der iberischen Halbinsel abgeschlossen war, kann von Pluralität auch in religiöser Hinsicht gesprochen werden: Über acht Jahrhunderte lebten die Gläubigen der drei monotheistischen Religionen zusammen, ohne dass es, bis auf wenige

Ausnahmen, zu erwähnenswerten Konflikten gekommen wäre. Die Übersetzerschule in Toledo, die Mitte des 13. Jhs. ihre kulturelle Blüte erlebte, gilt als Nachweis für die fruchtbare Zusammenarbeit zwischen Moslems, Juden und Christen. Die Toleranzthese, wie sie heute noch die Schüler AMÉRICO CASTROS vertreten, wird neuerdings differenzierter betrachtet und hinterfragt (Dressendörfer 1999; Fanjul 2000). 1492, nach der Kapitulation Granadas, wurden die Juden, die nicht zum Christentum übertraten, aus dem geeinten, katholischen Spanien vertrieben. Als Sephardim gingen sie in die Diaspora nach Nordafrika und Kleinasien. Ihre Nachkommen sprechen bis heute eine spanische Sprache, das Spaniolische, die sie aus der Zeit ihrer Ausweisung bewahrt haben. Die sephardische Kultur wird als Teil der Hispanität betrachtet. Die konvertierten Anhänger des Islams (Morisken) mussten Spanien 1609 verlassen. Die mit der Einigung verbundene religiöse Intoleranz wurde vom frühabsolutistischen Staat inszeniert und durch das strenge Vorgehen der Inquisition gegen die Konvertiten, die ihre frühere Religion heimlich ausübten, in eine grausame Praxis umgesetzt.

Offene Kultur

Jede Kultur erhält Impulse von außen. Im Mittelalter überwogen in Spanien arabische Einflüsse. Bis heute können sie in der andalusischen Musik, in der Architektur und natürlich in der spanischen Sprache nachgewiesen werden: Der Schriftsteller JUAN GOYTISOLO kommt darauf in seinem Roman *Reivindicación del Conde don Julián* (1970) zu sprechen: Wörter wie Schach (*ajedrez*), Sofa oder Zucker (*azúcar*) reichen geschichtlich in die Zeit der arabischen Herrschaft auf der iberischen Halbinsel zurück. Der als typisch spanisch identifizierte Ausruf *„olé"* und die Begrüßung *„hola"* können als kulturelle Code-Wörter verstanden werden. Auch ihr gemeinsamer Ursprung ist arabisch.
Im goldenen Zeitalter wandte sich Spanien von den Arabern ab und orientierte sich kulturell an Italien. Im 18. Jh. wurde mit der Ablösung der Habsburgerdynastie durch die Bourbonenkönige der französische Einfluss stärker. Unter Napoleon fand er seinen Höhepunkt. In den folgenden Krisenzeiten wurde nach neuen Orientierungsmöglichkeiten gesucht, und wo es darum ging, Kulturimpulse von außen zu übernehmen, kam auch Deutschland oder Preußen als mögliches Modell ins Spiel. Ob Frankreich oder Deutschland die wichtigere Rolle zukam, hing von der jeweiligen politischen Konjunktur ab.

krausismo

1843 plante der fortschrittliche Minister PEDRO GÓMEZ DE LA SERNA, an der *Universidad Central* in Madrid eine Professur für Philosophiegeschichte einzurichten. Als Kandidat schlug er JULIÁN SANZ DEL RÍO (1814–1869) vor, die Ernennung wurde jedoch von einem längeren Studienaufenthalt in Deutschland abhängig gemacht. SANZ DEL RÍO ging nach Heidelberg, wo er 1843/44 bei LEONHARDI und RÖDER, Schüler des idealistischen Philosophen KARL CHRISTIAN FRIEDRICH KRAUSE, hörte. So fand der *krausismo* seinen Eingang in Spanien. Diese bekannte

Geschichte eines Zufalls hat natürlich einen komplexeren Hintergrund und reiht sich in die Modernisierungstendenzen seit der Nationalversammlung in Cádiz und der liberalen Verfassung von 1812 ein.

Die Ideen KRAUSES wurden in Spanien progressiv verstanden. Dies verdeutlicht die Kulturdebatte zwischen SANZ DEL RÍOS Schüler GUMERSINDO DE AZCÁRATE (1840–1917) und dem konservativ eingestellten MARCELINO MENÉNDEZ Y PELAYO (1856–1912). AZCÁRATE, Begründer der Zeitschrift *Revista de España*, vertrat die These, dass die spanische Dekadenz in Kultur, Philosophie und Wissenschaft auf die von der Inquisition auferlegte religiöse Abschottung Spaniens zurückzuführen sei. MENÉNDEZ Y PELAYO, als Philologe, Direktor der Nationalbibliothek und Herausgeber der *Revista de Europa* eine zentrale Persönlichkeit im spanischen Kulturleben der Restauration, antwortete polemisch, der Beginn der spanischen Dekadenz stehe in zeitlicher Übereinstimmung mit der Rezeption des Gedankenguts der französischen Aufklärung, mit der Verfassung von Cádiz, mit der Säkularisierung der Kirchengüter, mit der Gründung des bürgerlich-liberalen *Ateneo* in Madrid (1835, siehe S. 75) und eben mit der Reise SANZ DEL RÍOS nach Deutschland. MENÉNDEZ Y PELAYO forderte als Führer des konservativen Lagers, den katholischen Glauben, wie er im spanischen Nationalcharakter verankert sei, zum einzigen Maßstab des kulturellen Lebens zu erhöhen. Die Restauration von 1875 verschaffte seiner Forderung Gehör.

Bewertung

Der *krausismo* leistete dem bürgerlichen Liberalismus in Spanien wertvolle Dienste. Nicht nur die Thesen KRAUSES zum Besitzrecht oder zur politischen und sozialen Organisation passen genau in den Erwartungshorizont des gemäßigten spanischen Bürgertums. Auch in ästhetischer Hinsicht konnten die spanischen Intellektuellen der neoidealistischen Schule viel abgewinnen. Die Zukunft der Bewegung wurde 1876 durch die Gründung der *Institución Libre de Enseñanza (ILE)* durch FRANCISCO GINER DE LOS RÍOS (1839–1915) über die Jahrhundertwende hinaus bis zum Ende der zweiten Republik gesichert. Aus dem Geist der *krausistas* entstanden weitere bildungs- und kulturrelevante Einrichtungen, u. a. 1907 die *Junta de Ampliación de Estudios y de Investigación Científica*, das *Museo Pedagógico*, die *Residencia de Estudiantes*, usw. (siehe S. 79). Erster Präsident der *Junta* war übrigens der Nobelpreisträger für Medizin, SANTIAGO RAMÓN Y CAJAL (1852–1934). Wie ORTEGA Y GASSET gilt er als Vertreter des modernen, europäischen Spanien und setzte sich für Veränderungen im Wissenschafts- und Universitätsbetrieb und im Erziehungswesen überhaupt ein. Neben der Reise SANZ DEL RÍOS wirkte sich auch ORTEGA Y GASSETS Studienaufenthalt in Deutschland (1905–1908 in Berlin und Marburg) auf die spanische Kulturentwicklung aus.

Intellektuelle

Die Intellektuellen im modernen Sinn profilierten sich in Spanien etwa zur gleichen Zeit, als sie in Frankreich in der Dreyfus-Affaire Position bezogen. In Spanien entfachten erbitterte und langwierige Diskussionen über das europäische Kulturmodell, nach dem man sich nach dem Identitätsverlust durch die Krise von 1898 zu richten habe. Die Auseinandersetzungen spitzten sich während des Ersten Weltkriegs, in dem sich die spanische Regierung neutral verhielt, dermaßen zu, dass von einem ideologischen Bürgerkrieg die Rede sein kann. Die geistigen Eliten linker und rechter Couleur forderten Parteinahme für Frankreich oder Deutschland, sodass es zu einer Kulturdivision zwischen *francófilos* und *germanófilos* kam. Die Kluft blieb unter anderen Vorzeichen bis zum Ende des Franquismus bestehen. Im Groben galt die Gleichstellung der *germanófilos* (JACINTO BENAVENTE oder EUGENIO D'ORS) mit konservativen, monarchischen und militärischen Überzeugungen. Sie waren Anhänger der Einheit von Staat und Kirche und entwickelten auch aus diesem Grund antifranzösische Gefühle. Auf der anderen Seite (UNAMUNO oder RAMÓN PÉREZ DE AYALA) verteidigen die Linksliberalen die Errungenschaften der Französischen Revolution. Das republikanische System und die Trennung von Staat und Kirche wurden als nachahmungswürdig angesehen.

Natürlich ist das Problem komplexer, Unamuno blieb trotz seiner pro-französischen Haltung ein Bewunderer und Rezipient der deutschen Philosophie und Literatur. Die fortschrittlichen Frankreichfreunde sympathisierten weiterhin mit den *krausistas*. Unter ihnen bildete PÍO BAROJA eine Ausnahme. Bis in die dreißiger Jahre näherte er sich immer mehr dem nationalsozialistischen Gedankengut. In der Regel nahmen die *germanófilos* später für FRANCO Partei, EUGENIO D'ORS wäre hier das Paradebeispiel.

Bedeutung

Diese Dichotomie stellt das Raster für eine tief greifendere Kulturanalyse der Zeit zwischen 1914 und dem Franquismus: Verlage und Zeitungen orientierten sich nach der einen oder anderen Seite, Übersetzungen wurden abhängig von der jeweiligen ideologischen Überzeugung in Auftrag gegeben und angefertigt. Die Artikel MANUEL AZAÑAS, dem zweiten Präsidenten der Zweiten Republik, der als vehementer Germanophobe ERNESTO GIMÉNEZ CABALLERO angriff, könnten als Beispiel angeführt werden. GIMÉNEZ CABALLERO sollte dann im frühen Franquismus als Kulturideologe eine wichtige Position einnehmen.

2 *Las dos Españas:* Uniformität und Ausschluss

Bürgerkriege

MARIANO JOSÉ DE LARRA, der romantische Schriftsteller, teilte die Spanier vor dem Hintergrund des liberal-konservativen Dualismus in solche ein, die andere verhaften, und diejenigen, die verhaftet werden. Aus einem Artikel, den er 1836, also genau hundert Jahre vor Beginn des letzten Bürgerkriegs, veröffentlichte, stammt die Vision: *„Aquí yace media España; murió de la otra media“* (431).

In allen Kulturen kommt es zu Konfrontationen zwischen traditionell-konservativen Kulturverfechtern und anderen, die den Veränderungen und dem Fortschritt zuarbeiten. Aber die spanische Besonderheit ist doch, dass dieser Konflikt in den beiden letzten Jahrhunderten so ernst genommen wurde, dass er zu zahlreichen Bürgerkriegen führte. Am Anfang stand 1833 der Erbfolgestreit nach dem Tod FERNANDOS VII. Die Parteigänger seines Bruders CARLOS MARÍA ISIDORO, die konservativen Karlisten, gaben gleich drei Bürgerkriegen zwischen 1833 und 1876 den Namen.

Wegen der historisch verankerten Unversöhnlichkeit handelten die politischen Akteure nach FRANCOS Tod während des Übergangs in die Demokratie (*transición*, siehe S. 111 ff.) mit Vorsicht. Sie wollten die alten Konflikte durch eventuelle Vergeltungsmaßnahmen des liberalen gegen das autoritäre Spanien auf keinen Fall neu entfachen.

Dichotomien

Der realistische Schriftsteller BENITO PÉREZ GALDÓS (1843–1920) eröffnet seinen Roman *Misericordia* (1897) metaphorisch mit den zwei Gesichtern der Madrider Kirche San Sebastián: *„Dos caras, como algunas personas, tiene la parroquia de San Sebastián…"* (1982: 62), ein populäres, dem Stadtviertel der Armen, Lavapiés, zugewandtes und ein bürgerliches, das Richtung Plaza del Ángel weist. Die Zweiteilung als Strukturgerüst findet sich in den meisten seiner 76 Romane, denen er den Beinamen eines Porträtisten seiner Zeit verdankt.

Auch die Intellektuellen der *generación del 98* dachten in Dichotomien, wenn sie die spanische Identität durch die Spannung zwischen Geist und Materie, Mystik und Wirklichkeitsverständnis, Don Quijote und Sancho Panza erklärten. In dieses Schema passte auch die Gegenüberstellung der Maler EL GRECO und GOYA, wie man sie um die Jahrhundertwende häufig findet. Politisch relevant wurde das Gegensatzpaar da, wo ORTEGA Y GASSET die *España oficial* mit der *España vital* konfrontierte. Wenn das offizielle Spanien nicht fähig sei, Fortschritt und soziale Gerechtigkeit im Sinne der Modernisierung einzuleiten, dann müsse sich eben die *Espana vital* darum kümmern. Diese Zweiteilung lässt sich weiterverfolgen über den Beginn der Zweiten Republik, als MANUEL AZAÑA in der verfassunggebenden Versammlung das Ende des katholischen und den Beginn des säkularen Spanien verkündete, bis hin zum Spanien FRANCOS, der nach seiner Überzeugung dem wahrhaften Spanien zum Sieg gegen das Anti-Spanien (*la verdadera y la anti-España*) verhalf. Die zweiteilig angelegten kulturellen Formationen kreisten immer um die Gegensatzpaare Tradition – Fortschritt, Katholizismus – Antiklerikalismus, Konservatismus – Liberalismus, usw.

Electra

Die Uraufführung von PÉREZ GALDÓS' Schauspiel *Electra* im Jahre 1901 war ein kulturelles Ereignis besonderer Ordnung. Das Melodrama ist literarisch weniger bemerkenswert als GALDÓS' Romane, aber wegen seines antiklerikalen Gehalts erregte es öffentlichen Aufruhr, und es kam in mehreren Städten erstmals zu Demonstrationen und Kundgebungen gegen die katholische Kirche. Kurz zum Inhalt: Die Waise Electra (Eleuteria) wird von dem wohl situierten Máximo umworben. Der ultrakatholische Priester Don Salvador Pantoja möchte sie aber überreden, ins Kloster zu gehen. Dabei arbeitet er mit unlauteren Mitteln, besonders als er dem Mädchen fälschlicherweise versichert, Máximo sei ihr Bruder. Daraufhin akzeptiert Electra den Schleier, und erst als ihr die tote Mutter erscheint, um die Lüge des Klerikers aufzudecken, steht der Vereinigung mit dem jungen Galan nichts mehr im Weg.

Gesellschaftlicher Hintergrund des Stückes war ein Prozess gegen die Jesuiten wegen eines ähnlichen Falles von Hintergehung. Dazu kamen die politischen Proteste von Seiten der Liberalen wegen der kirchenfreundlichen Politik der Regierungen während der Restauration. 1899 kehrten zudem viele Geistliche aus den verlorenen Kolonien zurück, sodass das Problem des überhand nehmenden Klerus auch für soziale Spannungen sorgte. Der Konflikt verlagerte sich nach der Generalprobe von *Electra* auf einen Streit zwischen den namhaftesten Literaten der Jahrhundertwende. AZORÍN, PÍO BAROJA und RAMIRO DE MAEZTU veröffentlichten am 31. Januar in der Tageszeitung *El País* je einen enthusiastischen Artikel über das Stück. AZORÍN sah in *Electra* ein Symbol für das endlich auferstandene, moderne Spanien („*la España rediviva y moderna*"), in einem zweiten Artikel in der Zeitschrift *Cómico* vom 9. Februar revidierte er jedoch seine Position und verstand das Stück jetzt als „*antipático manifiesto progesista*". Daraufhin kam es zu einer leidenschaftlichen kulturpolitischen Auseinandersetzung mit MAEZTU über die Rolle des Katholizismus in der spanischen Gesellschaft.

Zu den bemerkenswerten Konsequenzen der Uraufführung gehörte u. a. auch die Veröffentlichung der progressiven Zeitschrift *Electra*, auch wenn sie nur zwischen dem 16. März und dem 27. April 1901 erscheinen konnte. Neben den drei schon erwähnten Intellektuellen veröffentlichten in ihr die Brüder MACHADO, VALLE-INCLÁN, UNAMUNO, RUBEN DARÍO, D'ANNUNZIO, BLASCO IBAÑEZ, JUAN RAMÓN JIMÉNEZ und BENAVENTE.

Weltausstellung 1937

Als zweites Beispiel für die Kluft zwischen den beiden Spanien soll die spanischen Präsenz auf der Pariser Weltausstellung von 1937 dienen. Die Zweiteilung – das Land befand sich mitten im Bürgerkrieg – wurde auch hier in konzentrierter Form deutlich. Der offizielle spanische Ausstellungspavillon wurde von der legitim gewählten Regierung der Republik in Auftrag gegeben. Die Architekten waren JOSÉ LUIS SERT und LUIS LACASA, die Schriftsteller MAX AUB, JOSÉ BERGAMÍN und der Plakatkünstler JOSEP RENAU wurden mit der Organisation der Ausstellung beauftragt.

In der Ausstellungshalle des Vatikans präsentierte der Franquismus ein Spanienbild, das auf Katholizismus und Einheit beruhte. Der einzig international bekannte Künstler, der hier für FRANCO arbeitete, war JOSÉ MARÍA SERT (nicht zu verwechseln mit dem oben genannten Architekten JOSÉ LUIS SERT, seinem Neffen). Nach seinen Fresken im Rockefeller Center in New York und in der Eingangshalle des Völkerbund-Gebäudes in Genf stellte er auf der Pariser Weltausstellung ein Wandgemälde aus, dessen Titel *„Intercesión de Santa Teresa en la guerra civil española“* schon das ideologische Programm offensichtlich werden ließ. Sowohl die Franquisten als auch die Republikaner machten den Bürgerkrieg zum Thema ihrer Ausstellungen, aber die Faschisten zeigten nicht – wie dies PICASSO im Pavillon der Republik tat – das Leid durch den Krieg, sondern glorifizierten und rechtfertigten eben durch das Einschreiten der Heiligen TERESA DE ÁVILA den Staatsstreich.

Politische Kunst

Die Republik trug in der Konfrontation von 1937 dank der politisch engagierten Avantgarde den kulturellen Sieg über den Totalitarismus davon. Vor ihrem Pavillon stand eine Skulptur von ALBERTO SÁNCHEZ, der übrigens 1962 im Moskauer Exil starb. Sie trug den hoffnungsvollen Titel *„El pueblo español tiene un camino que conduce a una estrella“*. Von der Repräsentation eines typischen Spanienbilds wurde Abstand genommen, und schon die Statue *La Montserrat* des katalanischen Bildhauers und Malers JULIO GONZÁLEZ (er starb 1942 im französischen Exil) bezeugte, dass die Organisatoren der Ausstellung Wert darauf legten, ein regional differenziertes Spanien zu zeigen. Zu diesen Unterschieden summierten sich außerdem Beispiele aus der Volkskultur.

JOAN MIRÓ stellte das im Bürgerkrieg verloren gegangene Gemälde *El segador* aus. Der Titel spielt auf ein katalanisches Nationalsymbol an (siehe S. 49), das Bild ist aber auch unter dem Namen *El payés catalán en revolución* bekannt. Von MIRÓ stammten die Plakate *Aidez l'Espagne*. Sie wurden verkauft, und der Erlös war für den Kampf der Republik gegen FRANCO bestimmt. Die erhobene Hand auf den Plakaten könnte als Leitmotiv des *anderen* Spanien verstanden werden: Schon auf GOYAS Gemälde *El tres de Mayo de 1808* (1814) hob ein Sterbender seine Hände, auf MIRÓS *El segador* wohl auch. PICASSO arbeitete in *Guernica* mit dem Motiv, und auf dem berühmten Foto ROBERT CAPAS aus dem Bürgerkrieg stirbt ein Soldat ebenfalls mit erhobenen Händen.

Guernica

PICASSO malte sein berühmtes Wandbild *Guernica* für diese Weltausstellung, und zwar als Auftragswerk der Republik. Es wurde zum Symbol der Demokratie und gehört heute wieder zu den wichtigsten Ikonen der spanischen Kultur. Picasso gelingt es, sein politisch-humanitäres Engagement mit einer ganz persönlichen Ausdrucksweise, zur damaligen Zeit einer surrealistischen, zu verbinden.

Der Titel des schwarz-weißen Ölgemäldes bezieht sich auf die Bombardierung der baskischen Stadt Gernika durch die deutsche Fliegerlegion Condor am 26. April 1937. Dieser historische Hintergrund impliziert jedoch nicht, dass es sich bei *Guernica* um ein historisches

Gemälde handelt. Das Ereignis, ein Kriegsmassaker ohne strategische Ziele, gibt PICASSO die Gelegenheit, universale Themen wie Gewalt und Leid künstlerisch umzusetzen.

Guernica ist das Ergebnis einer langen Reihe von Studien. Die Radierungen *Sueño y mentira de Franco* (Januar 1937) machen Picassos politisches Engagement für die Republik und gegen die Putschisten deutlich. Ihr Titel spielt eventuell auf GOYAS berühmte Aquatinta *El sueño de la razón* an, das Fehlen von Farben verweist, wie auch im Falle von *Guernica* selbst, auf GOYAS Zyklus *Los desastres de la guerra*. PICASSO fasst FRANCO als Albtraum auf, zeichnet ihn als militärisches Ungeheuer in Verbindung mit zwei Stereotypen der spanischen Kultur: Stier und Einsteckkamm (*peineta*). Er ist der travestierte Macho, der mit Unterstützung von Kapital und Kirche Blut und Feuer nach Spanien bringt. In *Guernica* selber konzentriert sich PICASSO auf die surrealistisch verzerrte Darstellung der Kriegsgreuel. Auf dem großen Plakat bildet er einen mythischen Stierkampf ab, die absolute Zerstörung. Keiner entgeht dem Tod, niemand wird gerettet.

Die republikanische Regierung ernannte PICASSO während des Bürgerkriegs zum Direktor des Prado-Museums. Er akzeptierte, kam aber nicht zurück ins Land. Vielleicht war es ihm deshalb wichtig, *Guernica* der ersten Pinakothek Spaniens zu vermachen, obwohl sie doch nur Werke bis zum 19. Jh. sammelt. Seinem Wunsch, *Guernica* möge im Prado ausgestellt werden, ist man nicht nachgekommen. Auch die zweite Bedingung, dass *Guernica* erst nach der Wiedereinsetzung der Republik nach Spanien gebracht werden dürfe, wurde großzügig interpretiert. Ende 1981, wenige Monate nach dem letzten Putschversuch, war das Gemälde endlich in Madrid und zunächst in einem Nebengebäude des Prado-Museums zu sehen, noch hinter Panzerglas und von der Guardia Civil streng bewacht. Das Symbol der spanischen Demokratie lief zu jener Zeit Gefahr, von den Gegnern der jungen Monarchie beschädigt oder zerstört zu werden. Inzwischen hängt das Gemälde im *Museo de Arte Contemporáneo Reina Sofía*, dem Nationalmuseum für moderne Kunst, und wird nicht strenger beaufsichtigt als alle anderen Exponate auch.

Dies ist ein Zeichen dafür, dass sich die Gegensätze zwischen den beiden Spanien nach Diktatur und *transición* eingeebnet haben. Es bleiben Sieger und Besiegte, ein Gegensatz, der während der gesamten Franco-Ära unterschwellig das Leben bestimmte, inzwischen aber im Begriff ist, aus dem Kollektivgedächtnis zu verschwinden (siehe S. 115).

Literatur

Abellán (1971); Berger (1994); Castro (1971); Díaz-Plaja (1981); Dressendörfer (1999); Fanjul (2000); Fox (1966); Goytisolo (1970); Larra (1989); Lissorgues (1999); Martín Martín (1983); Pabellón español 1937 (1987); Pérez Galdos (1982); Pérez Galdós (1998); Ramírez (1999); Varela (1998); Vernet (1999).

2 Einheitsbestrebungen

Überblick

Kulturelle Pluralität wurde in Spanien vom 16. bis zum 18. Jh. und dann wieder unter FRANCO geleugnet. Das Motto *Noli foras ire, in interiore Hispaniae habitat veritas* des Falange-Gründers JOSÉ ANTONIO PRIMO DE RIVERA (1903–1936) richtete sich gegen die Modernisierungsströmungen der *krausistas* und *europeistas* und fand noch während der ersten Etappe der Franco-Diktatur Anwendung. RAMIRO DE MAEZTU, der bis in die dreißiger Jahre eine ideologische Wandlung durchmachte und sich vor seiner Erschießung durch die Republikaner 1936 dem Faschismus annäherte, stellte in seinem Werk *Defensa de la Hispanidad* (1934) einen komplementären Gedanken vor: Der Spanier habe erst im Kampf gegen Mauren und Juden seine Identität gefunden. Natürlich unternahm MAEZTU durch die Absetzung seiner Landsleute von den Semiten den Versuch, mit dem Nationalsozialismus zu liebäugeln. Gleichzeitig griff er den Gedanken des katholischen Spanien auf, wodurch eine K-und-K-Verbindung (Kastilien und Katholizismus) entstand, die Konsequenzen bis in unsere Zeit, etwa in der Autonomie-Debatte oder in den Auseinandersetzungen über die Rolle der Kirche in der Gesellschaft, nach sich zieht.

1 Die Kulturbedeutsamkeit des Katholizismus

Glaube und Politik

Spätestens mit den Schriften von JUAN DONOSO CORTÉS (1809–1853), vor allem seinem *Ensayo sobre el catolicismo, el liberalismo y el socialismo* (1851), fand das konservative Spanien zu seiner Rolle als Bollwerk gegen moderne ideologische Strömungen und verstand sich wie schon während der Gegenreformation als auserwählte Nation, die den Katholizismus zu verteidigen hatte. Damit war der Nationalkatholizismus begründet. MARCELINO MENÉNDEZ Y PELAYO fasste die Bestimmung Spaniens in seiner *Historia de los heterodoxos españoles* (zu denen er übrigens auch die *krausistas* zählt), treffend zusammen: „*España, evangelizadora de la mitad del orbe; España, martillo de herejes, luz de Trento, espada de Roma, cuna de San Ignacio...; esa es nuestra grandeza y nuestra unidad; no tenemos otra. El día en que acabe de perderse, España volverá al cantonalismo de los arévacos y de los vectones o de los reyes de Taifas*“ (194).

Opus Dei

Dieser spanische Auftrag kann von IGNACIO DE LOYOLAS Jesuitenorden über die Karmeliterreform der Heiligen TERESA DE ÁVILA bis hin zum Opus Dei nachvollzogen werden. 1928 gründete der 2002 heilig gesprochene JOSEMARÍA ESCRIVÁ DE BALAGUER Y ALBÁS (1902–1975) dieses Säkularinstitut. Der gesellschaftlich elitäre Laienorden, der weltweit etwa 70000 Mitglieder zählt, hat es sich zum Ziel gesetzt, katholisch-konservative Führungskräfte in die Gesellschaft zu senden. So steht es schon in ESCRIVÁ DE BALAGUERS wichtigster Schrift *Camino* (1939) zu lesen. Unter FRANCO nahmen Opus Dei-Mitglieder als Regierungsangehörige wichtige Positionen ein, als letzter CARRERO BLANCO, der – zum Nachfolger FRANCOS designiert – 1973 bei einem ETA-Attentat ums Leben kam. Aber auch nach 1975 findet man Vertreter des Opus Dei in Regierungs- und Verwaltungsämtern und anderen Spitzenpositionen der Gesellschaft. In Pamplona unterhält der Orden eine eigene Hochschule, wo Mitglieder in den weltzugewandten Fächern Medizin, Wirtschaft und Jura ausgebildet werden.

Kirche unter FRANCO

Der Katholizismus gehört zu den Konstanten der spanischen Kultur. Seit der restaurativen Verfassung von 1876, die de jure bis zur Zweiten Republik (1931) in Kraft blieb, war er Staatsreligion. Dann kam es bis 1936 zum ersten Mal zur Trennung von Staat und Kirche. Die katholische Religion stand jetzt in einem offenen Interessenskonflikt zur liberalen Kulturauffassung. So verwundert es nicht, dass sich FRANCO den Katholizismus erneut zu Eigen machte, um seine Politik ideologisch zu untermauern. Dies zeigt schon die Bedeutung der religiösen Symbolik: Die Prozessionen an Fronleichnam oder in der Karwoche wurden vom Regime zu Propagandazwecken inszeniert.

FRANCO nannte sich *„Caudillo de España por la gracia de Dios"*, der Bürgerkrieg wurde als Kreuzzug (*„cruzada"*) gerechtfertigt und in die Tradition des Heiligen Jakobus gestellt, der in Spanien als mythischer Initiator der Reconquista bis heute den Beinamen *„Matamoros"* (*Maurentöter*) trägt. Während der Diktatur wurden Bischöfe auch mit politischen Aufgaben betraut, die Verflechtung von Kirche und Staat war z. B. da ersichtlich, wo Kleriker als Abgeordnete in die Cortes berufen wurden.

Die Kirche arbeitete mit FRANCO zusammen, da sie sich mit seinem Kampf gegen *„Freimaurer, Juden und Kommunisten"* identifizieren konnte. Schon 1934 äußerte sich der Bischof von León in einem Hirtenbrief in diese Richtung, eindeutig bekannte sich dann zu FRANCO 1936 der Erzbischof von Toledo, Kardinal ISIDRO GOMÁ. Am 1. Juli 1937 veröffentlichte er die berühmte *Carta colectiva* der spanischen Bischofskonferenz: Dort rechtfertigte der Klerus den Bürgerkrieg als Reaktion auf die kommunistische Revolution und stellte den religiösen Charakter der nationalen Erhebung heraus. Die Bischöfe sprachen FRANCO ihr uneingeschränktes Vertrauen aus. Nur zwei wollten das Dokument nicht unterschreiben, der Erzbischof von Tarragona, Kardinal VIDAL Y BARRAQUER und der Bischof von Vitoria, DR. MÚGICA. Letzterer wurde schon von den Republikanern des Landes verwiesen. Er ging 1939 erneut ins Exil. Es ist kein Zufall, dass die zwei Kleriker, die sich FRANCO verweigerten, aus der katalanischen und baskischen Grenzkultur stammten.

Natürlich muss die Parteinahme der Kirche vor dem Hintergrund der Zweiten Republik gesehen werden: Schon einen Tag nach der Ausrufung der Republik am 15. April 1931 wurde die Gewissensfreiheit verkündet, und am 11. Mai kam es zu ersten Ausschreitungen gegen Kirchen und Klöster. Am 23. Mai folgte ein Dekret, wodurch religiöse Symbole wie Kreuze und Marienbilder in staatlichen Schulen nicht mehr erlaubt waren, und am 15. Juni musste sich der Erzbischof SEGURA, Kardinal von Toledo, ins Exil begeben. Säkularisierungsmaßnahmen, die einem Kulturkampf gleichzusetzen sind, betrafen auch die Jesuiten, die des Landes verwiesen wurden, und den Rest der weltzugewandten Ordensgeistlichen, denen die Republik die *Missio canonica* (Lehrerlaubnis) entzog. Während des Bürgerkriegs töteten die Republikaner 6832 Mitglieder des spanischen Klerus (Payne 1993: 105). Polemisch sind in diesem Zusammenhang bis heute die provokativen Seligsprechungen der katholischen Opfer des spanischen Bürgerkriegs. Papst JOHANNES PAUL II. nimmt sie in regelmäßigen Abständen vor und bricht damit im Nachhinein Wunden auf, die nichts zur Versöhnung der beiden Spanien beitragen.

Gegendarstellung

Seitdem die katholische Oberhoheit in Spanien mit der Inquisition verbunden wird, gibt es innerkirchliche Oppositionsbewegungen. FRAY BARTOLOMÉ DE LAS CASAS (1484–1566), der durch zwei so verschiedene Schriftsteller wie REINHOLD SCHNEIDER und HANS MAGNUS ENZENSBERGER in Deutschland bekannt wurde, übte mit die schärfste Kritik gegen das Vorgehen von Konquistadoren und Kirche in Hispanoamerika. Es ist bezeichnend, dass man ihm in Spanien bis heute wenig Beachtung schenkt. Weder in Madrid noch in Barcelona erinnern Straßennamen geschweige denn Denkmäler an den Dominikanermönch, der auch als erster Bischof von Chiapas in die Geschichte einging. Schuld daran ist u. a. MENÉNDEZ PIDAL, der ihn 1963 in seinem Buch *El P. Las Casas. Su doble personalidad* als Paranoiker und Lügner hinstellte.

Kirchliche Opposition

Nach 1975 hat die spanische Kirche mit einer schwierigen Stellung zu kämpfen, auch wenn sich schon 1971 die *Asamblea Conjunta Obispos-Sacerdotes* für die Trennung von Staat und Kirche entschied. Zu einer offiziellen Entschuldigung für die Beteiligung am *Kreuzzug* FRANCOS ist es bis heute nicht gekommen. Dazu fehlte 1971 die notwendige Zweidrittelmehrheit der Versammlung. Auch deshalb wirkt die katholische Kirche auf viele Spanier heute unglaubhaft. Allerdings gab es schon während des Franquismus Distanzierungs- und Öffnungsversuche: Hier ist an erster Stelle der Kardinal VICENTE ENRIQUE Y TARANCÓN (1907–1994), zuletzt Erzbischof von Madrid-Alcalá, zu nennen; er trug erheblich zur Demokratisierung innerhalb der Kirche bei und hatte eine Schlüsselrolle während der *transición* inne. Außerdem unterstützte die Kirche die autonomen Bewegungen im Baskenland und in Katalonien. 1974 veröffentlichte zum Beispiel der Bischof von Bilbao, ANTONIO AÑOVEROS, drei Predigten, in denen er das baskische Unab-

Kirche heute

hängigkeitsrecht verteidigte, nicht im politischen, aber im kulturellen Sinn von Sprache und Identität. Schon 1960 schrieben die baskischen Priester in diesem Sinn einen offenen Brief an ihre Bischöfe. In Katalonien spielte ab 1963 das Kloster von Montserrat unter dem Abt DOM AURELI ESCARRÉ als kulturelles Widerstandszentrum eine nicht unwesentliche Rolle.

Während der *transición* legte die Kirche dem Demokratisierungsprozess keine Hindernisse in den Weg. Die heutige Verfassung sieht natürlich von einer konfessionellen Bindung der Spanier ab, wenn auch nicht so radikal, wie dies in der Zweiten Republik der Fall war. Auseinandersetzungen werden bis heute noch wegen der Abtreibungsgesetze und im Zusammenhang mit Erziehungsfragen ausgetragen. Noch ist nicht klar, welche Stellung der Religionsunterricht in staatlichen Schulen innehaben soll. Zudem existieren in Spanien zahlreiche staatlich anerkannte Privatschulen unter kirchlicher Leitung, die natürlich Subventionen einfordern. Kirchliche Privatuniversitäten von internationaler Bedeutung sind außerdem die Päpstliche Universität in Salamanca und die Jesuitenuniversität in Deusto. Namhafte Intellektuelle des modernen Spanien aus der ersten Hälfte des 20. Jhs. besuchten diese Universitäten. ORTEGA Y GASSET wurde von den Jesuiten erzogen, MANUEL AZAÑA in der Augustinerschule im Escorial. Bis heute kann man die historische Bedeutung der Kirche daran erkennen, dass katholische Trauungen automatisch staatlich anerkannt werden. Der standesamtliche Akt kann nach der religiösen Zeremonie in der Kirche und ohne Anwesenheit eines Zivilbeamten vollzogen werden. Ein Scheidungsgesetz, das es unter FRANCO nicht gab, wurde im demokratisch gewählten Parlament erst 1980 verabschiedet.

Mythen

Im 19. Jh. konstruierten alle modernen Nationen Mythen, um ihre nationale Einheit historisch abzusichern. Seit der Restauration bis über den Franquismus hinaus spielt dabei in Spanien die katholische Religion eine zentrale Rolle. Die Bekehrung des Westgotenkönigs RECAREDO im Jahre 587 nimmt hier zu Lande die gleiche Funktion ein wie die Taufe CHLODWIGS in Frankreich. Die Gedenkfeiern zu Ehren der Katholischen Könige erinnerten im 19. Jh. an die Führungsposition Kastiliens im spanischen Königreich seit 1492. 1892 wurde anlässlich der Entdeckung Amerikas in Sevilla der Dritte Katholische Kongress Spaniens abgehalten, die Kombination spricht für sich.

Bis heute sind die meisten staatlichen Feiertage religiöser Natur. Gleich zweier Episoden aus dem Marienleben wird offiziell gedacht: am 15. August Mariae Himmelfahrt und am 8. Dezember, nur zwei Tage nach dem Verfassungstag, der Unbefleckten Empfängnis. Seit 1937 ist auch der 25. Juli (Jakobustag) spanischer Nationalfeiertag. Der 12. Oktober, *Nuestra Señora del Pilar*, ist gleichzeitig der Tag der Entdeckung Amerikas und wird als *Día de la Hispanidad* (in der Francozeit und in einigen Ländern Hispanoamerikas noch heute als *Día de la raza* bezeichnet) gefeiert. Die Legende der Virgen del Pilar, einer der beliebtesten Frauennamen, geht auf eine Marienerscheinung auf einem Pfeiler zurück. Die Jungfrau erschien dem Apostel Jakobus in Zaragoza, um ihm Beistand im Kampf gegen die Mauren zu leisten. Jahrhunderte später, im Befreiungskampf gegen Napoleon, half sie den Spaniern erneut. Die Virgen del Pilar wird in einer eigens erbauten Basilika in Zaragoza verehrt. Mit ihren elf Kuppeln und vier Türmen gilt sie wie das Kloster in Guadalupe als marianisches Wahrzeichen der Hispanität.

Kultfiguren

Als eine der aussagekräftigsten Bekundungen der religiös-patriotischen Apotheose muss der Bau der Stiftskirche von Covadonga angesehen werden. Sie wurde 1901 an dem Ort in den asturianischen Bergen (Picos de Europa) eingeweiht, wo die Reconquista ihren Ausgang genommen hatte, und zwar nachdem 722, so die Legende, die Jungfrau Maria dem asturianischen König PELAYO erschien und ihm zum ersten Sieg über die Araber verhalf. Bis heute ist Covadonga eines der beliebtesten Ausflugsziele der Spanier. Aber der bekannteste Wallfahrtsort ist neben dem Grab des Heiligen Jakobus im galicischen Santiago de Compostela (siehe S. 51) die Einsiedelei der Virgen del Rocío in dem kleine Ort Almonte (Huelva), zu der jedes Jahr im Juni Millionen Menschen pilgern. Es handelt sich dabei um ein soziales Phänomen, das nur durch die folkloristische Fassette des katholischen Glaubens unter den andalusischen Zigeunern erklärt werden kann. Der sevillanische Komponist JOAQUÍN TURINA (1882–1949) schrieb darüber seine berühmte symphonische Dichtung *La procesión del Rocío* (1913).

In diesem Zusammenhang ist auch der Reliquienkult zu erwähnen: Der Arm der Heiligen TERESA DE ÁVILA war in FRANCOS persönlichem Besitz, heute ist er in Ronda ausgestellt. In Ávila kann ein Finger der anderen Hand und in Alba de Tormes (Salamanca) ihr Herz besichtigt werden. Das Tischtuch des Letzten Abendmahls wird in Coria (Extremadura) aufbewahrt, und ein Haar der Jungfrau Maria brachte der Kanzler PEDRO LÓPEZ DE AYALA Mitte des 14. Jhs. aus Avignon in das Kloster Quejana (Álava), um nur einige Beispiele anzuführen.

Vornamen

Auch die Namengebung war bis zum Ende des Franquismus in den Kontext der Kulturbedeutsamkeit des Katholizismus eingebettet. In keinem anderen europäischen Land, sieht man von Portugal und vielleicht noch von südlichen Regionen Italiens ab, wurden seit dem 19. Jh. bei Taufen so viele Mariennamen wie hier vergeben: África, Amparo, Angustias, Aranzazu, Concepción, Dolores, Esclavitud, Mercedes, Prado, Rocío, Regla, Sol, Soledad, Sonsoles, usw. gehen ebenso auf Beinamen der Jungfrau zurück wie María del Carmen, der Vorname, der zur Stereotype für die spanische Frau geworden ist. Auch Männer erhalten Heiligennamen, vornehmlich José, Juan, Francisco oder gar Jesús, eventuell in Kombination mit dem der Mutter Gottes: Jesús María, José María, usw. In den letzten Jahren, seitdem die Namen nicht mehr dem Heiligenkalender entnommen werden müssen, beobachtet man auch hier eine Veränderung. Es tauchen immer mehr Vornamen aus dem nordamerikanischen Kulturkreis auf. Auch daraus können Rückschlüsse auf eine Kulturveränderung im Sinne der modernen, säkularisierten Gesellschaft gezogen werden.

2 Kastilien, Synonym für Spanien

1492

Auf Kastilien fiel an der Epochenschwelle zur Neuzeit die Vormachtstellung im vereinten Königreich Spanien. Das Ziel der Reconquista, die Einheit Spaniens, wurde 1492 historisch mit dem Einzug der Katholischen Könige in Granada verwirklicht. Sie unterstellten die Stadt der kastilischen Krone, und auch die Entdeckung Amerikas wenige Monate später galt als ein von Kastilien durchgeführtes Unternehmen. Über Jahrhunderte sollte der jetzt eingeleitete Prozess der politischen und kulturellen *Castellanización* die spanische Wirklichkeit bestimmen. Auch das rein kulturelle Hauptereignis des Jahres 1492, die Veröffentlichung von NEBRIJAS Grammatik der kastilischen Sprache, muss im Kontext der Einheitsbestrebungen gesehen werden. Die Gründung der Königlichen Sprachakademie (*Real Academia de la Lengua*) 1713 durch den ersten Bourbonenkönig FELIPE V. war ein weiterer Schritt auf diesem Weg, jetzt im Zusammenhang mit den frühen Modernisierungsmaßnahmen im Land.

98er und 14er-Generation

Die Kulturbedeutsamkeit Kastiliens betonte über das Politische hinaus die Künstler- und Intellektuellengruppe der 98er-Generation zu einer Zeit, in der sich Spanien nach dem Verlust der letzten Kolonien (Kuba und die Philippinen) in einer Krise befand. Die unwirtliche und monoton wirkende Landschaft und Architektur Kastiliens bot den Schriftstellern UNAMUNO, AZORÍN oder ANTONIO MACHADO sowie den Malern JOSÉ GUTIÉRREZ SOLANA, DARÍO DE REGOYOS oder IGNACIO ZULOAGA einen willkommenen Kontrast zur Moderne. Noch in *España invertebrada* (1922) griff ORTEGA Y GASSET im Zusammenhang mit der Dekadenz-Diskussion Position gegen die regionalistischen Strebungen in Spanien und beharrte auf der Führungsposition Kastiliens. Kastilien habe im 16. Jh. seinen Partikularismus überwunden und konnte somit in Europa zum Vorreiter nicht nur auf politischem, sondern auf juristischem und moralisch-religiösem Gebiet werden. Aber „*Castilla ha hecho a España, y Castilla la ha deshecho*“, denn ab der Regierungszeit FELIPES II. seien keine neuen Impulse mehr aus dem Innern Spaniens herausgedrungen.

CLAUDIO SÁNCHEZ ALBORNOZ dreht 1931 diesen letzten Gedanken um: „*Castilla hizo a España y España deshizo a Castilla*“, denn sowohl die europäischen als auch die regionalen Interessen des Königreiches hätten Kastilien ausbluten lassen. ORTEGAS Schüler JULIÁN MARÍAS wird die Sentenz 1974 erneut paraphrasieren: „*Castilla se hizo España*", womit er am Ende des Franquismus noch einmal die Kulturhoheit Kastiliens in Spanien kritisiert.

Im Franco-Spanien erhielt Kastilien seine zentrale Stellung zurück. MENÉNDEZ PIDAL sieht in dem schon mehrmals erwähnten Aufsatz von 1947 *Los españoles en la historia* in Kastilien die hegemoniale Macht, die Spanien durch die Reconquista geführt und als Nation aufgebaut habe. Die Konzentration auf Kastilien funktioniert natürlich nur, weil er seine Schlüsse hauptsächlich aus literarischen Quellen des Goldenen Zeitalters zieht. Zur Symbolfigur dieser Konstruktion wird El Cid.

El Cid

RODRIGO DÍAZ DE VIVAR, CID CAMPEADOR, nahm in der zweiten Hälfte des 11. Jhs. sowohl als Vasall des kastilischen Königs als auch als Dienstmann der Araber an der Reconquista teil und ging als Protagonist des spanischen Epos *Cantar del mío Cid* in das spanische Kulturgedächtnis ein. Im Zuge des Historismus wurde er zum Nationalhelden hochstilisiert. Auch wenn MÉNENDEZ PIDAL in dem Epoche machenden Werk *La España del Cid* (1929) beweist, dass er nicht der treue Gefolgsmann des Königs war, sieht er ihn als Verwirklichung des loyalen Kämpfers in einem demokratischen Kastilien. Der Franquismus machte sich die Figur in zahlreichen Filmen zu Eigen, aber die amerikanische Filmproduktion im Westernstil mit CHARLTON HESTON und SOFIA LOREN (1961, Regie ANTHONY MANN) war weitaus erfolgreicher. Erst nach 1975 konnte der Cid satirisch anvisiert werden, etwa als verweiblichter Antiheld in ANGELINO FONS' Filmkomödie *El Cid Cabreador* mit ÁNGEL CRISTO und CARMEN MAURA in den Hauptrollen. Das Drehbuch stammt von dem Theaterautor JUAN ALONSO MILLÁN.

Literatur

Bernecker (1999); Botti (1992); García Camarero/García Camarero (1970); Enzensberger (1981); Fernández-Quintanilla (1981); Fox (1976); Franzbach (1988); López-Cordón Cortezo (1985); Maeztu (1998); Marías (1998); Menéndez y Pelayo (1956); Menéndez Pidal (1991); Payne (1993); Rodiek (1990); Serrano (1999).

3 Die Kulturen der *Peripherie*

Voraussetzungen

Wenn hier die Hauptkulturen der Peripherie behandelt werden, entspricht dies der Konzeption des Buches, wie in der Einleitung erläutert. Und natürlich bezieht sich der Ausdruck der Peripherie nicht auf marginale im Sinne von untergeordneten oder gar zweitklassigen Kulturen. Es handelt sich um einen rein geografischen Begriff, der dazu dient, offizielle Staatskultur aus Madrid von anderen kulturellen Manifestationen abzusetzen. Jedes der folgenden Unterkapitel gäbe außerdem genug Stoff für ein eigenständiges Werk. Deshalb kann hier nur von den *anderen* spanischen Kulturen gesprochen werden, insofern ein klarer Bezug zur Gesamtkultur besteht.

Das Problem der Auswahl und Abgrenzung beginnt schon da, wo „Multikulturalität" auf der iberischen Halbinsel nicht nur die drei großen peripheren Kulturen, die katalanische, die baskische und die galicische, sondern natürlich auch Andalusien, Asturien, Murcia, usw. betrifft. Innerhalb der katalanischen Kultur gehen Valencia und die Balearen eigene Wege, und in Navarra kreuzen sich, wie Iñaki Iriarte (2000) neuerdings gezeigt hat, kulturelle Vorstellungen aus dem baskischen, kastilischen, aragonesischen und sogar französischen Einflussbereich. Die Unterschiede haben natürlich historische Gründe, führen aber in manchen Fällen zu absurden Haarspaltereien, wenn etwa in den einzelnen autonomen Regionen, die inzwischen über eine relative Erziehungshoheit verfügen, Schulbücher nach den jeweiligen patriotischen Vorstellungen umgeschrieben werden müssen. So wurde zum Beispiel von der obersten Schulbehörde in Andalusien ein Mathematiklehrbuch erst zugelassen, nachdem in einer Aufgabenstellung die zu berechnende Entfernung von Barcelona nach Madrid durch eine andere von Sevilla nach Granada ersetzt wurde. Besonders was den Geschichtsunterricht angeht, herrschen große Meinungsverschiedenheiten zwischen Katalonien oder dem Baskenland einerseits und dem zentralen Bildungsministerium, das bei Curriculumfragen noch immer das Mitbestimmungsrecht ausübt. Im Juni 2000 veröffentlichte die Gesellschaft zur Förderung der katalanischen Kultur *Omnium Cultural* in allen großen spanischen Tageszeitungen eine einseitige Annonce, wo sie ein Geschichtsmodell vorstellte, das in vielen Punkten vom gesamtspanischen oder kastilischen abwich. Bis zur Heirat der Katholischen Könige blickte Katalonien auf eine eigene Geschichte, und seit Mitte des 19. Jhs. versuchte das Land, den Weg in die Autonomie zu gehen.

Rahmenbedingungen

Um von einem eigenständigen politischen Kultursystem reden zu können, braucht es zweierlei: eine eigene Sprache (und damit in Verbindung eine Literatur) und eine besondere institutionelle Ordnung, in der sich die Eigenkultur entfalten kann. Diese ist in den regionalen Nationalismen auf der iberischen Halbinsel historisch gewachsen und basiert generell auf zu bestimmten Zeiten gewährten Privilegien. Im historischen Zusammenhang der Restauration, als Alfonso XII. 1874 den spanischen Thron bestieg, forderten die noch konservativeren und traditionsverbundenen Karlisten die Trennung der nördlichen Regionen vom Zentralstaat. Das nationale Identifikationsvakuum nach dem Desaster von 1898 sollte durch Aktivitäten auf regionaler Ebene neu gefüllt werden.

Dabei kam und kommt der Sprachpolitik eine entscheidende Rolle zu. Die Zweisprachigkeit kann in Katalonien, dem Baskenland und in Galicien bis ins Mittelalter zurückverfolgt werden und war gerade zu den Zeiten wichtig, als die politischen Aktivitäten des Regionalismus unterdrückt wurden. Unter Franco gab es nur eine offizielle Sprache, im Artikel 3 der Verfassung von 1978 ist dann von den vier Sprachen des spanischen Staates (nicht der Nation) die Rede. Zwar wird die Kenntnis (aber nicht die Beherrschung) des Spanischen von allen Spaniern verlangt, Katalanisch, Baskisch und Galicisch stehen aber in den entsprechenden Regionen gleichberechtigt daneben. Unklar bleibt, wie es sich mit den Regionen verhält, die nach den Kriterien der Verfassung keine eigene Sprache besitzen: Viele Asturianer zum Beispiel sprechen einen Dialekt, bable genannt. Und auch die linguistische Abgrenzung zwischen dem Katalanischen und Valencianischen wird politisch nicht berücksichtigt.

1 Verfahrene Verhältnisse im Baskenland

Beschreibung

Die Basken verfügen über eine eigene Sprache und ein besonderes Verwaltungs- und Steuersystem, das auf im Mittelalter von der Krone verliehene Sonderrechte (*Fueros*) zurückgeht. In der Restauration wurden sie außer Kraft gesetzt und in der Zweiten Republik für kurze Zeit restauriert. Die seit 1979 autonome Region des Baskenlands bildet mit den drei Provinzen Guipúzcoa, Vizcaya und dem südlicher gelegenen Álava weder eine historische noch kulturelle Einheit, besonders Letztere zeichnet sich durch eine enge Bindung an Kastilien aus. Das Baskenland, so wie es die nationalen Basken verstehen, umfasst außerdem Teile des Südwestens Frankreichs.

Nationalismus

Die fehlende Homogenität ist auch auf die starke Industrialisierung im letzten Drittel des 19. Jhs. zurückzuführen. Dadurch setzte eine Immigrationswelle ein, durch die schon zwischen 1887 und 1900 mehr als 60000 nichtbaskische Arbeiter in die baskischen Bergwerksgebiete kamen. Der Nationalismus nahm in den Metropolen Bilbao und (in geringerem Maß) San Sebastián seinen Ausgang und wird als traditionswahrende Reaktion auf die Industrialisierung, die Einwanderung und die zentralistische Politik der spanischen Regierung unter Ministerpräsident Cánovas del Castillo (1828–1897) verstanden. Die Krise der Jahrhundertwende akzentuierte ähnlich wie auch in Katalonien das separatistische Nationalgefühl. Die spanische Nation, so der Ideologe und Vater des baskischen Nationalismus Sabino Arana y Goiri (1865–1903), bestehe nicht als Gesamtstaat, sondern als einzelne, in sich selbstständige Territorien, wie dies schon im Mittelalter der Fall war. In dem von ihm (auf spanisch) verfassten Gründungstext der baskischen Unabhängigkeitsbewegung *Bizkaya por su Independencia* (1892) konstruierte er den baskischen Nationalismus auf einer rassistischen Grundlage. Die Verwurzelung im Katholizismus war ein weiteres Charakteristikum.

1894 wurde dann als politische Konsequenz die baskische Volkspartei PNV (*Partido Nacional Vasco*) gegründet, bis heute die liberal-konservative Repräsentation des baskischen Bürgertums. Ebenfalls bis heute gehört Fremdenfeindlichkeit zu den Konstanten der Bewegung, nicht als biologische Rassentheorie, sondern eher in der Tradition der *limpieza de sangre*. Um sich dies zu veranschaulichen, braucht man nur die Homepage der PNV (www.eaj.pnv.com) zu öffnen. Heute gehen Basken wieder wie Ende des 19. Jhs. in die Archive, um durch Namenforschung die baskische Authentizität ihres Blutes nachzuweisen.

Sprache

Erst seit 1545 liegt die baskische Sprache schriftlich fixiert vor. 1729 erschien die baskische Grammatik des PADRE MANUEL DE LARRAMENDI. Im Zuge der Nationalbewegung wurden Anfang des 20. Jhs. baskische Zeitungen gegründet. 1905 veröffentlichte MARÍA AZKUE ihr baskisch-spanisch-französisches Wörterbuch, und 1918 hielt die Gesellschaft der Baskisch-Studien ihren ersten Kongress ab. Die baskische Sprache ist in fünf Dialekte untergliedert, 1968 wurde mit mäßigem Erfolg ein Standardisierungsversuch auf der Basis des am weitesten verbreiteten Guipúzcua-Dialekts unternommen. Die Initiative ging auf die Akademie der baskischen Sprache zurück und wurde von dem renommierten Sprachwissenschaftler KOLDO MITXELENA geleitet. 1979, als die Basken ihren Autonomiestatus erhielten, begann der Prozess der linguistischen Normalisierung, der 1989 mit einem Gesetz im baskischen Parlament endete. Das Stichwort hieß nun *Euskaldunización*.

Medien

Das baskische Fernsehen war und ist für diesen Prozess die hilfreichste Kulturinstitution. *Goiko kale* (Goiko-Straße) ist die erfolgreichste TV-Serie, die in baskischer Sprache gesendet wird. Auch das Kino, obwohl die Filme in der Regel in kastilischer Sprache gedreht werden, spielt für die baskische Selbstdarstellung eine wichtige Rolle: PEDRO OLEA, IMANOL URIBE und JULIO MEDEM haben als baskische Regisseure internationalen Ruf. Ein Thema, das in ihren Filmen immer wieder behandelt wird, ist die verlorene Welt der Kindheit, so als ob in der baskischen Kultur der geborgenen Welt von gestern nachgetrauert würde. *Tximeleta Egoak* (*Alas de Mariposas*) des jungen Regisseurs JUANMA BAJO ULLOA erzählt die Geschichte eines Mädchens, das sich nach der Geburt ihres Bruders zurück in die Kindheit sehnt. IMANOL URIBE thematisiert das brisante Thema des Terrorismus 1984 in *La muerte de Mikel* in Verbindung mit Homosexualität, die von der traditionellen baskischen Gesellschaft abgelehnt wird. Schon 1979 drehte er einen Dokumentarfilm über den Prozess von Burgos (siehe S. 121).

Literatur

Auch der Literaturbetrieb nimmt teil am Prozess der Identitätsschaffung. 1975 wurden 95 Bücher auf baskisch veröffentlicht, 1992 waren es 980 (davon 459 Neuauflagen und 328 Übersetzungen); die Tausendergrenze ist inzwischen überschritten: Laut dem *Anuario El PAÍS* wurden zum Beispiel 1998 1231 Anträge auf eine ISBN-Nummer für

Bücher in baskischer Sprache gestellt (bei 46888 für Spanisch). Auch wenn die Subventionspolitik der autonomen Regierung die Zahlenbeispiele ins Positive verzerrt, zeigt es sich, dass die baskische Sprache, für gewöhnlich als archaisch angesehen, in der Lage ist, die moderne Realität zu fassen und auszudrücken. 1989 erhielt der Schriftsteller BERNARDO ATXAGA den spanischen Nationalpreis für Literatur für seinen auf baskisch geschriebenen Roman *Obabakoak*. Eine solche Preisverleihung wäre in der Francozeit undenkbar gewesen. Über den literarischen Wert des Romans hinaus ist sie auch als symbolischer Akt zu verstehen.

Thematisch bestimmt die Spannung zwischen rural-katholischer Tradition und (post)moderner Gesellschaft die literarische Produktion bis heute. 1999 beispielsweise erschien der autobiografische Roman *Gay nauzu* (*Ich bin gay*) von IÑIGO LAMARCA. Der Outing-Prozess kreist hier um drei Achsen: baskischer Nationalismus, Katholizismus und tabuisierte Sexualität. Ein anderes literarisches Konfliktthema ist der ETA-Terrorismus. BERNARDO ATXAGA veröffentlichte 1995 *Esos cielos*. Das Werk handelt von einer Terroristin, die sich nach vier Jahren Gefängnisaufenthalt wieder in die baskische Gesellschaft einzugliedern versucht, zuletzt aber erkennen muss, dass sie allein dasteht. Die Einsamkeit in Verbindung mit Terrorismus thematisierte ATXAGA schon 1993 in *El hombre solo*.

Problematik

Der 1995 verstorbene Anthropologe JULIO CARO BAROJA spricht in seiner Untersuchung zur baskischen Kultur bezeichnenderweise von einem Labyrinth. Er zeigt, wie schwierig es ist, baskisch überhaupt zu definieren. Die Reinheit des Blutes ist wegen der unzähligen Mischehen über mehrere Jahrhunderte hinweg nicht aufrecht zu halten. Ist Baske, wer baskisch spricht? Das wäre dann nur 27 % der baskischen Bevölkerung. Heute gehören *„zum baskischen Volk […] nur jene, die sich als baskische Nationalisten betrachten und dem spanischen Staat die legitime Herrschaft über den baskischen Teil des Baskenlandes absprechen"* (Juaristi 2000: 55), all diejenigen also, die im Baskenland leben und sich nicht als Spanier verstehen.

Das baskische Problem, so wie es heute empfunden wird, ist natürlich auf die Unterdrückung der baskischen Unabhängigkeitsbestrebungen (im politischen und kulturellen Sinn) unter FRANCO zurückzuführen. 1959 wurde die Resistenzgruppe ETA (*Euskadi Ta Askatasuna*, Baskenland und Freiheit) gegründet. Ihre Terroranschläge sorgen bis heute nicht nur für erschütternde Schlagzeilen, sondern tragen die Verantwortung dafür, dass der politische, gesellschaftliche und kulturelle Normalisierungsprozess sich noch immer in einer Sackgasse befindet. Wer vor Gewalt nicht zurückschreckt (und in den letzten 20 Jahren sind 583 Menschen bei Attentaten ums Leben gekommen, davon allein 96 im Jahr 1980), leistet keinen Beitrag zur kulturellen Eigenständigkeit des Baskenlands.

Die einen und die anderen Basken

Die baskischen Intellektuellen sind seit Beginn der Nationalbewegung zweigeteilt. Um die Jahrhundertwende zogen sie es mehrheitlich vor, nicht im Baskenland zu leben und auf spanisch zu veröffentlichen: UNAMUNO lehrte in Salamanca, PÍO BAROJA schrieb in Frankreich und Madrid, ZULOAGA malte in Paris und Segovia. BLAS DE OTERO, GABRIEL CELAYA, IGNACIO ALDECOA oder JULIO CARO BAROJA gehören der nächsten Generation an, die sich als spanische Künstler verstehen, und heute distanzieren sich u. a. der Philosoph FERNANDO SAVATER, der Historiker und ehemalige Direktor der spanischen Nationalbibliothek JUAN PABLO FUSI oder der Bildhauer AGUSTÍN IBARROLA in Veröffentlichungen und Kundgebungen vom radikalen Nationalismus. Baskische Extremisten haben vor kurzem IBARROLAS Haus in Brand gesteckt und dabei einige seiner Werke zerstört.

Die baskische Kultur, wie sie heute verstanden wird, formierte sich in den fünfziger Jahren, also in der Zeit der Franco-Unterdrückung. Vornehmlich durch Künstlergruppen wie die *Unión Arte* oder die *Escuela Vasca* (die Bildhauer OTEIZA und CHILLIDA, der Fotograf ALBERTO SCHOMMER, usw.) kam es zu einer Modernisierung der baskischen Kultur. Heute gehören viele baskische Künstler und Intellektuelle in die erste Reihe des spanischen Kulturlebens und stehen dem ausschließenden Nationalismus kritisch, ja ablehnend gegenüber.

Kulturkonflikte

Unter den jüngsten Auseinandersetzungen zwischen der autonomen Regierung im Baskenland und Madrid auf kultureller Ebene kann die 1997 aufgekommene Frage erwähnt werden, ob zur Eröffnung des Guggenheim-Museums in Bilbao dort nicht PICASSOS *Guernica* ausgestellt werden sollte. Die Basken polemisierten mit dem Ausspruch *„wir bekamen die Bomben und sie behalten die Kunst"*, die Antwort aus Madrid bleibt bis heute ablehnend, wobei man, um sich nicht auf die politische Diskussion einzulassen, technische Probleme vorschiebt: Die Maße des Bildes ließen den Transport nicht zu. Natürlich steht hinter der Polemik auch das Bedürfnis, das kulturelle Vakuum im Baskenland, das eben durch die Terrorakte und die daraus entstandenen Angstgefühle geschaffen wurde, aufzufüllen und der symbolträchtigen Stadt Gernika, wo sich schon im Mittelalter die baskischen Volksvertreter zu ihren Beratungen versammelten, Relevanz zu verschaffen. Das baskische Autonomie-Statut von 1979 heißt aus diesem Grund *Estatuto de Gernika*.

Ein ähnliches Problem existiert zwischen Katalonien und der zentralen Archivverwaltung Spaniens. Die katalanische *Generalitat* (autonome Regierung Kataloniens) fordert historische Dokumente aus der Zeit des Bürgerkriegs ein, die in der salmantinischen Zweigstelle des *Archivo Histórico Nacional* aufbewahrt werden und die katalanische Geschichte betreffen. Auch in diesem Fall weigert sich die Zentralregierung, der Bitte nachzukommen. Nicht die Originale, sondern Ablichtungen will sie bereitstellen.

Überblick

Historisch gilt die katalanische als die eigenständigste unter den *peripheren* Kulturen. Ihre Künstler – an der Spitze stehen Maler wie SALVADOR DALÍ, Bildhauer wie JOSEP M.ª SUBIRACHS, Architekten wie RICARDO BOFILL, Musiker wie PAU CASALS oder Schriftsteller wie JUAN GOYTISOLO – sind so sehr mit Gesamtspanien verwoben, dass ihnen eine Begrenzung auf die katalanische Kultur nicht gerecht werden würde.

Das katalanische Nationalbewusstsein manifestierte sich spätestens 1640–1652 in dem erfolgreichen Aufstand gegen die Zentralismuspläne des CONDEDUQUE DE OLIVARES und somit gegen die kastilische Krone. Das Lied *Els segadors* (*Die Mäher*) aus der damaligen Zeit ist heute katalanische Nationalhymne. Zentralismus und Verlust der Sonderrechte unter den Bourbonenkönigen müssen zwar als Rückfall gewertet werden, führten aber zu einem wirtschaftlichen Aufschwung des katalanischen Bürgertums. In Katalonien stand das Nationalbewusstsein des 19. Jhs. (*Renaixença*) wie schon im baskischen Fall im Zusammenhang mit der Industrialisierung. Mit der Wirtschaftseuphorie zwischen 1875 und 1882 kam es zu beachtlichen Immigrationsschüben aus dem Inland. Die da einsetzende Modernisierung schloss auch künstlerische Bewegungen mit ein, Barcelona entwickelte sich auch wegen seiner Nähe zu Frankreich zur ersten europäischen Stadt Spaniens. Sowohl der katalanische Modernismus als auch der darauf folgende *noucentisme* sind kulturell eigenständige Strömungen. Die Rückständigkeit des Madrider Machtzentrums wurde um die Jahrhundertwende, die Zeit des katalanischen Modernismus, offensichtlich.

Das katalanische Selbstbewusstsein war seit Beginn des 20. Jhs. so sehr gestiegen, dass es in der Zeit zwischen der *Semana Trágica* (1909) und dem gescheiterten Versuch der Abspaltung Kataloniens von Spanien im Oktober 1934 oft zu Konflikten mit der Madrider Regierung kam. Der Präsident der *Generalitat*, LLUÍS COMPANYS, floh während des Bürgerkriegs vor den Franco-Truppen nach Frankreich, wurde dort von Nationalsozialisten an Spanien ausgeliefert und 1940 erschossen.

Nach dem letzten Autonomiestatut, das Katalonien 1979 erhielt, richtete die *Generalitat* eine eigene Kulturabteilung ein. Ihr Ziel ist es, eine kulturelle Infrastruktur zu schaffen, die auf den gleichen Institutionen basiert, wie sie auch im spanischen Staat existieren: Inzwischen besitzt Katalonien, wie übrigens auch die meisten der restlichen siebzehn Autonomen Regionen, ein eigenes Symphonieorchester, Nationalmuseen und Nationaltheater.

Sprache und Nationalbewegung

Die Verschriftlichung der katalanischen Literatur setzte im 12. Jh. ein. Ihr nationaler Rückforderungscharakter trat zu Beginn des 19. Jhs. zu Tage: Mit der *Oda a la pàtria* (1833) von BUENAVENTURA CARLOS ARIBAU begann in Katalonien die *Renaixença*-Bewegung. Die Wurzeln liegen im 18. Jh. in der unter Felipe V. gegründeten Universität in Cervera. Ihr Ziel war es, die sprachlichen, historischen und rechtlichen Besonderheiten Kataloniens zu pflegen. Schon 1803 erschien das berühmte dreisprachige Wörterbuch (lateinisch-kastilisch-katalanisch) und 1814/15 dann die katalanische Grammatik José Pablo Ballots. 1859 wurden in Barcelona nach jahrhundertelanger Pause wieder die *Jocs Florals de la Llegua catalana* abgehalten, ein mittelalterlicher Dichterwettstreit, der zuerst 1323 in Toulouse dokumentiert und ab 1393 in Barcelona bezeugt ist. *L'Avenç*, die erste Zeitung auf Katalanisch, erschien erstmals 1865, inzwischen werden um die 30 katalanischen Tageszeitungen ediert.

Die Bemühungen um die eigene Sprache gipfelten 1906 im ersten Kongress der katalanischen Sprache. Ein Jahr später wurde das *Institut d'Estudis Catalans* gegründet, es entspricht der *Real Academia de la Lengua española*. 1913 trieb Pompeu Fabra (1868–1948) die Modernisierung des Katalanischen in den *Normes orthografiques* und 1918 in einer Grammatik voran. Der Ingenieur und Philologe aus Leidenschaft fasste sein Lebenswerk 1932 im Wörterbuch der katalanischen Sprache zusammen. Zu erwähnen wäre außerdem das Wörterbuch für Katalanisch, Valencianisch und Balearisch von Monsignore Antoni M. Alcover (1862–1932), weil es die sprachlichen Unterschiede zwischen den drei Regionen, die bis heute kulturell differieren, widerspiegelt.

Die historiographische Entwicklung geht in Katalonien einen ganz ähnlichen Lauf wie die Sprachpflege: Zwischen 1860 und 1863 erschien Víctor Balaguers *Historia de Cataluña y de la Corona de Aragón* und 1908 wurde der erste katalanische Historikerkongress veranstaltet. 1957 löste Vicens Vives in seiner *Historia social y económica de España y América* die herkömmliche, kastilienzentrierte Sichtweise der spanischen Geschichtsschreibung methodologisch ab und eröffnete 1960 (*Aproximación a la historia de España* – 2. Aufl.) mit der Behauptung, dass die internen Widersprüche zwischen Kastilien und Katalonien seit dem 18. Jh. stimulierend wirken und dem spanischen Staat Festigkeit verleihen, eine Forschungsdiskussion, die bis heute nicht abgeschlossen ist.

Musik

Musik spielt in der katalanischen Kultur eine bedeutende Rolle. Zum einen standen die politischen Liedermacher (siehe S. 107) an der Spitze der Oppositionsbewegung während des Franquismus, zum anderen verwies das lebendige Konzert- und Opernleben in Barcelona auf das Selbstverständnis des katalanischen Bürgertums. Schon 1848 wurde die barcelonesische Oper, das *Liceo*, gegründet. Bis heute hat das Haus seine Bedeutung für den Eingang europäischer Bühnenmusik auf die iberische Halbinsel nicht verloren. Die spanische Wagnerrezeption wurde in Barcelona geschrieben. 1882 fand im *Liceo* die spanische Erstaufführung des *Lohengrin* statt. 1901 wurde in Barcelona die katalanische Wagnergesellschaft gegründet. Auch die berühmten katalanischen Chöre entstanden in dieser Zeit: der *Orfeó Catalá* oder der *Catalunya Nova*. Letzterer wurde von ENRIC MORERA, einem Verehrer CÉSAR FRANCKS, als Reaktion auf den traditionellen *Orfeó* ins Leben gerufen.

Symbole

Die *Festes Modernistes*, die der Maler und Dichter SANTIAGO RUSIÑOL 1892 in Sitges ins Leben rief, fanden bis 1899 jährlich statt und bildeten für die katalanischen Modernisten das zentrale Kulturereignis. In Sitges entdeckten die Künstler zum Beispiel EL GRECO für die Moderne, und ihre Kundgebungen wirkten auf die ästhetische Erneuerung in ganz Spanien ein (siehe S. 77).

Für Katalonien erreicht die Kulturbedeutung des Klosters auf dem Montserrat, jener zerschnittenen Gebirgskette im Westen Barcelonas, den Status eines Nationalsymbols. 1881 ernannte der barcelonesische Bischof URQUINAONA in einem Hirtenbrief die Schwarze Muttergottes zur Patronin Kataloniens. Der Dichter JOAN MARAGALL spricht in einem Ton, der an BAUDELAIRE erinnert, von dem Berg, der ein Tempel sei („*la montaña es un templo*"). Bis heute ist das Kloster von Montserrat, das auch als Zentrum des Widerstands gegen FRANCO gilt, der meistbesuchte Wallfahrtsort in Katalonien. Als Nationalheiligen feiern die Katalanen den HEILIGEN GEORG (SAN JORDI). Sein Namenstag fällt mit CERVANTES' Todestag zusammen, sodass am 23. April in Katalonien Rosen (SAN JORDI) und Bücher (CERVANTES) verschenkt werden.

3 Galicien, Land des Abschieds

Überblick

Die Überschrift nimmt Bezug auf den Titel eines Buches von Jon Iglesias, einem galicischen Emigrantensohn in den USA. In Spanien ist Galicien das Auswandererland par excellence. Auf Kuba und in weiten Teilen Hispanoamerikas steht der *Gallego* (Galicier) als Synonym für Spanier, was auf die Migrationsschübe aus Galicien nach Lateinamerika im letzten Jh. und bis hinein in die Francozeit verweist. In den 60er-Jahren gingen die Galicier auch nach Deutschland und in andere europäische Länder.

Sowohl geografisch als auch linguistisch steht Galicien in enger Verbindung zu Portugal. Schon im Mittelalter war es ein Land der Begegnung, aus ganz Europa führen mehrere Pilgerwege in Santiago de Compostela am Grab des Heiligen Jakobus zusammen. Die Stadt gilt bis heute als kulturelles und religiöses Zentrum, der Leichnam des Apostels wurde laut Legende in einem Steinsarg auf dem Meer angeschwemmt und auf dem Sternenfeld (*Campus stellae*) beigesetzt. Heute konzentriert die autonome Regierung ihre Kulturpolitik auf diese Tradition.

Autonomiebewegung

Im 19. Jh. kam es zu einer nationalen Bewegung, dem *Rexurdimento poético*. Sie manifestierte sich in den darauf folgenden 20er-Jahren im

Umkreis der Zeitschriften *Nós* und *A Nosa Terra* (bis 1936) sowie in der *Irmandades da Fala*. Sogar in Buenos Aires erschien eine galicische Kulturzeitschrift, die *Céltiga*. Das Gefühl der *Morinha*, zwischen Nostalgie und Weltschmerz mit der portugiesischen *Saudade* zu vergleichen, stellt einen Schlüsselbegriff der Bewegung dar. Der *Saudosismo* betont die Nähe Galiciens zu Portugal und ist als Abwehrhaltung gegen den spanischen Zentralismus zu verstehen. Was bei Rosalía de Castro (1837–1885), heute galicische Nationaldichterin, noch ästhetisches Programm war, verwandelte sich zu Beginn des 20. Jhs. in ein politisches Projekt. Daniel Castelaos Schrift *Sempre en Galiza* gilt als Gründungstext des galicischen Nationalismus, der jedoch über eine kulturelle Renaissance kaum hinausgelangte. Trotzdem erhielt die Region 1936, am Ende der Zweiten Republik, ihren autonomen Status. Von Franco wurde er natürlich rückgängig gemacht und erst 1981 in der Demokratie erneuert. Vier Jahre danach wurde die autonome Fernsehanstalt eröffnet, die Buchproduktion in der Regionalsprache stieg von 78 Titeln 1972 auf 1130 im Jahr 1996. Auch in Galicien wird die Sprachnormalisierung politisch vorangetrieben.

Spannungen

Es gab in Galicien keine dem Baskenland oder Katalonien vergleichbaren Industrialisierungsschübe und Metropolen. Deshalb entwickelte sich eine eigenständige moderne Kultur nur zaghaft. Rurale Bräuche und die Rückbesinnung auf das keltische Erbe werden heute erneut gepflegt. Diese Traditionen wurden schon in der ersten Hälfte des 20. Jhs. von Galiciens bedeutendem Schriftsteller, Ramón del Valle-Inclán, beschrieben. Wie später Torrente Ballester (1910–1999) und der Nobelpreisträger José Camilo Cela bediente er sich jedoch nicht der galicischen Sprache. Xosé Luis Méndez Ferrín (1938) oder Manuel Rivas (1957) sind Repräsentanten einer jüngeren galicischen Schriftstellergeneration, die den Biliguismus betreiben und über die Landesgrenzen hinaus bekannt sind. Charakteristisch für ihr Schaffen ist die Vermischung von realen, fantastischen und mythischen Stilelementen, die an den *realismo mágico* der lateinamerikanischen Literatur erinnert. Thematisch geht es in der galicischen Kunst generell um den Konflikt zwischen ländlicher Lebensweise und moderner Gesellschaft. In Anlehnung an die Madrider Verhältnisse der 80er-Jahre (*movida madrileña*, siehe S. 124 f.) spricht man von einer *movida gallega* und denkt dabei hauptsächlich an Modeschöpfer und Designer wie Adolfo Domínguez oder Lyrikerinnen wie Luisa Castro.

Symbole

Neben den bekannten Pilgersymbolen (Jakobsmuschel, Stab und Hut) spielt Rosalía de Castro als Symbol der Nationalbewegung eine bedeutende Rolle für das galicische Selbstverständnis. Als am 28. Juni 1936 der Autonomiestatus in Kraft tritt, erscheint ihr Bild auf der Titelseite der Zeitung *La Voz de Galicia*. Ihr Grab befindet sich im galicischen Pantheon in der Klosterkirche Santo Domingo de Bonaval. Nebenan ließ die Regierung übrigens von dem portugiesischen Architekten

Álvaro Siza das Galicische Nationalmuseum errichten, ein postmodernes Gebäude, das den Kontrast zu der Barockkirche sucht.

Literatur

Arregi/López Garrido (2000); Barreiro Fernández (1981); Caro Baroja (1984); Beriain/Fernández Ubieta (1999); Fusi (1984); Fusi (1989); Fusi (1999); Gabilondo (1999); González Antón (1997); Iriarte (2000); Juaristi (1987); Juaristi (2000); Kasper (1997); Koppelberg (1993); Suárez Cortina (1994); Torres Feijó (1990); Kortazar Uriate (1999).

3 KAPITEL Kultur und Repräsentation

1 Vom Barock zum Neobarock

Prämissen

Als Ausgangspunkt für dieses Kapitel dient die Überlegung, dass die zweite Hälfte des Siglo de Oro, des 17. Jhs., in Spanien als Barockzeitalter einen kulturellen Höhepunkt darstellte. Barockkultur ist Repräsentationskultur, und Repräsentation spielt in Spanien noch heute bis in die Alltagswelt hinein eine wichtige Rolle. Außerdem ist die Barockepoche in vielfältigen Bezugnahmen präsent geblieben, von der ideologischen Reprise zu Beginn des 20. Jhs. über die ästhetische Anlehnung durch die *generación del 27*, die politische Aufwertung unter FRANCO bis hin zu einer neuerdings stark hervortretenden ästhetischen Kulturgestaltung des Neobarocken. Nach 1975 gehört das Barockzitat in Bereichen wie Architektur, Malerei und Literatur zu den Merkmalen der spanischen Spielart der Postmoderne.

1 Festkultur

Historischer Barockbegriff

Der Kulturhistoriker José Antonio Maravall (1911–1986) versteht das Barockzeitalter als eine historische Epoche zwischen 1598, dem Regierungsbeginn FELIPES III., und 1665, dem Tod seines Sohnes FELIPE IV. Die wichtigsten Werke von LOPE DE VEGA, CERVANTES, QUEVEDO, GÓNGORA und CALDERÓN entstanden in dieser Zeit, und mit VELÁZQUEZ, RIBERA, ZURBARÁN und MURILLO wird außerdem von der Glanzzeit der spanischen Malerei gesprochen. Im gleichen Atemzug ist einerseits von einem kulturellen Höhepunkt und andererseits von einer politischen und wirtschaftlichen Dekadenz die Rede. Diese wird mit der mangelnden Flexibilität des spanischen Absolutismus erklärt, der auf einer starren Ständeordnung basierte und in einem streng hierarchischen Denken verankert war. Die Macht der katholischen Kirche spielte zudem eine größere Rolle als in Frankreich oder den absolutistischen Kleinstaaten Deutschlands. Sie trug die Mitverantwortung für den Ausschlusscharakter in der barocken Gesellschaft. Der Nachweis einer christlichen Abstammung (*limpieza de sangre*) war im 17. Jh. Voraussetzung für die Besetzung öffentlicher Ämter und den sozialen Aufstieg.

Massenkultur

Die spanische Barockkultur betraf jedoch nicht nur die künstlerischen und politischen Eliten. Für Maravall richtete sie sich durch ihren Festcharakter auch an die breiten Massen, die durch den szenischen Aufwand der vom Adel und den Städten veranstalteten pompösen Feste beeindruckt werden sollten. Barocke Repräsentationen waren Inszenierung der Macht und riefen Staunen und Begeisterung des Volkes hervor. Dies führte zu einer institutionellen Festigung der politischen Strukturen, einer Wirkung, die z. B. in der Theaterliteratur ersichtlich wird: Die *Autos sacramentales* CALDERÓNS erzogen im Kontext der Gegenreformation zu einer äußerlichen Frömmigkeit, die politisch über die zentrale Stellung des Königs abgesichert wurde.

Da sich die Machtdemonstration an die breite Bevölkerung wandte, geht Maravall von der These aus, dass im Spanien des 17. Jhs. zum ersten Mal von Massenkultur und Stadtkultur im modernen Sinn die Rede sein könne. In diesem Zusammenhang führt er – wahrscheinlich zu früh – den Begriff des kitschigen Kunstobjekts als reproduzierbares Serienwerk ein.

Organischer Barockbegriff

EUGENIO D'ORS (1882–1954) vertritt in einem Essay aus dem Jahre 1936 die These vom barocken Bewusstsein der Spanier über die historische Epocheneingrenzung hinaus. Er setzt den spanischen Barock als Stilart und Geisteshaltung von der Aufklärung ab, die in Spanien eher glücklos verlief, und versteht ihn als Rebellion gegen die Autorität und die von ihr aufgestellten Normen. Seine These (die an Bachtins Theorie der kulturellen Karnevalisierung erinnert) steht in starkem Widerspruch zu Maravalls Anschauung von der staatlich gelenkten Barockkultur. Dennoch besitzt die Auffassung von der barock anmutenden Subversion ihre Berechtigung, denkt man nur an die literarische Figur des *pícaro*, der im Schelmenroman spanischer Prägung seine eigenen Kunstgriffe entwickelt, um sich den sozialen und staatlichen Kontrollmechanismen zu entziehen.

Der Zusammenhang zwischen barocker Einstellung und einer spanischen Art, sich der Obrigkeit zu verweigern, wie ihn D'ORS versteht, kann zu verschiedenen Zeitpunkten nachvollzogen werden, zu denen Spanier gegen politische und religiöse Diktaturen opponierten. Nicht zu erklären sind dabei die fast vierzig Jahre Francozeit. Weil heidnische Bräuche angeblich den Katholizismus unterwandern konnten, war zwischen 1939 und 1975 sogar der Karneval verboten.

Mystik

Das weltliche Treiben steht in der Barockkultur in einem Spannungsverhältnis zum inneren Rückzug, und zwar als Konsequenz aus der Erfahrung der Täuschung (*engaño*) und Ent-Täuschung (*desengaño*). In der kontemplativen Abgeschiedenheit von der Welt spiegelt sich eine mystische Grundhaltung, die schon in der ersten Hälfte des *Siglo de Oro*, der Renaissance, die Heilige TERESA DE ÁVILA (1515–1582) und der Heilige SAN JUAN DE LA CRUZ (1542–1591) vorlebten und beschrieben. Die Flucht ins Mystische oder in den Traum sind als Flucht aus der feindseligen Wirklichkeit zu verstehen. Über den Traum kann auch die Verbindung von CALDERÓNS *La vida es sueño* zu den onirischen Texten GARCÍA LORCAS, den frühen Filmen BUÑUELS und zu den Bildern DALÍS hergestellt werden. Gerade der spanische Surrealismus kann im Unterschied zum französischen nicht ohne die einnehmende Tradition des *Siglo de Oro* verstanden werden. Eine Rückbesinnung auf die Mystik des HEILIGEN JOHANNES VOM KREUZ (SAN JUAN DE LA CRUZ) als wichtigem Kulturbeitrag Spaniens unternehmen auch GOYTISOLO oder – in homoerotischer Verfremdung – JAIME GIL DE BIEDMA (1929–1990) und EDUARDO MENDICUTTI (1948).

Las Meninas

Dieses Gemälde von VELÁZQUEZ (um 1657) stellt eine Art *mise-en-abyme* der spanischen Barockkultur dar. Nach ANTONIO SAURA (1999: 325) erreichte die spanische Malerei hier ähnlich wie in den Werken *El Entierro del Conde de Orgaz* (1588) von EL GRECO oder in *Las señoritas de Aviñón* (1907) von PICASSO einen künstlerischen Höhepunkt. Die Szene des Bildes zeigt den Maler neben der Leinwand, und links von ihm die Infantin Margarita mit ihren Edelfräulein, den *meninas*. Die Zwerge Mari Barbola und Nicolasico Pertusato gehören ebenfalls zum Hofstaat. VELÁZQUEZ widmete ihnen auch eigene Portraits. Sie stehen als barocker Normbruch auf einer Stufe mit *La mujer barbuda* von RIBERA.

Das Thema des Gemäldes ist die Bildwerdung der barocken Täuschung. Die Frage, was Wirklichkeit und was Schein ist, wer Modell ist und was gemalt wird, bleibt unbeantwortet. Einerseits erinnert die dargestellte Szene an ein Bühnenbild, andererseits erhält sie durch Spiegeleffekte eine komplexere Dimension.

Spiegelung

Das Spiel mit Sichtbarem und Unsichtbarem ist ein barockes Vorgehen, das einige Kunsthistoriker zum Ausgang nehmen, um die Theorie von der spiegelbildlichen Darstellung in *Las Meninas* zu erklären. Der Maler, der den Betrachter betrachtet, schaue eigentlich in einen Spiegel, in dem er die Gruppe der Infantin abzeichnet. Das *vis-a-vis* bewirke eine räumlich-mentale Komplexität, ein Echo, das sich selbst zurückwirft. Diese Praxis ist in der barocken Malerei jedoch gängig, die Bedeutung des Bildes muss darüber hinaus in der Einbeziehung des realen Raumes des Betrachters in die Fiktion gesehen werden.

Es geht in *Las Meninas* auch darum, wie der Akt des Malens gemalt werden kann, es geht um die Allegorie des Malens überhaupt, bei der soziale Beziehungsformen und körperliche Bewegungen, d.h. soziale Rituale eine wichtige Rolle spielen.

Repräsentation

Michel Foucault sieht das Gemälde in seiner berühmten Interpretation zu Beginn von *Les mots et les choses* als Ausdruck der Wissensdisposition des Barockzeitalters, weil sich die gesamte Darstellung auf das Herrscherpaar im Hintergrund konzentriert. Der Maler scheint es im unsichtbaren Spiegel zu betrachten. Die Dispersion durch die verschiedenen Fluchtpunkte im Bild symbolisiere die Streuung oder Zersplitterung des Wissens. Auch wenn Foucault von der klassischen Repräsentation spricht, bewegt sich seine Interpretation des Bildes dennoch in barocken Kategorien. Wie Don Quijote die Welt liest, um seine Bücher zu beweisen, geht es auch in VELÁZQUEZ' Gemälde um den Beweis des Malens durch die Spiegelung. Und der Maler ist nur sichtbar, weil er gerade nicht malt, sondern sich zur Schau stellt. Das Thema des Bildes ist die Repräsentation selber. Die Repräsentation von Macht, wie sie in *Las Meninas* dargestellt wird, findet sich auch im spanischen Barocktheater: Der Herrscher wird auf der Bühne erhöht und das Herrscherpaar im Bild befindet sich in einer Position, die an eine Theateraufführung denken lässt.

Zeremonien

Auf dem Gemälde ist das spanische Hofzeremoniell durch den Zeremonienmeister José de Nieto und das Königspaar präsent. Aus historischer Sicht wurde es von den Habsburgern aus Burgund nach Spanien eingeführt, wobei Christina Hoffmann (1985) treffend feststellt, dass unter Felipe II. das Element der Lebensfreude verloren gegangen war. Wegen der gegenreformatorischen Zielsetzung und der Besinnung auf den Tod dominieren in der zweiten Hälfte des 16. Jhs. am spanischen Hof Düsternis, Kargheit und schwarze Kleidung. Der barocke Prunk wird dann unter dem Sohn Felipes II. wieder augenfälliger. Unter seinem Enkel Felipe IV., in dessen Regierungszeit unser Gemälde entstand, kam es wegen der Übertreibungen sogar zu einer gesetzlichen Kontrolle der Kleidermode. Diese Verhältnisse spiegeln sich auch im Umzug aus den kalten Klostermauern des Escorials nach Madrid wider. Der Madrider Palast der Habsburger – nicht das von den Bourbonen im 18. Jh. erbaute Königsschloss – stand zwischen dem heutigen Prado-Museum und dem Retiro-Park.

Nach Xavier Rubert de Ventós (1987) gehört zur spanischen Barock mentalität auch die streng hierarchisch funktionierende Bürokratie, die er komplementär zum Katholizismus als weltliche Liturgie bezeichnet. Ihre Wirkungskraft ist u. a. an der ostentativen Anredeform *Vuestra Merced* ersichtlich, die sich zum heutigen *Usted* weiterentwickelt hat. Den zeremoniellen Charakter der spanischen Kultur erkennt man auch an den Partikeln *Don* (lat. DOMINUS) und *Doña* (DOMINA), die als Beifügungen zum Vornamen oder nach *Señor* und *Señora* noch heute als distinguiert und höflich gelten.

Las Meninas **in der bildenden Kunst**

Viele Gemälde, etwa Goyas *La Familia del Infante Don Luis*, wären ohne *Las Meninas* nicht zu denken. Das Bild wurde in veränderten historischen Situationen neu entworfen; Picasso legte 1957 anlässlich des 300. Todestages Velázquez' 44 Variationen zu *Las Meninas* vor. Diese Werke markierten in der Entwicklung des Malers eine Zäsur zwischen der mittleren und der späten Schaffensphase.

Nach dem Bürgerkrieg vertrat der Exilspanier Ramón Gaya das andere, besiegte Spanien in dem Essay *Velázquez, párajo solitario* und 1961 in einer Reihe von durch Velázquez inspirierten Zeichnungen. Gegen Ende der Diktatur übernahm in Spanien die Malergruppe *Equipo Crónica* kulturkritische Aufgaben. In der Serie *Autopsia de un oficio* (1969–70) kann man in *La amenaza, un cuadro embalado* die *menina* Doña Isabel de Velasco erkennen. In der Tür im Hintergrund steht für den Zeremonienmeister José de Nieto als drohender Schatten ein höherer Militär des Franquismus. Noch vor kurzem (Februar 2002) stellten in der Madrider Ausstellung *Otras meninas* 36 spanische Künstler – darunter der Maler EDUARDO ARROYO und der Fotograf ALBERTO SCHOMMER – ihre Reinszenierung des barocken Gemäldes vor. Die *Meninas* gesellen sich heute zu den bekannten Kultursymbolen wie Carmen, Stierkampf oder Don Quijote: Der Designer JAVIER MARISCAL entwarf eine Anstecknadel mit dem Motiv, in allen Touristengeschäften kann man *Menina*-Statuen kaufen, und auch die Kaufhauskette *El Corte Inglés* macht Werbung mit dem Bild.

Las Meninas in Literatur und Musik

Für ein *Menina*-Ballett entwarf JOSÉ MARÍA SERT (siehe S. 35) 1916 die Kostüme. GABRIEL FAURÉ hatte es für den russischen Tänzer SERGEJ DIAGHILEW komponiert. Die bisher letzte tänzerische Kreation im Zusammenhang mit *Las Meninas* stammt von NACHO DUATO; sie wurde 2000 anlässlich des 400. Geburtstags von VELÁZQUEZ im Madrider *Teatro Real* uraufgeführt.

Unter den zahlreichen literarischen Verarbeitungen der *Meninas* sollen nur zwei erwähnt werden. BUERO VALLEJO, der einen wichtigen Essay über VELÁZQUEZ veröffentlichte, baut in dem Theaterstück *Las meninas. Fantasía velazqueña en dos partes* (1960) das Gemälde sozusagen bis ins letzte Detail nach. Aber nicht der barocke Schein steht jetzt im Vordergrund, sondern in Anlehnung an die politischen Umstände seiner Zeit die Verurteilung von Scheinheiligkeit und die Suche nach Authentizität. Es geht BUERO VALLEJO um die lebenden Gespenster des schon toten, überholten Spanien. Velázquez widersetzt sich als Künstler dem absolutistischen Regime, und BUERO VALLEJO übt aus einem oppositionellen Blickwinkel und hinter einer historisch-fiktiven Schreibweise verborgen Kritik an der Franco-Diktatur. Den gemeinsamen Nenner zwischen der Zeit um 1660 und 1960 findet er in der Intoleranz und Ausschließlichkeit, die er in seinem Stück kritisiert.

Wo es um die Belebung gemalter Figuren geht, muss auch RAFAEL ALBERTIS Theaterstück *Noche de guerra en el museo del Prado* (1956) erwähnt werden. Im Prado-Museum treten bekannte Figuren aus ihren Gemälden und rebellieren angesichts der drohenden Bombardierung des Museums während des Bürgerkriegs. Dahinter ist eine Anklage gegen die Kulturbarbarei des Faschismus zu sehen. Auch wenn dort die *Meninas* nicht im Zentrum der Handlung stehen, sondern Figuren der Goyaschen Pikturei, mischen sich aus VELÁZQUEZ' Werk FELIPE IV. und sein Hofnarr, der Zwerg Don Sebastian de Moro, ins Geschehen ein. Das Stück konnte erst 1979 uraufgeführt werden.

2 Platzkultur

Plätze

In der spanischen Alltagskultur spielen Plätze eine bedeutende Rolle. In jeder Stadt findet sich eine meist rechteckige *Plaza Mayor*, oft auch von Arkadengängen umgeben. Hervorzuheben wären die *Plaza Mayor* von Salamanca, die zwischen 1728 und 1735 nach Plänen von ALBERTO CHURRIGUERA (*1676) im spätbarocken oder Rokoko-Stil erbaut wurde, oder die von Madrid, 1617 von JUAN GÓMEZ DE MORA stilistisch strenger konzipiert. Ursprünglich wurden auf diesen Plätzen Stierkämpfe veranstaltet, und während der *Glanzzeit* der Inquisition fanden auf den *Plazas Mayores* auch die *Autos de Fe*, d.h. die Übergabe der Ketzer an die weltliche Gewalt und ihre Hinrichtung, statt. Die Zuschauer wohnten den Spektakeln auf den Balkonen bei. Ebenfalls im goldenen Zeitalter wurden auf diesen Plätzen Theaterstücke aufgeführt.

Die moderne spanische Architektur konstruiert für die Repräsentation von Öffentlichkeit Plätze. Die von RAFAEL MONEO konzipierten Plätze vor dem Bürgermeisteramt in Logroño (1981) und vor dem Madrider Bahnhof Atocha (1992) gehören einer Tendenz an, die unter dem Phänomen der *Plazas duras*, die auf Grünanlagen verzichten, zusammengefasst werden. Ein weiteres Beispiel ist der Vorplatz des Bahnhofs *Sants* in Barcelona, den HELIO PINÓN und ALBERT VIAPLANA 1983 entwarfen. Das andere Extrem ist z. B. der großzügig angelegte Platz auf dem Friedhof *Cementerio de Igualada* in Barcelona, wo den Architekten ENRIC MIRALLES und C. PINÓS eine seltenes Zusammenspiel von Architektur und Natur gelang.

Ein Beispiel, wo Platzkultur und neobarocke Architektur zusammenfinden, ist der Wohnkomplex, den FRANCISCO JAVIER SÁENZ DE OIZA 1990 in Madrid erbaute. Das Gebäude, nach außen der Stadtautobahn M-30 zugewandt, wirkt abweisend. Der Schein trügt jedoch, denn es öffnet sich nach innen auf einen bunten Platz.

Inszenierung

In die erste Hälfte des 17. Jhs. fällt nicht nur die Glanzzeit der spanischen Malerei, sondern auch das Theaterleben erreicht mit LOPE DE VEGA, TIRSO DE MOLINA und CALDERÓN DE LA BARCA seinen Höhepunkt. Die Aufführungen am Königshof in Madrid fanden im *Coliseo* des Schlossparks *Buen Retiro*, der teilweise auch für die Madrider Bevölkerung geöffnet wurde, statt. Für das Volk wurde eher in den *Patios de Corrales*, den Innenhöfen größerer Wohnhäuser, oder auf den *Plazas Mayores* gespielt. Das spanische Barocktheater war als Theater für alle konzipiert, wie beim Stierkampf verwandelte sich das Adelsfest in ein Volksfest, wobei jedoch die strenge Rangordnung des dramatischen Kommunikationskreises auch äußerlich in der Sitzordnung des Publikums gewahrt blieb. Das soziale Beziehungsgeflecht wurde im Theaterfest reinszeniert und untermauerte somit die gesellschaftlichen Machtstrukturen.

Bei den Theateraufführungen im goldenen Zeitalter kann in der Tat von Festen die Rede sein, denn man gab sich nicht mit der Darbietung einer *Comedia* zufrieden, sondern die Aufführungen wurden dadurch in die Länge gezogen, dass man weitere Werke – Kurzschauspiele und Tänze – zwischen die Akte des Hauptstückes einfügte. Bei diesen barocken Festereignissen spielte auch eine ephemere Architektur in Form von spektakulären Bühnenbildern eine wichtige Rolle.

Neobarockes Theater

Die dominante barocke Theatertradition beeinflusst bis heute die dramatische Literatur in zweierlei Hinsicht. Entweder stellen moderne Autoren den Bezug zum goldenen Zeitalter formal in Anlehnung an spezifische dramatische Untergattungen her, oder sie lehnen sich wie FRANCISCO NIEVA (1929) an eine barocke Ästhetik an, die durch Schein und Wirklichkeit, groteske Deformationen und androgyne Täuschungen traditionelle Repräsentanten der spanischen Kulturklischees wie Stierkämpfer, katholische Priester oder Militär spielerisch dekonstruiert.

Zarzuela

Zu den Besonderheiten der spanischen Kultur, die aus dem Höfischen und dem Barocken hervorgingen, muss auch die *zarzuela* gezählt werden. Dabei handelt es sich um eine Variante des Musiktheaters, die im 17. Jh. am Königshof entstand. Der Name ist dem Jagdschloss *La Zarzuela* entlehnt, weil dort die ersten Aufführungen dieser musikalischen Untergattung stattfanden. Dieser Palast ist heute übrigens offizieller Wohnsitz des Königs.

Die Geschichte der *zarzuela* beginnt mit CALDERÓNS *El jardín de Falerina* (1649), zu der JUAN RISCO die Musik schrieb. Im Barockzeitalter dominierten mythologische Themen, im 18. Jh. kamen populäre Motive aus dem *género chico* hinzu. 1832 bewirkte *El rapto* mit dem Libretto von MARIANO JOSÉ DE LARRA und der Musik von TOMÁS GENOVÉS ein *come back* der *zarzuela*. Der Versuch FRANCISCO ASENJO BARBIERIS, sie in ein dreiaktiges Musikdrama zu verwandeln, scheiterte jedoch ebenso wie die Absicht, eine spanische Nationaloper zu schreiben. Es setzte sich die kurze Variante der *zarzuela chica* durch, ihre Hauptvertreter sind TOMÁS BRETÓN mit *La verbena de la Paloma* (1894) und FEDERICO CHUECA mit *Agua, azucarillos y aguardiente* (1897).

Verwandt mit der *zarzuela* sind die Operetten im spanischen Milieu, die bis Mitte des 20. Jhs. im *Châtelet* in Paris aufgeführt wurden. Der Komponist FRANCIS LÓPEZ und der Librettist JOSÉ MARÍA DE AROZAMENA schrieben z. B. *El sueño de Andalucía* oder *Violetas imperiales*, die dem stereotypen Spanienbild in Frankreich entsprachen. Von beiden Werken existieren auch Filmversionen.

Um 1900 hat das *Varieté* die Publikumswirksamkeit der traditionellen lyrischen Musikform der *zarzuela* überholt. Außerdem entwickelte sich das *Cuplé* zu einer eigenständigen musikalischen Gattung. Man versteht darunter ein kurzes Lied, in dem Flamenco-Elemente eingearbeitet sind, wobei Gesang und Sprechtext alternieren. Dass das

Cuplé die *zarzuela* ablöste, ist auch ein Zeichen des sozialen Wandels hin zur Moderne. Das Lied *La violetera* (José Padilla, 1915) ging mit Chaplins Film *Lichter der Großstadt* um die Welt, Sara Montiel interpretierte es auch in dem gleichnamigen Film von Benito Perojo.

Prozessionen

Das spanische Barocktheater steht in enger Verbindung zu den religiösen Prozessionen. Die Bezeichnung *paso* für Einakter beispielsweise bezieht sich ursprünglich auf Wagen mit Skulpturen aus der Leidensgeschichte Christi, die in den Prozessionen der Karwoche (*Semana Santa*) in allen spanischen Städten und Dörfern durch die Straßen getragen werden. Diese Figurengruppen wurden zuweilen auch inszeniert und gespielt. Auch die *autos sacramentales* aus der Zeit Calderóns wurden von Schauspielern während der Fronleichnamsprozessionen auf Wagen dargestellt.

Die Prozessionen der Karwoche bezeugen in Spanien (auch in Portugal und in Süditalien) bis heute die Kulturbedeutsamkeit des Katholizismus, dienen aber gleichzeitig als hervorragendes Beispiel dafür, wie die religiösen Traditionen ihres Glaubensinhalts verlustig gehen oder gar als heidnische Riten weiterleben. Aus Cuenca ist die Prozession der Betrunkenen („*procesión de los borrachos*") bekannt. Diese symbolisieren das jüdische Volk, das Jesus beschimpft, gehen dabei aber so weit, dass zwischen Spiel, Wirklichkeit, Glauben, Volksfest und heidnischen Bräuchen nicht mehr zu unterscheiden ist.

Generell wird in der Karwoche in barocker Manier der Passionsschmerz vorgeführt, wobei durch die Inszenierungen auch Machtverhältnisse zur Schau gestellt werden. Die Organisation der Karwoche wird seit dem Mittelalter von Bruderschaften (*hermandades*) übernommen, die ursprünglich in den verschiedenen Zünften organisiert waren. Ihre Mitglieder tragen während der Prozessionen die *pasos* in Inquisitionsgewändern. Die Geistlichen, der Bürgermeister und die Stadträte, die Vertreter der Polizei und der *Guardia Civil* und zuletzt die Gemeinde folgen den Statuen in streng hierarchischer Ordnung.

Bemerkenswert sind auch die regionalen Unterschiede. In Andalusien sind die Prozessionen fröhlich bis ausgelassen, den verschiedenen Repräsentationen der Jungfrau Maria werden auf ihrem Weg Gesänge, die *saetas*, dargeboten. In Kastilien verlaufen die Prozessionen schweigsam, hier beobachtet man Äußerungen der Selbstkasteiung: barfuß laufende Büßer, an den Füßen angekettet, andere, die Kreuze tragen, usw. Berühmt ist besonders die *Semana Santa* in Zamora.

Literatur

Abad (1994); Chueca Goitia (1974); Cotarelo y Mori (2001); Foucault (1966); Hoffmann (1985); Justi (1983); Maravall (1975); Ors (1993); Rodríguez Martín (1996); Rodríguez Martín (2000); Rubert de Ventós (1987); Saura (1999); Serrano (1999).

2 Vom Escorial zum Valle de los Caídos

1 Repräsentationskultur

El Escorial I

Vom Escorial, dem Kloster und gleichzeitigen Repräsentations- und Regierungsgebäude FELIPES II., spricht ORTEGA Y GASSET in der *Meditación del Escorial* (1927) als dem großen lyrischen Stein Spaniens. Gebaut wurde er zwischen 1563 und 1584 unter Leitung des Architekten JUAN DE HERRERA. Er war bis 1700 Zentrum der katholischen Weltmacht Spanien. Die strenge Form und Kargheit des Klosterbaus steht in symbolträchtiger Verbindung zur asketischen Lebensweise FELIPES II. Den Grundriss der Konstruktion bildet ein Rost, das Attribut des Heiligen Laurentius. Ihm widmete der König den Escorial, denn als Tagesheiliger der Schlacht bei San Quentin am 10. August 1557 hatte er für ihn einen besonderen Wert. Die Erinnerung an seinen einzigen Sieg wird damit zum Symbol der Gegenreformation. Auf ihrem Rost, so schreibt der Philosoph José Luis Abellán in einem berühmten Essay noch aus der Francozeit, habe sich Spanien selbst verbrannt. Der Kampf gegen die Reformation, d.h. gegen die Moderne, sei der eigentliche Grund für den spanischen Sonderweg bis weit ins 20. Jh. hinein gewesen. Die Rückständigkeit setzte mit dem Bau des Escorials ein und konnte erst nach FRANCOS Tod überwunden werden.

Offizielle Kunst

Das Bau- und Ausstattungsprogramm des imperialen Spanien beginnt mit dem Escorial. Im 17. Jh. wurde die Kunst in den Gemälden ZURBARÁNS oder MURILLOS für den Katholizismus instrumentalisiert, und die Schlacht- und Reiterbilder von VELÁZQUEZ illustrierten das Selbstverständnis des spanischen Herrscherhauses. Auch FRANCISCO RIZIS *Autodafé* (1680) zeigt am Beispiel eines Inquisitionsprozesses auf der *Plaza Mayor* von Madrid, wie sich die spanische Macht zwischen Kirche und Staat selbst repräsentierte. Aber schon 1634 verwies andererseits die barocke Allegorie der Vergänglichkeit in ANTONIO DE PEREDAS Gemälde *El sueño del caballero* auf den schon begonnenen Niedergang Spaniens im 17. Jh. Die Diskussion um die Dekadenz wird jetzt eine Konstante in der spanischen Kultur bleiben.

Die sakrale Kunst hat ihren offiziellen Charakter bis heute bewahrt. Die Kathedrale von Madrid, entworfen von dem Architekten FRANCISCO DE CUBAS (1826–1898), wurde nach verschiedenen Schaffensphasen erst 1999 fertig gestellt. Die überdimensionale Statue des Papstes JOHANNES PAUL II. auf dem Vorplatz, erbaut von dem auch im *Valle de los Caídos* tätigen JUAN DE ÁVALOS (*1911), ist ein Auftragswerk der Stadt Madrid, die in den letzten Jahren mehrere religiöse Kunstwerke auf die einzelnen Stadtviertel verteilt hat. Der Plan, im Retiro-Park eine Statue der Jungfrau Maria zu errichten, scheiterte am Protest einer Bürgerinitiative.

Es mag in diesem Zusammenhang verwundern, dass in Spanien bis weit ins 19. Jh. hinein kaum national konnotierte Denkmäler errichtet wurden. Carlos Serrano (1999: 190) begründet dies damit, dass die katholische Kirche die Öffentlichkeit dermaßen monopolisierte, dass eine national ausgerichtete symbolische Repräsentation in der Hauptstadt erst spät umgesetzt werden konnte. Das neue Stadtbild wurde von RAMÓN DE MESONERO ROMANOS (1803–1882) mitgestaltet. Er entwarf das Cervantesdenkmal, das 1835 auf der *Plaza de España* gegenüber dem ehemaligen Abgeordnetenhaus eingeweiht wurde, etwa zur gleichen Zeit wie das Goethe-Schiller-Denkmal in Weimar. Die VELÁZQUEZ-Statue vor dem Prado-Museum wurde erst 1899 errichtet, wobei dieses Projekt nach dem Desaster von 1898 schon im Rahmen der nationalen Regenerationsbewegung gesehen werden muss. Aus dem Jahre 1904 stammt in Zaragoza das *Monumento a los Mártires de la Religión y de la Patria* für die Opfer des Unabhängigkeitskriegs gegen Napoleon. Über die charakteristische Verbindung zwischen Nationalbewusstsein und Religion gibt schon der Name Aufschluss.

Monumente

In diesem Zusammenhang ist auch das Denkmal zu Ehren ALFONSOS XII. zu erwähnen, das zwischen 1902 und 1922 im Madrider Retiro-Park errichtet wurde. Stilistisch gehört es noch der epigonalen Neo-Bewegung des vorhergehenden Jahrhunderts an. Ästhetische Neuerungen, wie sie zur gleichen Zeit im modernistischen Barcelona (siehe S. 77 f.) üblich waren, wurden noch vermieden, und das, obwohl das Projekt an den katalanischen Architekten JOSÉ GRASES I RIERA vergeben wurde. Die 49 Säulen, die das erhöhte Reiterstandbild des Königs umgeben, symbolisieren die 49 spanischen Provinzen. Die *Plaza de España* in Sevilla ist das andalusische Pendant dieser nationalen Architektur. ANÍBAL GONZÁLEZ schuf sie für die *Exposición Iberoamericana* von 1929.

Die barocke Architektur stand als prunkhafte und auf Wirkung angelegte Inszenierungskunst zunächst im Dienst der Gegenreformation. Die *Clerecía* in Salamanca ist eines der besten Beispiele in diesem Rahmen. Sie wurde als monumentale Kirche der katholischen Universität von JUAN GÓMEZ DE MORA (1556–1648) erbaut. Gerade weil sich Spanien im 17. Jh. auf einem architektonischen Höhepunkt befand, werden ästhetische, formale oder historische Referenzen heute wieder in visuellen Inszenierungen benutzt. Neben einigen Werken von CLOTET, TUSQUETS und FERNADO HIGUERAS gehören die Bauprojekte RICARDO BOFILLS (1939) in diesen Zusammenhang. In den sechziger Jahren war er Mitglied der innovativen *Escuela de Barcelona*, international bekannt wurde er spätestens mit dem Komplex *Antigone* (oder *La Place du Nombre d'Or*) aus dem Jahre 1984 in Montpellier. Von 1985 stammt *Les Échelles du Baroque* im 14. Arrondissement in Paris. Kennzeichnend für seine Projekte ist das Spiel mit der Spannung zwischen klassischer Ordnung und barocken Elementen der Deformation oder der Übertreibung.

Barocke Rezeptionen

Die Fassadengemälde von ÁNGEL ARAGONÉS in Madrid oder Getafe sind ebenfalls dem ästhetischen Phänomen des Neobarocks zuzurechnen. Neben dem als *trompe d'œil* bezeichneten Spiel mit dem Authentischen durch gemalte Fenster und Balkone gilt die Bezugnahme auf den spanischen Manieristen EL GRECO oder auf VELÁZQUEZ als eindeutiges Zeichen für eine neobarocke Intention. Wo früher eines der ersten Madrider Theater, das *Teatro de la Cruz* stand, hat ARAGONÉS eine Fassade bemalt, die als Spiegelbild zu lesen ist. Sie eröffnet eine Perspektive der Stadt, und die in das Bild eingearbeitete Frage *„¿Me engañan los ojos o el deseo?"* muss als Anspielung auf die barocke Spannung von Wirklichkeit und Schein gelesen werden. In einem konventionelleren Sinn übernimmt CARLOS FRANCO bei der Neugestaltung der *Plaza Mayor* in Madrid (1992) barocke Motive aus der klassischen Mythologie.

Architektur und Ideologie

Auch unter FRANCO trug die Architektur zur ideologischen Untermauerung des Regimes bei. Offensichtlich wird dies bei dem Vergleich, den der Regime-Ideologe ERNESTO GIMÉNEZ CABALLERO (1899–1988) bezüglich des Baumaterials des charakteristischen Habsburgerstils anstellte. Die Granitblöcke verstand er als *„jerarquías supremas en la liberación renacentista e imperial de nuestra arquitectura"* und die roten Backsteine dazwischen als *„pueblo mismo e ínfimo de España, en su lucha secular contra la piedra, dominadora y aria"*. Die Verbindung zwischen Granit und Backstein interpretierte er folgendermaßen: *„lucha entre piedra y ladrillo (cristianos e infieles, nacionales y rojos) duró largos siglos [...] hasta que Madrid logró su unificación. Aceptando al ladrillo en su sitio estricto. Encuadrado y vigilado. Pero utilizado"* (1944: 171 f.).

Der Escorial diente dem Franquismus als architektonisches Modell für offizielle Gebäude. Das Luftwaffenministerium, 1939 dem Architekten LUIS GUTIÉRREZ SOTO anvertraut und 1951 auf den Ruinen des *Cárcel Modelo* der Zweiten Republik fertig gestellt, sollte ursprünglich nach den Plänen des Nazi-Architekten SPEER gebaut werden. Nach 1945 kam es wegen der Niederlage der Deutschen im Zweiten Weltkrieg zu einer Kehrtwendung. GUTIÉRREZ SOTO besann sich jetzt auf die spanische Tradition HERRERAS. Ebenfalls als Repräsentationsbau ließ Franco 1956 von den Architekten LÓPEZ OTERO y PASCUAL BRAVO den noch heute monumentalen Triumphbogen gegenüber dem Ministerium errichten.

Auch LUIS MOYA (1904–1990) inspirierte sich für den Bau des *Museo de América* am Escorial. In der *Universidad laboral* bei Gijón führte die Mischung von ideologischer Sendung und architektonischer Rückbesinnung in letzter Konsequenz zu einem ungewöhnlichen Eklektizismus. Diese Internatsschule für begabte Kinder aus ärmeren Elternhäusern wurde zwischen 1946 und 1950 ebenfalls unter der Leitung von LUIS MOYA erbaut.

Daneben griff FRANCO für seine Selbstinszenierung auf Standbilder zurück, am offensichtlichsten in der Skulpturengruppe von JUAN DE ÁVALOS in Santa Cruz de Tenerife, wo ein Engel das Schwert des *Caudillo* trägt. Im Gegensatz zum deutschen und italienischen Faschismus fällt in der spanischen Kunst zwischen 1939 und 1975 wegen der engen Bindung der Diktatur an den Katholizismus das Fehlen nackter Körper auf.

2 Repressionskultur

Limpieza de sangre

Im 15. Jh. gehörte in einigen *colegios mayores* in Kastilien zu den Aufnahmebedingung für die Studenten der Nachweis der *limpieza de sangre*, d.h. der ausschließlichen und über Generationen zurückverfolgten christlichen Abstammung. Diese Praktik wurde von den Ritterorden übernommen, dann von den Klöstern und bald konnte man in Spanien ohne diese Bedingung auch kein öffentliches Amt besetzen. Ab 1522 akzeptierten die Universitäten von Salamanca, Valladolid und Toledo nur noch Studenten, die den Abstammungsnachweis erbringen konnten, und unter FELIPE II. war die Inquisition nicht nur Glaubensgericht, sondern auch Überwachungsinstanz von Familienverhältnissen. In vielen gesellschaftlichen Bereichen blieb die Forderung nach der *limpieza de sangre* bis ins 19. Jh. hinein in Kraft.

Auto de Fe

Während der Gegenreformation wurden in Spanien mehrere tausend *Autos de Fe* abgehalten, ab Mitte des 18. Jhs. nahmen die Zahlen allmählich ab. In diesen Inszenierungen der Inquisitionsurteile trafen Fest-, Platz- und Repressionskultur zusammen. Sie begannen mit einer Prozession zu dem Platz, auf dem die Tribüne errichtet war. Das Schafott auf den öffentlichen Plätzen diente als Bühne einer Performance, bei der kirchliche und weltliche Macht ihre Autorität demonstrativ zur Schau stellten. Nach der Verlesung der Urteile und der von den Ketzern erzwungenen Glaubensbezeugung wurden die *Sünder* der staatlichen Gewalt zur Urteilsvollstreckung übergeben. In den extremsten Fällen endete das Spektakel mit einer öffentlichen Verbrennung, die aber nicht in Anwesenheit der Kirchenvertreter durchgeführt wurde.

El Escorial II

Der Escorial ist für REINHOLD SCHNEIDER eine Insel des Glaubens, *„das untadelige Gefäß der unverfälschten Wahrheit"* (1982,I: 362) und für MANUEL AZAÑA, den Präsidenten der Zweiten Republik, ein Katafalk des spanischen Imperialismus. Das Monumentale ist totalitär, und es nimmt nicht Wunder, dass der Escorial Bestandteil des ästhetischen Programms der Franquisten wurde. Wenn GIMÉNEZ CABALLERO im letzten Kapitel von *El Arte y el Estado* den Versuch unternimmt, die juristische Staatsauffassung durch eine religiös-künstlerische zu ersetzen, nimmt der Escorial als Symbol der Einheit und der nationalen Identifikation eine wichtige Funktion ein: *„El Escorial era un Estado. Era el* *resultado de un arte: el arte de lograr un Estado, y el supremo estado de nuestro pueblo, de nuestro genio. Faltaba otra vez el artista que despertase ese genio adormecido e incendiase de acción aquel motor inmóvil. Pues si lograr un Estado supremo es sencillamente un Arte (el Arte más sublime y divino entre todos los artes del hombre), también el hombre de Estado que logra tal Estado, no es un político: es un artista primordial.*" (zit. nach Llorente Hernández 1995: 25). Damit wird FRANCO zum Künstler des *einen* Spanien stilisiert, und der Escorial verwandelt sich zum Paradigma der neuen Architektur.

Valle de los Caídos I

Die imperiale Architektur, die sich stilistisch auf die monumentalen Aspekte des Escorials bezieht, wurde während der Franco-Diktatur zur offiziellen Bauweise. Ihren Höhepunkt fand sie in der Konstruktion des *Valle de los Caídos* als Erinnerungsstätte des Bürgerkrieges aus der Perspektive der Sieger. Der Komplex wurde auf FRANCOS Geheiß von den Architekten PEDRO DE MUGURUZA und DIEGO MÉNDEZ zu Ehren der faschistischen Gefallenen konzipiert. So wie der Escorial und der Absolutismus in einem symbolischen Spannungsverhältnis stehen, repräsentiert das *Valle de los Caídos* die Franco-Diktatur: Das Gebäude ist als Architekturmetapher des Systems zu lesen.

Der Bau wurde am ersten April 1950 erstmals im staatlichen Gesetzesblatt erwähnt; genau neun Jahre später wurde zum zwanzigsten Jahrestages des Sieges das *Valle de los Caídos* in einem symbolischen Akt der Macht eingeweiht. Dass FRANCO den Bau persönlich überwacht haben soll, gehört genauso zur mythischen Projektion wie die überall sichtbare religiöse Symbolik: *Heilige* Helden und Märtyrer bevölkern die Fresken im Innern der Basilika, über ihnen thronen die *Virgen de África* als Patronin der Franquisten (weil sie den Bürgerkrieg in Nordafrika initiierten) und die *Virgen del Pilar* als Schutzherrin der siegreichen Ebroschlacht. JUAN DE ÁVALOS fertigte die vier Evangelisten unter dem Kreuz und die Pietà in der Kirche an. Das Kreuz selber ist mit 150 Meter Höhe überproportioniert, das Glaubenssymbol soll damit umso überzeugender wirken. Die kolossale Architektur in Verbindung mit der religiösen Thematik wurde zu einem der Kennzeichen der Franco-Ideologie.

Valle de los Caídos II

Das *Valle de los Caídos* ist auch Grabstätte FRANCOS, JOSÉ ANTONIO PRIMO DE RIVERAS und 70000 Gefallener in der überwiegenden Mehrheit aus dem rechten Lager. Nur als Alibi dienten die wenigen Republikaner, die zudem katholisch sein mussten, um hier bestattet zu werden.

Man darf nicht vergessen, dass politische Gefangene unter schwersten Arbeitsbedingungen als Zwangsarbeiter das *„größte Kriegsdenkmal der Welt"* (Enzensberger) bauen mussten. Viele von ihnen ließen dabei ihr Leben. Anekdotisch ist die spektakuläre Flucht von MANUEL LAMANA und NICOLÁS SÁNCHEZ ALBORNOZ, dem Sohn des oben erwähnten Historikers CLAUDIO SÁNCHEZ ALBORNOZ. Bis heute wird in den Besucherprospekten des *Valle de los Caídos* nichts über diese Schattenseiten erwähnt. Fünfzig Jahre nach dem Bürgerkrieg kann noch lange nicht von einem adäquaten Umgang mit der Vergangenheit die Rede sein.

Cerro de los Ángeles

Das zweite Nationalmonument in der Nähe Madrids ist der *Cerro de los Ángeles* bei Getafe. Auch dieser Ort, nach GIMÉNEZ CABALLERO die natürliche Kuppel Spaniens, wurde ein Platz einseitiger Erinnerung. Seit 1919 stand auf diesem Hügel eine Herz-Jesu-Statue, die laut franquistischer Propaganda von den Kommunisten geschändet wurde. Enzensberger berichtet: *„Die riesige Betonfigur segnet mit ausgebreiteten Armen ganz Spanien. Sie steht exakt auf dem Mittelpunkt des Territoriums und erinnert an die Tatsache, dass Spanien dem Heiligen Herzen Jesu geweiht ist. Anno 1936 wurde die Statue von einer Anarchisten-Truppe „hingerichtet"; die Einschüsse dieser symbolischen Ermordung sollen heute noch zu sehen sein.*" (1989: 388).

Natürlich haben heute weder das *Valle de los Caídos* noch *El Cerro de los Ángeles* für die Spanier den gleichen Symbolwert wie unter FRANCO. Dennoch besitzen sie, vergegenwärtigt man sich die Besucherzahlen beider Monumente, noch immer eine kulturelle Relevanz. Die jungen Brautpaare in Getafe melden sich schon Jahre vor ihrer Hochzeit auf dem *Cerro de los Ángeles* an, um sich dort in einer der beiden Kirchen, Kapelle oder Basilika, trauen zu lassen.

Alcázar de Toledo

Als heute fast in Vergessenheit geratenes Symbol des repressiven Spanien muss noch der Alcázar in Toledo erwähnt werden. Die Alcázares waren unter der Maurenherrschaft Stadtfestungen und unter König CARLOS I. wurden in der Festung von Toledo die Ständeversammlungen abgehalten. Während des Franquismus gewann der Alcázar erneut an Bedeutung, und zwar als konstruierte Mythologie, die auf eine Kriegspropaganda der Nationalisten zurückgeht. Ausgangspunkt ist die Belagerung der Festung durch die Republikaner von Juli bis September 1936 und das *heroische* Ausharren von Oberst MOSCARDÓ, der sich angeblich selbst durch die Geiselnahme seines Sohnes nicht davon abhalten ließ, den Alcázar und damit das Franco-Spanien zu verteidigen.

Heldentum

Die faschistische Kriegspropaganda stellte sofort die Verbindung zu Numantia her. Die Belagerung der keltiberischen Stadt steht für das heroische Ausharren der Spanier (Numantiner oder Franquisten) gegen den Feind von außen (Römer oder europäische Kommunisten). Auch die Bezugnahme auf die Reconquista konnte zu Propagandazwecken genutzt werden. Auf dem Alcázar von Tarifa soll König GUZMÁN EL BUENO (13. Jh.) bei der Verteidigung des katholischen Glaubens sogar seinen Sohn geopfert haben.

Das national-katholische Netz wurde weiter verdichtet: MOSCARDÓ sei, so will es die Legende, die Jungfrau des Alcázar erschienen. Ihre Statue wird noch heute in einer Kapelle der Kathedrale von Toledo verehrt. Die Legendenbildung der Muttergotteserscheinung diente ähnlich wie in Covadonga oder in Zaragoza (Virgen del Pilar) dazu, die Pflicht FRANCOS, den Katholizismus zu verteidigen, herauszustellen.

Der legendäre Spruch des Oberst bei der Übergabe der Festung an General VARELA, *„Sin novedad en el Alcázar, mi general"*, gab einem Propagandafilm des Regimes den Titel. In der ursprünglichen italienischen Fassung von AUGUSTO GENIA heißt er *L'assedio dell'Alcazar* (1940). Die franquistische Tageszeitung *El Alcázar* erschien zum ersten Mal am 26. 7. 1936 in Toledo. Nach 1975 blieb sie noch einige Jahre Sprachorgan der Francoanhänger, an deren Spitze BLAS PIÑAR oder der Putschist JAIME MILANS DEL BOSCH standen.

Noch 1995 wurde der Mythos von Alcázar in Toledo von Ángel Palomino als pseudowissenschaftliche historische Studie im Verlag Planeta veröffentlicht und schlug sich bis 1994 unkritisch in den Touristenbroschüren der Stadt Toledo nieder. Zunächst war im nach dem Krieg wieder aufgebauten Alcázar ein Militärmuseum untergebracht, jetzt befindet sich in dem Gebäude die größte Bibliothek der autonomen Region Castilla la Mancha. Während der Franco-Diktatur wurde des 27. September als *Fiesta aniversario de la liberación de Toledo y su Alcázar* gedacht.

Symbole

Die Falange, die 1936 kaum 10000 Mitglieder zählte, entwickelte sich im Krieg zur Massenbewegung in den nationalen Gebieten. 1939 wurde sie Staatspartei. Ihr Kennzeichen waren in Bezugnahme auf die Katholischen Könige Joch und Pfeile, als *yugo* und *flechas* die Initialen von Ysabel und Fernando. In Anlehnung an die Kreuzzüge des Mittelalters bezeichnete der Franquismus den Bürgerkrieg auch als *cruzada* gegen Atheisten und Kommunisten. So wurde der CID zum Kämpfer gegen die heidnische Belagerung Spaniens durch die Araber manipuliert und hochstilisiert. Diese Interpretation entbehrt jeglicher historischer Authentizität. Auch die Eroberer Amerikas wurden unkritisch als Helden der Hispanität gefeiert, denn die imperiale Geschichte Spaniens, deren Protagonisten sie waren, diente als Vorbild für die Gegenwart. Zu den kulturellen Mythen gehörten außerdem die Reconquista und die Gegenreformation. Die Instrumentalisierung des *Siglo de Oro* bleibt bis heute gegenwärtig. Keine andere Epoche konnte der Franco-Ideologie besser dienen. Die Einheit Spaniens, durch die Katholischen Könige begründet und von den Habsburgern verteidigt, bildete den Hauptanziehungspunkt.

Die Nationalfeiertage unter FRANCO waren der 18. Juli (als Bürgerkriegsbeginn *día del alzamiento*) und der erste April, an dem das Ende des Bürgerkrieges und der Sieg des Franquismus mit dem *desfile de la Victoria* gefeiert wurden. Der Bürgerkrieg und seine Eckdaten waren für die Rechtfertigung des Regimes von äußerster Wichtigkeit. Am ersten April 1964 wurden die *25 años de paz* mit einer Plakatausstellung (*España en Paz*), Sonderbriefmarken, mit einer außerordentlichen Ziehung der Nationallotterie, Münzen, Orden, Veröffentlichungen und einem Literaturpreis gefeiert. Zum ersten Mal war der zukünftige König bei der Militärparade anwesend.

Guardia Civil

Diese paramilitärische polizeiliche Sicherheitseinheit wurde 1844 gegründet, um in ländlichen Gebieten gegen Schmuggler und Anarchisten vorzugehen. Die Guardias leben bis heute in Kasernen, Erkennungszeichen sind die typische Kopfbedeckung (Dreispitz, *tricornio*) und der Leitspruch *Todo por la Patria*. Die konservativ-nationalistische Ausrichtung der Guardia Civil veranlasste die erste Regierung der Zweiten Republik, als Gegenbewegung die *Guardia de Asalto* ins Leben zu rufen. Unter Franco war die Guardia Civil in den vierziger Jahren aktiv bei der Verfolgung der antifranquistischen Guerilleros beteiligt. Auch deshalb ist sie seit den Siebzigern Zielscheibe der Terroristen. Während der *transición* wurde sie demokratisiert. Sie untersteht heute dem Innenministerium, ihr Wirkungskreis beschränkt sich auf die ländlichen Gegenden, die Verkehrskontrolle außerhalb der Städte und den Grenzschutz. Der Putschist Tejero drang 1981 in der Uniform eines Leutnants der Guardia Civil in das spanische Parlament ein.

Militarismus

In Spanien mischte sich das Militär immer dann in das politische Geschehen ein, wenn nach Ansicht der Konservativen die konstitutionellen Autoritäten versagten. Der Putschversuch von Oberst Tejero 1981 war die wahrscheinlich letzte Aktion in diesem Sinn. Seither wurde die Demokratisierung des spanischen Heeres und der Guardia Civil stark vorangetrieben, heute sind ihre Strukturen und Haltungen vergleichbar mit denen in anderen europäischen Ländern.

Damit kommen wir zu einem letzten Punkt, der geschichtlich das 19. Jh. mit der jüngsten Gegenwart verbindet. Militärische *pronunciamientos* oder Aufstände gab es ab dem Barockzeitalter, sie wurden aber erst im 19. Jh. relevant. Zwischen 1808 und 1981 kam es zu 45 Putschversuchen. Zwei wichtige Momente müssen zur Erklärung dieser häufig vom Militär provozierten Ausnahmezustände herangezogen werden: Das Bürgerheer bildete zwischen 1808 und 1814 im Kampf gegen Napoleon den Garant der nationalen Einheit. Danach musste es Machtverluste hinnehmen. Und nach den Frustrationen im kolonialen Kontext durch die Niederlagen von 1898 und 1921 verlangte die Armee seine alte Machtstellung zurück. Auch deshalb kam es zu den häufigen Unruhen, und nicht von ungefähr galt Spanien zu Beginn des 20. Jhs. europaweit als Land der Bürgerkriege.

Literatur

Abellán (1989); Asemissen (1981); Buero Vallejo (1961); Enzensberger (1989); Felten (1998); Giménez Caballero (1944); Harlizius-Klück (1995); Herreros (1995); Hofmann (1985); Llorente Hernández (1995); Kesser (1994); Rodríguez Martín (1998a); Rodríguez Martín (2000); Schneider (1982); Serrano (1999); Sueiro (1976).

4 KAPITEL Umbrüche

Spanien und Europa

In Spanien sind wie im übrigen Europa seit dem ausgehenden 18. Jh. Tendenzen der Modernisierung erkennbar. Der *krausismo* wurde als erster Höhepunkt der Öffnung schon erwähnt (siehe S. 30 f.). Zwischen 1898 und 1936 (zufällig handelt es sich bei diesen Eckdaten auch um das Geburts- und Sterbejahr FEDERICO GARCÍA LORCAS) befand sich die spanische Kultur außerdem auf einem Niveau, das ihrer barocken Glanzzeit, dem *Siglo de Oro*, nicht nachstand und von José-Carlos Mainer als *Edad de Plata* bezeichnet wurde. Dieses moderne Spanien hätte sich nach dem Zweiten Weltkrieg in Europa integriert, wäre es nach dem Bürgerkrieg durch den Sieg FRANCOS nicht zu Rückschrittbewegungen in allen gesellschaftlichen und kulturellen Bereichen gekommen. Bis heute sind die negativen Auswirkungen der Regression an dem noch andauernden kulturellen Nachholbedürfnis und Minderwertigkeitsdenken festzustellen.

Aber auch vor dem Franquismus wurden die Modernisierungsschübe immer wieder von Rückschlägen und Stagnationen unterbrochen. Vielleicht sind traditionelle Kulturmuster in Spanien deshalb bis heute stark präsent. Die Diskussionen um die verspätete Ankunft Spaniens in der Moderne ist noch immer eine wichtige Kulturdebatte. Nach fast vierzigjähriger Diktatur ist jedoch in den schon 25 Jahren währenden Demokratie das Bemühen geglückt, den Anschluss an Europa wieder herzustellen. Offensichtlich wurde er mit dem Eintritt Spaniens in die Europäische Union am 1. Januar 1986.

Rückständigkeit

Xavier Rubert de Ventós (1987) sieht den Grund für die Rückständigkeit Spaniens in der herausragenden Stellung des Katholizismus, der seit der Zeit der Katholischen Könige Staatsreligion war. Eine ähnliche These vertrat schon UNAMUNO. Er sah vor allem in der Inquisition, die erst 1834 abgeschafft wurde, das größte Hindernis für die Modernisierung des Landes. Dieser Gedanke fußt auf den Ansichten der französischen Aufklärer, allen voran MASSON DE MORCHILLIER, der in seinem berühmten Artikel in der *Encyclopédie méthodique* von 1782 die Frage verneinte, ob Spanien einen kulturellen Beitrag für die moderne Zivilisation geleistet habe. Daraufhin entfachte auch in Deutschland eine Polemik über die Bedeutung des spanischen Wissenschaftsdenkens für Europa. JUAN PABLO FORNER (1756–1797) suchte 1786 in seiner Schrift *Oración apologética por la España y su mérito literario* eine positive Antwort und fand sie eben darin, dass seine Landsleute Religion und Wissenschaft zusammendachten.

Auch Pedro Laín Entralgo gab dem Katholizismus die Schuld an der verzögerten Modernisierung. Daraus zieht der gläubige Intellektuelle der Francozeit den Schluss, dass sich Modernisierung in Spanien immer antikatholisch äußern musste. Der Katholizismus trägt demnach Mitverantwortung an der spanischen *Tragödie* oder der spanischen *Frage*, als welche die Erhaltung traditioneller Kulturmuster auf Kosten der Erneuerung immer wieder bezeichnet wird.

In dem Zusammenhang wird auch immer wieder die Ausweisung der Juden (1492) und der Mauren (1605) aus Spanien erwähnt, denn diese beiden Gesellschaftsgruppen stellten während des Mittelalters einen wichtigen Anteil der arbeitenden Bevölkerung. Ihre wirtschaftlichen Aktivitäten standen im Kontrast zu dem ausgeprägten Freizeitverhalten des spanischen Adels, wie es sich in der Literatur der Renaissance und des Barockzeitalters – man denke nur an die Charakterisierung der Aristokratie in *La Celestina* (1499) – widerspiegelt. Bis zum Ende des 19. Jhs. blieb Spanien mehr als das übrige Europa in klerikalen und feudal-ritterlichen Traditionen verhaftet. Die kaufmännischen Aktivitäten des Bürgertums entwickelten sich eher zögernd und verspätet.

1 Modernisierungsschübe

1 Kulturkritik der Aufklärung

Reformen

Nach einem Niedergang von fast 150 Jahren setzte unter dem Bourbonenkönig CARLOS III. (1759–1788) in Spanien ein wirtschaftlicher Aufschwung ein. Die Bevölkerung stieg von acht auf elf Millionen. Unter seinen Nachfolgern kamen diese Tendenzen zwar wieder zum Stillstand, aber dennoch kann von einem fortschrittlichen ausgehenden 18. Jh. gesprochen werden, denkt man nur an die umfassenden Reformvorschläge von GASPAR MELCHOR DE JOVELLANOS (1744–1811) auf so unterschiedlichen Gebieten wie Landwirtschaft, Erziehung und Theater. In JOVELLANOS konzentrierte sich außerdem der Konflikt zwischen Tradition und Innovation. Als er als Staatsrat 1799 versuchte, gegen die Institution der Inquisition vorzugehen, wurde er acht Jahre lang auf Schloss Bellver (Mallorca) eingekerkert. Nach seiner Befreiung im Jahre 1808 setzte er sich gegen den Absolutismus für die liberale Erneuerung in seinem Land ein.

Die liberale Bewegung, der er sich anschloss, erreichte 1812 ihren Höhepunkt in der Verfassung von Cádiz, *La Pepa* genannt, weil sie am 19. März (Josefstag) verabschiedet wurde. 1814 wurde sie mit der Rückkehr des absolutistischen Bourbonenkönigs FERNANDO VII. verboten, Kultur wurde wieder restaurativ, auch wenn sich in gemäßigteren Phasen Freidenker wie ALBERTO LISTA (1775–1848) profilieren konnten.

GOYA

Der spanische Maler FRANCISCO DE GOYA (1746–1828) war mit JOVELLANOS befreundet. Er muss ebenfalls im Kontext der Aufklärung genannt werden, auch wenn seine Bedeutung als Kulturrepräsentant weit darüber hinausgeht. Aus Aragón stammend, trat er 1775 in den Hofdienst und arbeitete zunächst in der königlichen Teppich-Manufaktur. Als Hofmaler stand er in der Tradition von VELÁZQUEZ und TIÉPOLO, in seinen Bildern distanzierte er sich aber mehr als diese von seinem Auftraggeber, dem Bourbonenkönig CARLOS IV. GOYAS Technik entspricht nicht der des *„Ich sehe gerade"*, wie man sie aus *Las Meninas* herausliest, sondern sie kann eher mit *„Ich habe gesehen und kritisiere"* auf den Punkt gebracht werden. Neben der Königsfamilie porträtierte er auch die spanische Hocharistokratie, berühmt ist *La maja desnuda*, ein gewagtes Aktbild der Herzogin von ALBA. Gleichzeitig nimmt er Aufträge in Kirchen und Klöstern an, z. B. stammen aus seiner Hand Fresken in der Basilika der *Virgen del Pilar* in Zaragoza und in der Madrider Kapelle *San Antonio la Florida* (1789), die seine Grabeskirche werden sollte. Von seinen Zeitgenossen wurden gerade die religiösen Arbeiten stark kritisiert, weil sie in den geweihten Stätten ungewöhnlich profan wirkten.

Noch aus den siebziger Jahren des 18. Jhs. stammten seine farbenfrohen populären und festlichen Szenen, aber schon in dieser frühen Schaffensperiode kritisierte er Armut (etwa in *Los pobres a la fuente*) und andere soziale Missstände, wie z. B. die ungleiche Heirat durch Verkuppelung in *La boda* (1791/92). Dieses Thema war von hoher gesellschaftlicher Relevanz und fand seine literarische Verarbeitung in LEANDRO FERNÁNDEZ DE MORATÍNS Stück *El sí de las niñas* (1806). GOYA nahm hier schon ein wichtiges Motiv seiner *Caprichos* vorweg.

Caprichos

Aus der Perspektive der Kulturkritik sind zunächst die *Caprichos*, eine zwischen 1778 und 1798 entstandene Sammlung von Radierungen, zu nennen. Der erste Teil des Zyklus handelt von der Liebe auch in den Varianten von Kuppelei und Prostitution. Die satirische Einstellung richtet sich außerdem gegen Aberglaube (Nr. 52, *„Lo que puede un sastre"*), Zauberei (Nr. 71, *„Si amanece; nos vamos"*), Klerikalismus (Nr. 80, *„Ya es hora"*), gegen das *Ancien Régime* (Nr. 42, *„Tú que no puedes"*; Nr. 50, *„Los Chinchillas"*) und gegen die benachteiligte Stellung der Frau. GOYA visierte bereits zu Beginn der Moderne ihre dunklen Seiten an, und zwar in der aufklärerischen Hoffnung auf Verbesserung durch Erziehung. Die Nummern 32 (*„¿Por qué fue sensible?"*) und 34 (*„Las rinde el sueño"*) zeigen eingekerkerte Prostituierte als Opfer der Gesellschaft. Gegen die Inquisition richtet sich z. B. die Nr. 23 mit dem Titel *„Aquellos polbos"*.

Zu den bekanntesten Radierungen der *Caprichos* gehört die Nr. 43 mit dem Namen *„El sueño de la razón produce monstruos"*. Bis heute bleibt unklar, ob *„sueño de la razón"* als *„Schlaf* der Vernunft" oder *„Traum* der Vernunft" übersetzt werden muss. Zieht man mit Gauger (1995) eine Verbindung zu der spanischen Tradition der *Traum*dichtungen (gemeint sind die *sueños* in der Tradition QUEVEDOS) dann fällt die Entscheidung für die zweite Interpretation nicht schwer.

Den spanischen Befreiungskrieg gegen NAPOLEON, 1808 der erste und deshalb für ganz Europa modellbildend, verarbeitete GOYA zwischen 1810–1820 in der zweiten Serie von Radierungen, *Los desastres de la guerra*. Macht und Gewalt werden hier auf eine bisher nicht gekannte Weise angeklagt. GOYA verzerrt die Realität ins Groteske. Diese Darstellungsweise gilt über den Zeitbezug hinaus als modern, auch der deutsche Expressionismus und insbesondere OTTO DIX standen in diesem Sinn in der Tradition GOYAS.

Groteske

Ab 1819 entstand nach *Tauromaquia* seine letzte Serie von Radierungen, *Los disparates*. Noch einmal kommt es zu einer Steigerung von Gewalt und Hässlichkeit, die hier gezeigten deformierten Körper stehen am Beginn einer neuen Ästhetik des *pourissement*. Wenige Jahre vor seinem Tod ahnte GOYA das große Chaos der Zukunft.

Die berühmten Gemälde aus dem Befreiungskrieg, *Los fusilamientos de la Moncloa del tres de mayo* und *La carga de los Mameluchos*, geben Zeugnis für sein Engagement auf der Seite der Unterdrückten, was den Maler ANTONIO SAURA veranlasste, *Los fusilamientos* als frühes *Guernica* zu bezeichnen. GOYAS politisches Engagement ist dem humanitären untergeordnet. Als Aufklärer nahm er zunächst für NAPOLEON Partei, distanzierte sich dann aber von den absolutistischen Ambitionen der Familie BONAPARTE in Spanien.

Schwarze Phase

Seinen unverkennbar neuen Stil steigerte GOYA in der letzten Schaffensphase, in der die schwarzen Gemälde entstanden, ins Extreme. Die Fresken, die er in den zwanziger Jahren in seinem Landhaus, der *Quinta del Sordo*, malte, zeigen, wie sehr GOYA jetzt auch künstlerisch seine eigene Wirklichkeit entwarf. Wie JOVELLANOS hatte er Probleme mit der Inquisition und sein Bild *Saturno devorando a sus hijos* kann z. B. als politische Parabel gegen den 1814 restaurierten Absolutismus gelesen werden. Die Allegorie des seine Kinder auffressenden Vaters findet sich schon bei QUEVEDO, dort im Zusammenhang mit dem Thema der *dos Españas*.

In dem Gemälde *El Perro* verweist die Leere der Raum- und Zeitlosigkeit schon auf die abstrakte Malerei. ANTONIO SAURA, der selbst eine Reihe von durch GOYA inspirierten *Hundebildern* vorgelegt hat, sieht das Geheimnis dieses beunruhigenden Bildes in „*una tensión justa dentro de lo inestable, una proporción dentro de lo desproporcionado*" (1999: 301). In Bordeaux, wo GOYA dem finsteren Spanien der Restauration nach dem *Trienio liberal* (1820–1823) den Rücken zukehrte, starb er fünf Jahre vor dem Niedergang des absolutistischen Regimes.

Rezeption

Die spanische Malerei nach GOYA ist ohne seinen Einfluss nicht vorstellbar. Praktisch alle späteren Künstler zitieren ihn. Die musikalische Rezeption GOYAS initiierte ENRIQUE GRANADOS (1867–1919) mit den *Goyescas*. Der Name bezieht sich auf ein Klavierstück und auf eine Oper, die 1916 in New York uraufgeführt wurde. Literarisch wird GOYAS Leben und Werk u. a. in BUERO VALLEJOS (1916–2000) Stück *El sueño de la razón* (1970) verarbeitet. Die historische Bezugnahme auf die Verfolgung der Liberalen im Jahre 1823 steht jetzt stellvertretend für die Unterdrückung liberaler Tendenzen unter FRANCO. Vom Standpunkt der inneren Emigration beschreibt BUERO VALLEJO den tauben Maler der Fresken in *La Quinta del Sordo* in einer Welt, in der nur er wirklich hört und erkannt hat, dass die Vernunft nicht mehr nur träumt, sondern schläft.

Zu GOYAS hundertstem Todestag veröffentlichten RAMÓN GÓMEZ DE LA SERNA 1928 die Studie *Goya* und EUGENIO D'ORS *El vivir y el arte de Goya*. Beide leisteten damit einen wichtigen Beitrag zur modernen Goya-Rezeption. FERNANDO GARCÍA MERCADAL, ein Architekt aus dem Kreis der *Residencia de Estudiantes*, errichtete anlässlich des Jubiläums in Zaragoza den *Rincón de Goya*. Das im Stil LE CORBUSIERS gebaute Monument konnte im Franco-Spanien nicht mehr gefallen. Die *Sección Femenina* (s. S. 96) versah das avantgardistische Gebäude mit aragonesischen Ziegeln und anderem Schmuck im Neomudejar-Stil. Ebenfalls um 1928 trug sich LUIS BUÑUEL mit einem Filmprojekt über seinen Landsmann, und zwar zu einem Drehbuch von VALLE-INCLÁN, der GOYA im zehnten Kapitel von *Viva mi dueño* erwähnt hatte. Das Vorhaben wurde leider nicht zu Ende geführt. Von dem 1942 noch regimetreuen Regisseur BENITO PEROJO stammt der von GRANADOS inspirierte Film *Goyescos*, und auch CARLOS SAURA hat zum 250. Geburtstag des Malers einen erfolgreichen *Goya*-Film gedreht. Zu GOYAS Ehren werden die nationalen Filmpreise, die die *Academia de las Artes de las Ciencias Cinematográficas de España* jährlich vergibt, *Premios Goya* genannt.

2 Versuche der Öffnung im 19. Jahrhundert

Spannungen

Das 19. Jh. war auch in Spanien politisch und kulturell durch den Antagonismus zwischen konservativem Traditionsbewusstsein und liberalem Fortschrittsglauben geprägt. Dies kommt in den realistischen Romanen von PÉREZ GALDÓS, JUAN VALERA oder CLARÍN zum Ausdruck. Das Hin und Her zwischen restaurativen und liberalen Phasen kennzeichnete nach der Verfassungsbewegung von 1812 den Verlauf der spanischen Geschichte. In der Zeit zwischen der Wiedereinsetzung des Absolutismus 1814 und dem Beginn der nächsten Restaurationsetappe 1823 kam es zur ersten großen Exilbewegung. Zahlreiche Liberale verließen das Land. Der Schriftsteller irischer Abstammung JOSÉ MARÍA BLANCO Y CRESPO (1775–1841), eher unter dem Pseudonym BLANCO WHITE bekannt, veröffentlichte in England die erste spanische Exilzeitschrift, *El Español*. Berühmt sind auch seine zunächst auf Englisch verfassten *Cartas de España* (1822) in der Tradition der *Cartas marruecas* (1789) von JOSÉ DE CADALSO (1741–1782).

Erst mit dem Tod FERDINANDS VII. (1833), mit der endgültigen Abschaffung der Inquisition ein Jahr darauf und der Rückkehr der liberalen Intellektuellen konnte sich ein lebendiges Kulturleben in den größeren Städten Spaniens entfalten. Die Initiative ging von einem gestärkten Bürgertum aus, was deutlich an der Eröffnung zweier Opernhäuser – 1847 das *Liceo* in Barcelona und drei Jahre später das *Teatro Real* in Madrid – sichtbar wird. Bereits 1819 erlangte das *Prado*-Museum den Status einer Pinakothek. Die Einrichtung von Musik(hoch)schulen (*Conservatorios*) ab 1830, die Eröffnung der Börse in Madrid 1831 und der Staatsbank (*Banco de España*) 1856 sind weitere Indizien für den Aufstieg und das wachsende Selbstbewusstsein des Bürgertums.

Andererseits darf jedoch nicht vergessen werden, dass 1877 noch drei Viertel der spanischen Bevölkerung weder lesen noch schreiben konnten; allein unter den Frauen waren 85 % Analphabetinnen. In Deutschland beliefen sich diese Zahlen zur gleichen Zeit gerade noch auf ein Drittel. Effiziente Schulreformen, der *Plan Pidal* (1845) oder die Reformen von CLAUDIO MOYANO (1857), wurden erst in den letzten Jahrzehnten des 19. Jhs. wirksam. Die Universitäten waren nach napoleonischem Vorbild organisiert, ihre Abhängigkeit vom Zentralstaat wirkte sich auf Dauer negativ auf eine mögliche Liberalisierung aus. Die *Universidad de Alcalá* zog 1836 nach Madrid und erhielt 1850 den Namen *Universidad Central*. Sie blieb als wichtigste spanische Hochschule einer traditionellen Geisteswelt verhaftet und öffnete sich den wissenschaftlichen Erneuerungen nicht.

Deshalb musste sich das aktive Kulturleben anderorts entwickeln. Zeitungen und Illustrierte, wie etwa der *Seminario Pintoresco Español*, die *Lectura de familias* oder der *Museo Universal* und ab 1869 *La Ilustración Española y Americana*, sind als erste Schritte einer Annäherung der Kultur an ein breites Publikum zu verstehen.

Tertulias und _Ateneos_

Als wichtige Orte des kulturellen Lebens gelten in Spanien bis heute Zusammenkünfte privater Natur, die so genannten *tertulias*, die schon im 19. Jh. in Cafés abgehalten wurden, in Madrid im Café Fornoso, im Café de la Montaña, im Café de Madrid oder im Lion D'Or. Die Cafés Gijón und León sollten erst für die Literatenszene zu Beginn des 20. Jhs. wichtig werden. Die Teilnehmer der *tertulia* im Café Pombo wurden von JOSÉ GUTIÉRREZ SOLANA in einem bekannten Gemälde von 1920 porträtiert.

Daneben begab sich die bürgerlich-liberale Kultur in Spanien 1820 mit der Gründung des *Ateneo Español* (später *Ateneo Científico y Literario de Madrid*) als „*sociedad privada, patriótica y liberal*" in einen pseudoinstitutionellen, öffentlichen Raum. Als Vorläufer kann die *Sociedad Económica Matritense de Amigos del País* (1775) angesehen werden, aber bald wurde der *Ateneo* vom *krausismo* (siehe S. 30 f.) geprägt. Was die Universität nicht leisten wollte, übernahm dieses Forum. In den siebziger Jahren des 19. Jhs. wurde hier der Positivismus und in der Zeit der Präsidentschaft ANTONIO CÁNOVAS DEL CASTILLO die politische

Kritik an der Restauration debattiert. Die *krausistas* JOAQUÍN COSTA und RAFAEL ALTAMIRA stellten im *Ateneo* ihr liberales Regenerationsprogramm vor.

Bis heute besitzt der *Ateneo* in Madrid eine der besten Bibliotheken des Landes, und in seinen Räumlichkeiten werden noch immer kulturell relevante Themen vorgestellt und diskutiert. In Katalonien wurde 1860 der *Ateneo Barcelonés* (ab 1872 *Ateneo Catalán*) gegründet. Andere Regionen und Städte folgten nach.

Institución Libre de Enseñanza (ILE)

Aus den kritischen Kreisen der *krausistas* stammen die Professoren, die unter dem Einfluss von FRANCISCO GINER DE LOS RÍOS (seinerseits Schüler von JULIÁN SANZ DEL RÍO, siehe S. 30) und GUMERSINDO DE AZCÁRATE 1876 die *Institución Libre de Enseñanza* ins Leben riefen. 1875, zu Beginn der Alfonsinischen Restauration, durften an den Universitäten Lerninhalte, die den katholischen Dogmen zuwiderliefen, nicht unterrichtet werden. Einige Professoren weigerten sich, dieser Bestimmung Folge zu leisten, und wurden entlassen. Aus Eigeninitiative gründeten sie dann die alternative *ILE* als Ergebnis des ersten Konflikts zwischen intellektueller Elite und Staat im modernen Spanien. Nach der Gründung der *ILE* kehrten viele ihrer ersten Mitglieder an die Universitäten zurück und liberalisierten sie. Hier setzte die Kulturbedeutung der *ILE* ein. Ihr Einfluss auf die Künstler-Generationen von 1898, 1914 und 1927 ist unbestritten. ANTONIO und MANUEL MACHADO beispielsweise waren Schüler der *ILE*.

In dieser Institution entwickelten die *krausistas* mehr noch als im *Ateneo* ihre Hauptaktivitäten. Der neue Mensch, wie sie ihn sich mit Bezug auf NIETZSCHE vorstellten, war an keine soziale Klasse gebunden, und es galt in erster Linie, seine künstlerische Kreativität zu fördern. Die *ILE* distanzierte sich von der Kirche und von politischen Ideologien. Der Artikel 15 der Statuten drückt dies deutlich aus: „*La Institución Libre de Enseñanza es completamente ajena a todo espíritu e interés de comunidad religiosa, escuela filosófica o partido político, proclamando tan solo el espíritu de libertad e independencia.*" Ihre Hauptaktivität entfaltete sich in der Erziehung im Primar- und Sekundarbereich, und besondere Beachtung fand die Mädchenerziehung. Die *ILE* versuchte erstmals gegen die gesellschaftliche Diskriminierung der Frauen vorzugehen. Berühmt sind ab 1881 auch die Schulausflüge von Madrid nach Ávila oder Salamanca unter der Leitung des Kunsthistorikers MANUEL BARTOLOMÉ COSSÍO (1858–1935). Sie waren für die Entdeckung Kastiliens durch die *generación del 98* ausschlaggebend.

3 Die Rolle Kataloniens um die Jahrhundertwende

Modernismo

Der katalanische Modernismus, der spätestens seit Anfang der neunziger Jahre des 19. Jhs. sowohl in der Architektur als auch in der Literatur zum Tragen kam, wirkte als kultureller Erneuerungsfaktor modellhaft auf der Iberischen Halbinsel. Er muss als früher Vorschlag eines Auswegs aus der Isolierung verstanden werden und stellt somit einen weiteren und entscheidenden Schritt auf dem Weg zur Modernisierung Spaniens dar. Dabei spielten die Beziehungen der katalanischen Künstler und Intellektuellen zu Paris und ihr Interesse an NIETZSCHE und WAGNER eine wichtige Rolle. Schon früh bildete sich in Barcelona eine Wagnergemeinde heraus, und 1902 wurde die *Associaciò Wagneriana* gegründet. In Madrid entstand eine Wagnergesellschaft erst 1911.

Als innovatorische Bewegung ist der Modernismus aber nicht nur ästhetisch relevant, sondern erlangte auch im Kontext der katalanischen Nationalbewegung Bedeutung (siehe S. 49–51). Er setzte als künstlerische Bewegung dann ein, als die von der Madrider Zentralregierung geleitete Restauration in die Krise geraten war. Zu den herausragenden Vertretern des katalanischen Modernismus zählen der Dichter JACINT VERDAGUER (1845–1902), der Schriftsteller JOAN MARAGALL (1860–1911) und der Journalist RAIMON CASELLAS (1855–1910). Zwischen 1892 und 1893 erschien die wichtigste Zeitschrift der Modernisten, *L'Avenç*. Der Maler und Dichter SANTIAGO RUSIÑOL (1861–1931) organisierte die erste *Festa modernista* in Sitges, wo die Werke EL GRECOS für die Moderne wieder entdeckt wurden.

Barcelona

Der Modernismus zeigte sich in Barcelona zunächst in der Architektur. Durch die Mischung aus Neogotik und Industrialisierung konstruierte sich das katalanische Bürgertum eine eigene Identität, wie sie der 1907 eingeweihte *Palau de la Música* des Architekten LLUÍS DOMÈNECH I MONTANER (1850–1923) repräsentiert. ANTONI GAUDÍ (1852–1926) verband in den Bauten für den Industriellen EUSEBIO GÜELL Natur- und Fabelmotive mit modernistischen Materialien wie Keramik und Glas. In den Bürgerhäusern wie z. B. der *Casa Milà* verwendete er auch Eisenträger. Er kam durch einen tragischen Straßenbahnunfall ums Leben und konnte sein Hauptwerk, die *Sagrada Familia* (Baubeginn 1875), nicht beenden. Die Vollendung der Kirche, aufgrund derer Papst JOHANNES PAUL II. GAUDÍ selig sprach, wurde in den letzten Jahren unter der Leitung von JOSEP MARÍA SUBIRACHS wieder in Angriff genommen.

Noucentisme

Als antiromantische, aber bewusst nationalistische Folgeerscheinung des *Modernisme* begann der *Noucentisme* 1906 mit der Zeitschrift *La Veu de Catalunya*, mit PRAT DE LA RIBAS Buch *La Nacionalidad* und mit EUGENIO D'ORS' *Glosari*. Im gleichen Jahr fand der erste Kongress über die katalanische Sprache statt. Dem *Noucentisme* ist es u. a. zu verdanken, dass Barcelona sich von einer Provinzhauptstadt endgültig in eine europäische Kulturmetropole verwandelte. Die Bewegung endete um 1923 mit dem Beginn der Diktatur PRIMO DE RIVERAS. Zentrale Figur des *Noucentisme* war EUGENIO D'ORS (1882–1954). 1911 wurde er zum Leiter des *Institut d'Estudis Catalans* ernannt. Während seiner Etappe als *Noucentista* stellte er sich gegen die neoromantischen Tendenzen in der Kunst und sah ähnlich wie ORTEGA Y GASSET in einem modernen Wissenschaftsglauben die regenerative Lösung zur Bewältigung der spanischen Krise. 1923 entfernte er sich jedoch mit der Übersiedlung nach Madrid auch geistig von Katalonien. Während des Bürgerkriegs trat er der *Falange Española* bei und verwandelte sich in einen der führenden Ideologen des Franquismus.

Künstler der Avantgarde

Zur barcelonesischen Avantgarde gehört auch die Künstlergruppe, die sich im Café *Els Quatre Gats* traf: ISIDRO und JOAQUÍN SUNYER, SANTIAGO RUSIÑOL, RAMÓN CASAS, RAMÓN REVENTÓS, EUGENIO D'ORS. 1899 schloss sich ihr auch PICASSO (1881–1973) an. Seine erste Ausstellung fand 1900 nicht zufällig in Barcelona statt. Während der blauen Phase, in Barcelona begonnen, arbeitete er dann hauptsächlich in Paris. Oft kehrte er zurück, und der Name des emblematischen Gemäldes *Las Señoritas de Aviñón* (1907) bezieht sich nicht, wie viele irrtümlich annehmen, auf die südfranzösische Stadt, sondern auf eine bekannte Straße im barcelonesischen Rotlichtviertel. Die Gesichter der Prostituierten bezeugen PICASSOS Interesse an der primitiven iberischen und afrikanischen Kunst. Kunsthistoriker lassen mit dem Bild den Kubismus beginnen.

4 Gründungszeiten

Bildung

Die Frage nach der Position Spaniens in Europa löste zu Beginn des 20. Jhs. eine maßgebliche Kulturdebatte aus. Die liberalen Intellektuellen verteidigten die Zugehörigkeit ihres Landes zur westlichen Zivilisation, aber bei PÍO BAROJA oder RAMIRO DE MAEZTU wurde schon die These von Spanien als geistiger Reserve Europas, wie FRANCO sie später überspitzt formulieren sollte, laut. Die Distanz zu anderen Ländern Europas wird besonders deutlich, wenn man bedenkt, dass zu Beginn des 20. Jhs. in Spanien 66 % der Bevölkerung weder lesen noch schreiben konnten. Deshalb konzentrierten sich die Reforminitiativen hauptsächlich auf den Bereich der Erziehung. Bis 1940 konnte dann die Zahl der Analphabeten auf 23 % reduziert werden.

Fußball

Den Aspekt der Europäisierung kann man aber auch in anderen Kulturbereichen beobachten. Als Beispiel sei die Frühgeschichte des spanischen Fußballs erwähnt. Dieser Sport war im 19. Jh. in Spanien nicht verbreitet und wurde erst 1899 importiert, als der Schweizer HANS GAMPER den FC Barcelona gründete und die Zeitschrift *Los Deportes* edierte.

Madrid zog zwei Jahre später mit dem *Real Madrid Klub de Fútbol* nach. Damit wurde die Rivalität zwischen beiden Städten stark akzentuiert. Gerade im Bereich Fußball dauert sie bis heute an.

Gründungen

Als wichtige Maßnahme zur Verbesserung des Bildungsniveaus wurde im Jahr 1900 das *Ministerio de Instrucción Pública* ins Leben gerufen. Erst dadurch gelang es dem Staat, der Kirche das Bildungsmonopol aus der Hand zu nehmen und sowohl das Universitäts- als auch das Schulsystem an die moderneren europäischen Richtlinien anzupassen.

Die Gründung der *Junta para Ampliación de Estudios e Investigaciones Científicas* im Jahr 1907 gilt als zweiter entscheidender Schritt auf Europa zu, wie dies das folgende Zitat aus ihren Statuten zusammenfasst: *„El pueblo que se aisla, se estaciona y se descompone."* Langjähriger Präsident der *Junta para Ampliación de Estudios* war der Histologe und Nobelpreisträger SANTIAGO RAMÓN Y CAJAL (1852–1934). Er vertrat die Erziehungsziele der europäischen Aufklärung (Toleranz, Laizismus und Demokratie), und stand wissenschaftlich in der Tradition der *ILE*. Die Bedeutung der *Junta* darf nicht unterschätzt werden, denn sie ermöglichte bis zum Ende der Zweiten Republik pro Jahr ca. hundert Studenten und Wissenschaftlern (darunter auch Frauen) Auslandsaufenthalte hauptsächlich an französischen und deutschen Universitäten. Sie förderte damit einen Kulturtransfer, der zwischen 1907 und 1939 das Ende der kulturellen Isolation bedeutete, wie sie seit FELIPE II. (1527–1598) zum Schutz des katholischen Spaniens gegen den Einfluss der Reformation betrieben wurde und unter anderen Vorzeichen von FRANCO noch einmal aufgenommen wurde. In Katalonien wurde übrigens eine parallele Institution, das *Institut d'estudis catalans*, eingerichtet.

Folgeerscheinungen

Von der *Junta* hingen weitere Gründungen ab: An erster Stelle ist die *Residencia de Estudiantes* (siehe S. 84 f.) zu erwähnen, dann das von RAMÓN MENÉNDEZ PIDAL geleitete *Centro de Estudios Históricos*. Dieses Institut bedeutete einen wichtigen Schritt hin zur Institutionalisierung der modernen Nationalkultur, denn die Mitarbeiter – u. a. AMÉRICO CASTRO und CLAUDIO SÁNCHEZ ALBORNOZ – forschten nach einer geschichtlichen Identitätsfundierung, die sich vom katholischen Mediävalismus des 19. Jhs. distanzierte. Die *Erfindung* (Fox) des neuen Spanien erfolgte auf einer wissenschaftlichen Basis. In diesem Zusammenhang sind außerdem die *Escuela Española de Arqueología e Historia de Roma*, das *Instituto Nacional de Ciencias Físico-Naturales* und die *Asociación de Laboratorios* zu erwähnen.

Die Erneuerungs- und Regenerationsbewegung wirkte sich auch auf die Universitäten aus. Die *Asambleas de catedráticos* von 1902 in Valencia und 1905 in Barcelona forderten die Reformierung der Hochschulen und stellten das bildungspolitische Oppositionsforum gegen die Restaurationspolitik bis zum Beginn der Zweiten Republik.

Soziale Frage

Aus dem Bewusstsein der Krise und der mangelnden europäischen Integration heraus forderten die progressiven Intellektuellen eine umfassende Eingliederung des Landes in Europa. Die Armut in seinem Land bewegte JOAQUÍN COSTA (1846–1911) dazu, nicht nur Schulen und gegen den Traditionalismus eine doppelte Versiegelung des Grabes des spanischen Nationalhelden, *El Cid Campeador*, zu verlangen, sondern auch Speisekammern für die Nation. Bereits in der Gründung der Sozialistischen Arbeiterpartei Spaniens (*PSOE*) am 2. Mai 1879 äußerte sich die doppelte Sorge um kulturelle und soziale Verbesserungen. Schon unter ihrem ersten Präsidenten, PABLO IGLESIAS (1850–1925), entpuppte sich die Partei als europäisierende Institution. Diese Funktion sollte sie in der jüngsten Demokratie, jetzt aber in der Regierungsverantwortung, noch einmal übernehmen.

Nach den Wahlen von 1910 erreichte die *PSOE* erstmals eine parlamentarische Vertretung. 1918 präsentierte sie in den *Bases para un programa de Instrucción Pública* ihr Bildungsprogramm, das sich auf die Alphabetisierung der Arbeiterschaft konzentrierte. 1926 wurde die Stiftung *Pablo Iglesias* gegründet, die Vorträge organisierte, Zeitschriften herausgab und Bibliotheken eröffnete, um das in Spanien akute Massenphänomen des Analphabetismus in den Griff zu bekommen.

Arbeiterkultur

Zu den Höhepunkten der Arbeiterkultur gehörte die Gründung der Madrider *Casa del Pueblo* im November 1908. Die Initiative ging von mehreren sozialistischen Organisationen mit insgesamt 28000 Mitgliedern aus, und zu ihren Hauptaktivitäten gehörte der Schulunterricht. Im Gebäude war auch ein Theater untergebracht, wo alternierend konservative Erfolgsautoren wie ECHEGARAY, BENAVENTE oder JOAQUÍN DICENTA und weniger bekannte sozialistische Autoren aufgeführt wurden. Diese Einrichtung, obgleich sie ständig Probleme mit den Regierungen der Restauration ausfechten und öfters mit Schließung rechnen musste, dehnte sich über ganz Spanien aus und schuf die Grundlagen für die Volksbildung, wie sie in der Zweiten Republik zum Tragen kommen sollte.

1910 gründete MANUEL NÚÑEZ DE ARENAS (1886–1951) in Madrid die *Escuela Nueva*. Er war zunächst Mitglied der sozialistischen Partei, wechselte dann zu den Kommunisten über und wurde 1942 im französischen Exil von den Nazis verhaftet. In dieser Art Volkshochschule gelang die kulturelle Zusammenarbeit zwischen Intellektuellen und Arbeitern. Trotz der sozialistischen Ideologie, die hinter dem Projekt stand, arbeiteten in der *Escuela Nueva* Künstler aller Couleur mit. Der Dramaturg CIPRIANO DE RIVAS CHERIF (1891–1967) leitete die Unterabteilung *Teatro de la Escuela Nueva*. Während der zweiten Republik arbeitete er mit FEDERICO GARCÍA LORCA zusammen.

Auch die *Ateneos* der Gewerkschaften, in Spanien seit 1888 existent, als die *Unión General de Trabajadores* (*UGT*) gegründet wurde, präsentierten ihr eigenes Bildungsprogramm mit dem Ziel, Kultur auch den ärmeren Bevölkerungsschichten näher zu bringen. Zu Beginn des 20. Jhs. wurden als weitere Maßnahmen Außenstellen einiger staatlicher Hochschulen unter dem Namen *Universidades Populares* ins Leben gerufen. ANTONIO MACHADO war 1920 Mitinitiator der *Universidad Popular* in Segovia. In Oviedo entstand für die asturianischen Minenarbeiter die *Universidad Obrera de Asturias.*

Anarchismus

Der Anarchismus kam in Spanien in den achtziger Jahren des 19. Jhs. auf, wobei man zwischen der Bewegung in Industriegebieten wie Katalonien oder dem Baskenland und in ländlichen Gegenden Andalusiens differenzieren muss. 1910 wurde die anarchistische Gewerkschaft *Confederación Nacional del Trabajo* (*CNT*) gegründet. Die Zeitschrift der Bewegung, *La Revista Blanca,* erschien zunächst zwischen 1899 und 1905 und dann erneut von 1923 bis 1936. Dass BENAVENTE, UNAMUNO, CLARÍN, BAROJA oder PÉREZ GALDÓS in den ersten Jahrgängen mitarbeiteten, kann mit der Anziehungskraft der Zeitschrift als Forum für die Hauptströmungen der avantgardistischen Kulturentwicklung erklärt werden.

Beim spanischen Anarchismus handelt es sich um die erste radikale Gegenkulturbewegung von Bedeutung. Das Kulturverständnis der Anarchisten war im Gegensatz zu dem der Vertreter der etablierten Intellektuellen antielitär und antibürgerlich. Auch Strömungen wie Freikörperkultur und Vegetarismus gehörten zu ihrem Programm. Die Anarchisten hatten eigene Kulturzentren, noch heute gibt es spezielle *Ateneos* in Barcelona und in Madrid. In der *Escuela Moderna,* 1901 von FRANCESC FERRER I GUARDIA (1859–1909) gegründet, wurden Mädchen und Jungen gleichberechtigt und gegen die Moralvorstellungen einer vom Katholizismus dominierten Gesellschaft erzogen. FERRER wurde nach den Demonstrationen der *Semana trágica* in Barcelona im Juli 1909 hingerichtet, was zu einer Protestreaktion unter den spanischen Intellektuellen führte, die mit der Dreyfuss-Affaire in Frankreich verglichen werden kann.

5 Künstlergruppen und Avantgarde

Generationen und *Regeneraciones*

Vor dem Hintergrund des wirtschaftlichen Wachstums dank der Neutralität im Ersten Weltkrieg und der Impulse aus dem Ausland entwickelte sich in Spanien nach 1920 eine bisher nicht gekannte kulturelle Vielfalt und ein kulturelles Alltagsleben nach europäischen Maßstäben. Zwei Intellektuellen- und Künstlergruppen führten als geistige Protagonisten den kulturellen Wandel an: die *generación del 98* und die *generación del 14*. Beide Formierungen suchten Auswege aus der umfassenden Krise, in der sich Spanien Ende des 19. Jhs. nicht nur wegen des Verlusts der letzten Kolonien befand.

Ángel Ganivet (1865–1898) sah im *Idearium español* (1897) die Gründe der spanischen Dekadenz in Willensschwäche und Entscheidungsunfähigkeit. Joaquín Costa (1846–1911), *krausista* und Lehrer an der *ILE*, war in republikanischen Parteien engagiert und ging in seiner Kulturanalyse konkreter, d.h. politischer vor als Ganivet. Das gesellschaftliche System des *caciquismo*, d.h. das Festhalten an den traditionellen, undemokratischen Machtstrukturen in ländlichen Gegenden, war für ihn das Hauptübel der spanischen Rückständigkeit. In *Oligarquía y caciquismo como actual forma de gobierno en España* (1902) denunzierte er die Restaurationspolitik und forderte eine Liberalisierung und Demokratisierung Spaniens.

Generación del 98

Die Regenerationisten schlugen zwei Möglichkeiten der Sanierung vor: entweder eine nationale oder eine europäisch-wissenschaftlich ausgerichtete. Die Mitglieder der *generación del 98*, Unamuno, Azorín, Antonio Machado, Pío Baroja und Ramiro de Maeztu, plädierten eher für die national fundierte Regeneration, wobei sie Katalonien, das Baskenland und Galicien einfach als Spanien betrachteten. Sie sahen die Größe Spaniens in den mittelalterlichen Dichtern und den Landschaften Kastiliens und schufen dadurch einen nationalen Mythos ruraler Rückständigkeit, wie sie auch in den Gemälden Ignacio Zuloagas oder José Gutiérrez Solana ersichtlich wird.

Ein neues Spanien evozierte Antonio Machado (1875–1939) in dem Gedicht „*El mañana efímero*" aus der Sammlung *Campos de Castilla* (1907–1917). Trotz mancher euphorischer Projektionen blieb die Grundhaltung der *generación del 98* pessimistisch gegen Fortschritt und Industrialisierung gerichtet. Auch wenn für einige Mitglieder soziale Belange eine Rolle spielten, überwogen in ihren Diskussionen ästhetische Fragen, wie sie der europäische Modernismus um die Jahrhundertwende aufwarf.

Unamuno

Das Gleichgewicht zwischen Universalismus und spanischer Sonderstellung findet seinen Ausdruck im Werk Miguel de Unamunos (1864–1936). In *En torno al casticismo* (1895) forderte der Baske und langjährige Rektor der Universität von Salamanca die Europäisierung Spaniens, aber gleichzeitig die Hispanisierung Europas. Das europäische Wissenschaftsdenken lehnte er für die spanischen Verhältnisse ab, denn der geistige und religiöse Stand seiner Kultur sei dafür nicht offen. In dieser Auffassung lag der Hauptunterschied zu den Erneuerungsvorschlägen Ortega y Gassets und der *generación del 14*, die auf eine europäische Lösung des spanischen Problems setzte.

Die Religion zieht sich als Leitmotiv durch Unamunos Gesamtwerk. Der Glaubenszweifel ist in seinen Erzählungen (z.B. in *San Manuel Bueno, mártir*, 1931), im Theater und in seiner Lyrik präsent. 1914 las er im Madrider *Ateneo* 1500 Verse seines Gedichts *El Cristo de Velázquez*, inspiriert von einem Gemälde des Barockmalers. Hier erfand er das nur im spanischen Kontext verständliche Bild des *Cristo-Luna*.

UNAMUNO unternahm außerdem den Versuch, den religiösen Horizont seiner Zeitgenossen zu erweitern, indem er die Rezeption der protestantischen Theologie vorantrieb. *Del sentimiento trágico de la vida* (1912) ist in diesem Zusammenhang das beste Beispiel, in dem das tragische Bewusstsein außerdem als spezifisch spanisch beschrieben wird.

Unterschiede

UNAMUNOS Briefwechsel mit ORTEGA Y GASSET zeugt von zwei unterschiedlichen kulturellen Auffassungen, die auch unterschiedliche Spanien- und Europabilder repräsentieren. Für UNAMUNO ist Spanien nicht Europa, denn Europa steht für Wissenschaft und Wissenschaft sei begrenzt, sei nicht Weisheit. ORTEGA Y GASSETS Wissenschaftsverständnis deckte sich hingegen mit der europäischen Moderne, an die UNAMUNO nicht glaubte. Der Spanier sei Iberer und dieser wiederum sei Baske und somit afrikanischen Ursprungs, lautet seine heute nicht mehr haltbare These. Die Opposition zwischen den beiden Intellektuellen könnte durch das Gegensatzpaar Mystik versus Empirismus auf den Punkt gebracht werden.

Ortega y Gasset

JOSÉ ORTEGA Y GASSET prägte schon in seinem Vortrag *La pedagogía social como programa político*, 1910 in Bilbao gehalten, das berühmte Wort: *„España es el problema, y Europa, la solución."* Wo sich die 98er noch zweifelnd über die Europäisierung aussprachen, forderte er die kulturelle Eingliederung Spaniens in Europa. 1914 erschien sein schon erwähntes Buch *Meditaciones del Quijote*, in dem er gegen die *generación del 98* für ein neues, weniger pathetisches Realitätsverständnis plädierte. Sein Kulturprojekt wurde damit zu einem politischen, denn er setzte sich für eine Europäisierung Spaniens auch im liberalen Sinn ein. Ein Schlüsseltext dafür ist *La reforma liberal*, am 23. Februar 1908 in *El Faro* veröffentlicht.

ORTEGA kann als Mittler zwischen der deutschen und der spanischen Kultur betrachtet werden. Nach Studienaufenthalten zwischen 1905 und 1908 in Leipzig, Berlin und Marbach erhielt er 1910 eine Professur in Metaphysik an der Madrider *Universidad Central*. Schon 1913 gründete er zusammen mit MANUEL AZAÑA die *Liga de Educación Política*, wo sich die progressive Intellektualität seiner Zeit versammelte. 1931 beteiligte er sich als überzeugter Republikaner aktiv am Sturz der Monarchie.

Gründer

Unter den kulturellen *Gründern* des frühen 20. Jhs. kommt ihm eine bedeutende Rolle zu: Neben den Kulturzeitschriften *El Faro* (1908) oder *Europa* (1910), wo der Bruch mit UNAMUNO vollzogen wurde, *España* (1915) und *El Espectador* (1916), rief er 1917 – zusammen mit NICOLÁS M. URGOITI – die Tageszeitung *krausistischer* Couleur, *El Sol*, ins Leben. Sie sollte übrigens in der nachfranquistischen Demokratie für kurze Zeit noch einmal erscheinen. In *El Sol* formulierte ORTEGA 1919 seine Vision der politischen Veränderung als *„camino ancho y limpio"* oder Weg der Mitte. Die bis heute bedeutende Zeitschrift *Revista de Occidente* wurde von ihm 1923 gegründet. Bis 1936 galt sie als wichtigstes Kulturorgan für die europäische Öffnung Spaniens. Dank der *Revista de Occidente* wurden ausländische Wissenschaftler und Intellektuelle in Spanien bekannt gemacht. 1963, als der Franquismus seinen strengen Kurs aufgab, konnte sie erneut erscheinen (siehe S. 104 f.). Bis heute gehört sie zu den wichtigsten Zeitschriften im spanischen Kulturleben.

International bekannt wurde ORTEGA Y GASSET durch zwei Essays: Seine elitären Ideen zur Kunst stellte er in *La deshumanización del arte* (1923–1925) vor. In *La rebelión de las masas* (1927–1930) reflektiert er über die Krise des vom Totalitarismus bedrohten Europa.

Generación del 14

An der Spitze der *generación del 14* stand neben ORTEGA Y GASSET der Schriftsteller PÉREZ DE AYALA (1881–1962). Die Angehörigen der Gruppe waren von der gleichen Umtriebigkeit wie ihre älteren Kollegen, sie wandten sich aber gegen die Stereotypisierung und Mythisierung des spanischen Charakters. Aus einer konkreten politischen Sicht kritisierten sie das System der Restauration und erarbeiteten – jetzt in der Tradition der Aufklärung – ein Kulturprogramm, das auf der Erneuerung der kartesianischen Vernunft und auf Pluralität fußte. Wie groß die Unterschiede zur *generación del 98* auch gewesen sein mochte, durch beide Gruppierungen entstand in Spanien eine im modernen Sinn intellektuelle Haltung.

Residencia de Estudiantes/ Residencia de Señoritas

Die *Residencia de Estudiantes* wurde 1910 nach dem englischem Vorbild der *colleges* gegründet. Ihr Direktor, ALBERTO JIMÉNEZ FRAUD, galt als einer der führenden *krausistas.* In diesem Studentenheim lebte Mitte der zwanziger Jahre das Dreigestirn der spanischen Kultur: der Dichter FEDERICO GARCÍA LORCA, der Maler SALVADOR DALÍ und der Filmemacher LUIS BUÑUEL. Zu Gastvorträgen wurden neben den namhaften spanischen Intellektuellen EUGENIO D'ORS, RAMÓN DEL VALLE-INCLÁN, ORTEGA Y GASSET, RAMIRO DE MAEZTU oder PEDRO SALINAS auch internationalen Größen eingeladen: EINSTEIN, MARIE CURIE, H.G. WELLS, VALÉRY, MARINETTI, MAX JACOB, KEYSERLING, LE CORBUSIER, WALTER GROPIUS. RAVEL, STRAWINSKY und POULENC hielten Vorträge oder gaben im 1933 fertig gestellten Auditorium Konzerte. Auch die einheimischen Musiker MANUEL DE FALLA, die HALFFTER-Brüder oder JOAQUÍN TURINA führten dort ihre Werke auf.

BUÑUEL organisierte in der *Residencia* den ersten Kino-Club Spaniens. Als Gemeinschaftsprojekt der *Residencia*-Bewohner wurde u. a. das Ballett *La Romería de los Cornudos* aufgeführt; die Musik schrieb GUSTAVO PITTALUGA, die Texte stammten von LORCA und CIPRIANO RIVAS CHERIF, das Bühnenbild entwarf ALBERTO SÁNCHEZ.

Die zuweilen geäußerte Kritik, in der *Residencia de Estudiantes* sei Kultur nur elitär verstanden worden, kann zurückgewiesen werden, denkt man z. B. an die *Misiones Pedagógicas* oder an die Sommerkurse, die die Institution für asturianische Minenarbeiter organisierte. Schon 1915 wurde außerdem – und bahnbrechend für die akademische

Laufbahn von Frauen – die *Residencia de Señoritas* unter der Leitung von MARÍA DE MAEZTU eröffnet. In ihrem Gebäude in der Calle Fortuny ist heute die *Fundación Ortega y Gasset* untergebracht.

Das Dreigestirn

Die Freundschaft zwischen FEDERICO GARCÍA LORCA, LUIS BUÑUEL und SALVADOR DALÍ gehört zu den fruchtbarsten Koinzidenzen im spanischen Kulturleben. DALÍ schrieb z. B. das Drehbuch zu BUÑUELS Film *El perro andaluz* (1929) und entwarf das Bühnenbild zu LORCAS Theaterstück *Mariana Pineda*. In seinem *Retrato de Luis Buñuel* (1927) sind die Gebäude der *Residencia* im Hintergrund rechts zu sehen. 1926 schrieb GARCÍA LORCA die *Oda a Salvador Dalí* auf den Freund der *„voz aceitunada"*. Sein Drehbuch zu dem Film *Un viaje a la luna* konnte erst nach FRANCOS Tod veröffentlicht werden.

Nach LORCAS Ermordung durch die Faschisten begannen die Streitigkeiten zwischen BUÑUEL und DALÍ. Der Maler diskreditierte den Filmemacher in dem Bild *El sueño* (1937). In BUÑUELS Film *El ángel exterminador* (1962) finden sich mehrere Seitenhiebe auf Dalí, der sich inzwischen dem Franco-Regime angenähert hatte, wie u. a. sein Vortrag *Picasso y yo* von 1952 im Madrider Theater *María Guerrero* beweist.

Avantgarde

In der *Residencia de Estudiantes* und im Zusammenhang mit den Feiern zum 300. Todestag GÓNGORAS formierte sich die *generación del 27*, die sich an die Spitze der spanischen Avantgarde stellen sollte. Sie war weniger im nationalen Denken verfangen als die vorhergehenden Künstlergruppen. In der Góngora-Begeisterung und anderen Bezugnahmen auf das *Siglo de Oro* – man denke an ALBERTIS Gedichtband *Cal y canto* (1929), aber auch an PICASSOS Neuinterpretation der *Meninas* (siehe S. 57) – bleibt die Bedeutung der eigenen Vergangenheit noch offensichtlich. Einen national(istisch)en Tonfall, wie er vor und natürlich nach der Zweiten Republik selbstverständlich war, sucht man jedoch vergebens.

Die spanischen Avantgardisten rezipierten zuerst den französischen Surrealismus, gingen aber in der Tradition des Grotesken ihre eigenen Wege, die bis zu den Verfahrensweisen GÓNGORAS und QUEVEDOS zurückreichen. Neben Gewalt (*Poeta en Nueva York*) und Sexualität (*El gran masturbardor*) drängt sich bei GARCÍA LORCA (*El Público*) und DALÍ (*La persistencia de la memoria*) der (Alp)-Traum in den Vordergrund. In Spanien herrschte außerdem weniger Gruppenzwang als in Frankreich. Und dennoch bildete Paris auch für die Spanier ein Orientierungszentrum. Alle Maler der Avantgarde verbrachten längere Zeit in der Kunstmetropole, PICASSO schon unmittelbar nach der Jahrhundertwende, MIRÓ zu Beginn und DALÍ Ende der zwanziger Jahre. Es gab unter den spanischen Surrealisten sogar eine *Escuela de París*. OSCAR DOMÍNGUEZ (1906–1957), der erst spät der Bewegung beitrat, ist ihr Hauptvertreter.

Die ersten theoretischen Texte DALÍS erschienen in *L'Amic de les Arts* zwischen 1926 und 1929 in Sitges. GARCÍA LORCA, DALÍ, LLUÍS MONTANYÀ und Sebastià Gasch schrieben in der Zeitschrift *Gallo* von 1928. Hier wurden auch das *Manifest Groc* und das *Catalan anti-art manifesto* veröffentlicht. Schon 1927 erhielt Luis Buñuel ein eigenes Kinoressort in der *Gaceta Literaria*, in der Dalí 1927 seine Theorie der Antikunst in dem Artikel „Art Cinema Anti-art Cinema" vorstellte. Wie weit seine Provokationen gehen konnten, zeigt das folgende Zitat: *„He escrito recientemente sobre un lienzo que representa al Sagrado Corazón: ‚he escupido sobre mi madre'. El genio d'Ors'(a quien considero un perfecto gilipollas) ha querido ver en esta inscripción un mero insulto privado [...]"* (zit. nach Rodríguez Martín 1998b: 57).

Auch die Malerin Maruja Mallo (1909–1995) stand als Mitglied der *Escuela de Vallecas* in der ersten Reihe der künstlerischen Avantgarde und war sowohl im Kubismus als auch im Surrealismus zuhause. In der Zeit der Zweiten Republik verkehrte sie in den Kreisen um Rafael Alberti und Miguel Hernández.

Musik

Die musikalische Avantgarde initiierte Manuel de Falla (1876–1946) 1919 mit der Uraufführung seines Balletts *El sombrero de tres picos* in London. Das Libretto hatte Gregorio Martínez Sierra geschrieben, das Bühnenbild und die Kostüme entwarf Picasso. Das populäre Thema, das auf den gleichnamigen Roman Pedro Antonio de Alarcóns (1833–1891) zurückgeht, wurde von einer modernen, europäischen Musik mit andalusischen folkloristischen Anklängen getragen, die sich auf den literarischen Ausgangstext bezogen. 1925 kam dann Fallas Ballett *El amor brujo* in Paris zur Aufführung. Schon 1923 wurde dort seine musikalische und szenische Adaptation (Marionettentheater) einer bekannten Episode aus dem *Quijote*, der *Retablo de Maese Pedro*, uraufgeführt. Für die Neuinszenierung ohne Marionetten 1926 in Amsterdam arbeitete Luis Buñuel erstmals als Bühnenregisseur. Wie in all diesen Beispielen ist die Mischung von populärer und elitärer Kultur für die spanische Avantgarde generell charakteristisch.

6 Die Zweite Republik

Kulturpolitik

Die Zweite Republik wurde am 14. April 1931 ausgerufen. Sie machte sich die bisher erwähnten kulturellen Einrichtungen zu Eigen und institutionalisierte die Kultur in einem bis dahin nicht gekannten Grad. Die Zusammenarbeit von Intellektuellen der drei erwähnten *generaciones* (98, 14 und 27) und der dadurch immer noch anhaltende Einfluss der *Institución Libre de Enseñanza* wirkten sich dank der Unterstützung durch die demokratischen Parteien positiv auf die staatliche Kulturarbeit aus. Träger von Politik und Kultur blieb weiterhin das städtische, liberale Bürgertum. Die Beteiligung der Arbeiterschaft und der Landbevölkerung am Bildungsprozess nahm unter der Republik im Vergleich zur Restauration beträchtlich zu.

Im neuen spanischen Staat wurde Religion durch Kultur ersetzt. Die Trennung von Staat und Kirche und der mehrheitlich antiklerikale Charakter der Regierungen der Zweiten Republik führten zu einem radikalen Bruch mit der Vergangenheit. Die dadurch verursachte Verunsicherung unter den Traditionalisten dient u. a. als Erklärung für den Ausbruch des Bürgerkriegs. Dieser wurde während der Zweiten Republik schon in den *Kulturkriegen* zwischen den beiden Spanien vorweggenommen.

Manuel Azaña

Ein Vertreter der Vierzehner-Generation, der sich für die europäische Erneuerung Spaniens im kulturellen und politischen Sinn einsetzte, war MANUEL AZAÑA (1880–1940). Schon zwischen 1913 und 1920 engagierte er sich im *Ateneo de Madrid*, und zusammen mit ORTEGA Y GASSET gründete er, wie schon erwähnt, die *Liga de Educación Política*. 1925 rief er seine eigene Partei, die *Acción Republicana*, ins Leben. Während der Zweiten Republik war er mehrmals Ministerpräsident und ab Februar 1936 bis zum Ende des Bürgerkriegs Staatspräsident.

AZAÑA machte sich auch als Schriftsteller einen Namen, etwa mit dem Roman *La velada en Benicarló* (1937). Das Werk thematisiert auf der intertextuellen Basis der Renaissance-Dialoge den Konflikt der beiden Spanien. Die zuletzt tragisch endende Auseinandersetzung des liberalen Linksintellektuellen mit den traditionellen Mächten der spanischen Gesellschaft wurde zum Leitmotiv seiner Werke und seines Lebens. Schon die Rede *Tres generaciones del Ateneo*, die AZAÑA am 28. September 1930 im *Ateneo* vom Madrid hielt, behandelte diese Problematik. Er bekannte sich gegen die Tradition des imperialen und katholischen Spaniens zu einem modernen, demokratischen Staat, wobei er sich selber gern als Erbe der *generación del 98* sah. Die vierte *Intellektuellen-Generation*, von der er optimistisch träumte, sollte die Integration Spaniens in Europa vollenden. AZAÑA blieb bis zu seinem Tod im Exil ein Politiker, der ebenso wie ORTEGA Y GASSET glaubte, dass die Rettung Spaniens nur über eine umfassende Bildungsreform erfolgen konnte.

Maßnahmen

Schon der Artikel 48 der Verfassung der Zweiten Republik beweist, dass die Verfassungsväter den Hauptakzent im Bereich der Kulturpolitik auf die Erziehung legten: „*El servicio de la cultura es atribución esencial del Estado, y lo prestará mediante instituciones educativas, enlazadas por el sistema de la escuela unificada.*" Die *escuela unificada* bezieht sich dabei auf ein staatlich kontrolliertes Schulsystem, in dem die vorher mehrheitlichen Privatschulen unter kirchlicher Leitung stark eingeschränkt wurden. In dem jetzt laizistischen Erziehungssystem durfte in der Grundschule kein Schulgeld erhoben werden, die Lehrer wurden erstmals verbeamtet.

Während der Zweiten Republik gehörten die Kulturausgaben zu den wichtigeren Posten des Staatshaushalts. Mit den Geldern wurden die öffentlichen Museen, Bibliotheken, Theater, der *Tesoro Artístico Nacio-*

nal, usw. neu geordnet und auf die Dörfer getragen. Zwei Institutionen waren dafür ausschlaggebend: das *Museo Pedagógico Nacional* und der *Patronato de Misiones Pedagógicas*. Das *Museo Pedagógico Nacional* entstand schon 1882 als erste Konsequenz aus der Zusammenarbeit zwischen der *Institución Libre de Enseñanza* und der staatlichen Verwaltung und war als logistische Unterstützung für die Grundschule konzipiert. In der Zweiten Republik hatte es auch eine wichtige Brückenfunktion zu den Pädagogischen Fakultäten der Universitäten inne. Der *Patronato de Misiones Pedagógicas* war eine Neugründung. Beiden Institutionen stand Manuel B. Cossío vor, bis zu seiner Pensionierung dem *Museo* und bis zu seinem Tod 1935 dem *Patronato*.

Patronato de Misiones Pedagógicas

Diese Institution wurde 1931 mit dem Ziel gegründet, die kulturelle Diskriminierung der ländlichen Gegenden zu beheben. Der erste Artikel des Gründungsdekrets formuliert ihr Ziel als: „*difundir la cultura general, la moderna orientación docente y la educación ciudadana en aldeas, villas y lugares, con especial atención a los intereses espirituales de la población.*" Antonio Machado (*generación del 98*) und Pedro Salinas (*generación del 27*) gehörten dem Vorstand des *Patronato* an, als Mitarbeiter figurierten außerdem Luis Cernuda, Alejandro Casona und Oscar Esplá. Zu den Aufgaben der *Misiones Pedagógicas* gehörte die Einrichtung öffentlicher Büchereien auf dem Land (auch als mobile Einheiten), die Organisation von Alphabetisierungskampagnen, von Lesungen, Vorträgen, Filmprojektionen (Dokumentarfilme) und von Konzerten (notfalls über Tonträger). Außerdem verfügte die Institution über *Museos circulantes* und über die Möglichkeit, Theaterstücke aufzuführen, ähnlich wie in den *Universidades Populares* oder in García Lorcas mobiler Theatergruppe *La Barraca*.

La Barraca

Als studentische Theatergruppe gründeten García Lorca und Eduardo Ugarte 1932 *La Barraca*, um ein Theaterpublikum außerhalb der bildungsbürgerlichen Kreise auf dem Land anzusprechen. In diesem nicht kommerziellen Projekt arbeiteten Laienschauspieler, und die Stücke wurden mangels geeigneter Räume oft im Freien aufgeführt. In der Hauptsache waren dies Neufassungen der Klassiker wie Cervantes und Calderón.

Frauen

Die Verfassung der Zweiten Republik garantierte erstmals die Gleichberechtigung von Frauen und Männern. Im Februar 1932 verabschiedete das Parlament das damals liberalste Scheidungsgesetz Europas. Frauen durften erstmals wählen. Sie konnten jetzt politisch aktiv werden, wie z. B. die Kommunistin Dolores Ibárruri, *La Pasionaria*, als Leiterin des *Comité Nacional de Mujeres contra la Guerra y el Fascismo* oder die Anarchistin Federica Montseny Mañé zwischen 1936 und 1937 als Gesundheitsministerin der Republik. In ihrer Autobiografie *Mis primeros cuarenta años* (1987) berichtet sie über diese Zeit.

Überhaupt war der Einfluss der Anarchisten in der Zweiten Republik groß. Dass im Dezember 1936 in Katalonien zum ersten Mal in der spanischen Geschichte die Abtreibung legalisiert wurde, ist ihnen zuzuschreiben. MARGARITA NELKEN, Sozialistin, Feministin und Herausgeberin des Buches *La condición social de la mujer en España* (1919) war Abgeordnete in den Cortes. Nach Deutschland schrieb ERNST TOLLER über die Reformen des spanischen Strafvollzugs, die der sozialistischen Juristin VICTORIA KENT zu verdanken sind.

Internationaler Kulturaustausch

Der Kontakt zu Europa war nicht nur für die kulturelle Erneuerung Spaniens wichtig, sondern verhalf der jungen Republik auch zu internationaler Anerkennung, die wiederum der inneren Stabilisierung zugute kommen sollte. Der akademische Austausch ging im Rahmen der *Junta de Ampliación de Estudios* weiter, und es wurden neue Verbindungen gesucht, z. B. über die *Colonias Internacionales* in der *Granja de Segovia*. Dabei handelte es sich um Treffen zwischen deutschen und spanischen Schülern, die bald auf andere Länder ausgeweitet wurden.

Zu erwähnen wäre außerdem die *Junta de Relaciones culturales*, die unter der Diktatur PRIMO DE RIVERAS 1926 als Alternative zur *Junta de Ampliación de Estudios* gegründet wurde. Die erste Regierung der Zweiten Republik übernahm sie und betraute sie mit neuen Kompetenzen. Ähnlich wie das Goethe-Institut in Deutschland war sie für die *Pflege* der spanischen Sprache im Ausland zuständig. Dazu kam im zweiten Biennium, der konservativen Phase der Republik, das *Instituto del Libro Español*, das sich für die Lektüre spanischer Literatur sowohl im In- als auch im Ausland einsetzte. Preisverleihungen, die Erstellung der *Bibliografía española* oder die Organisation von Buchmessen gehörten zu seinen wichtigsten Aufgaben. Die Madrider Buchmesse z. B. fand während der Zweiten Republik im *Paseo de Recoletos* statt, heute ist sie in den *Retiro*-Park umgezogen und stellt nach wie vor ein Kulturereignis dar.

Auch die *Universidad Internacional de Verano*, 1932 in Santander ins Leben gerufen, hat bis heute als *Universidad Internacional Menéndez Pelayo* weltweiten Ruf. Zunächst stand ihr MENÉNDEZ PIDAL als Präsident vor, Schriftführer war PEDRO SALINAS, und zu den Ausschussmitgliedern der Organisation gehörten UNAMUNO, ORTEGA Y GASSET, SÁNCHEZ ALBORNOZ und AMÉRICO CASTRO. Ihr Ziel ist es bis heute, den Austausch zwischen den spanischen Universitäten und dem Ausland zu fördern. Die Kurse werden in den vorlesungsfreien Sommerpausen abgehalten.

Kultur im Bürgerkrieg

Als am 17. Juli 1936 der Krieg ausbrach, zeigte sich deutlicher als je zuvor die Zweiteilung Spaniens. Moderne Republik und traditionelles Imperium standen sich gegenüber, wie dies etwa ANTONIO MACHADO in dem Gedicht *Poesía de la guerra* oder in seinem *Discurso sobre la defensa y la difusión de la cultura* auf der einen Seite und JOSÉ MARÍA PEMÁN (1898–1981) im *Poema de la bestia y el ángel* (1938) auf der anderen ausdrückten. MIGUEL HERNÁNDEZ stellte in dem Gedicht *Viento del pueblo* (1937) die spanische Kulturvielfalt gegen ERNESTO GIMÉNEZ CABALLEROS Motto *„Genio de España: ¡Sed católicos e imperiales! ¡César y Dios!"*

Die republikanische Regierung setzte mit Kulturmilizen und *Brigadas Volantes* den Kampf gegen den Analphabetismus fort. ANTONIO MACHADO leitete den nationalen Theaterrat, MAX AUB war sein Sekretär und verantwortlich für die Theatergruppe *Búho*, die ähnlich wie *La Barraca* bildungspolitisch arbeitete. Zwischen Intellektuellen und Volk vermittelten auch Gedichtanthologien, 1937 etwa der *Romancero general de la guerra de España* in der Zeitschrift *El Mono Azul*, dem wichtigsten Publikationsorgan der Antifaschisten, in dem u. a. MARÍA TERESA LEÓN, BERGAMÍN, ANTONIO MACHADO, MIGUEL HERNÁNDEZ, LEÓN FELIPE, EMILIO PRADOS und RAFAEL ALBERTI schrieben.

Während die spanische Linke hauptsächlich Wandzeitungen und Plakate (*arte de urgencia*) für ihre Propagandazwecke einsetzte, vertrauten die Faschisten nach deutschem Vorbild und mit deutscher Unterstützung auf das Massenmedium Radio. Schon 1937 sendeten sie aus Salamanca *Radio nacional*. Am ersten Oktober 1936 trat in den besetzten Teilen Spaniens die *Junta Técnica del Estado* mit einer eigenen Kultur- und Erziehungsabteilung in Kraft. An ihrer Spitze stand JOSÉ MARÍA PEMÁN. 1938 verabschiedete FRANCO ein strenges Presse- und Zensurgesetz, das bis 1966 in Kraft bleiben sollte. Zu den Intellektuellen, die in den Anfängen des Franquismus auf der Seite der Bewegung standen, gehörten LUIS ROSALES, ANTONIO TOVAR, PEDRO LAÍN ENTRALGO und TORRENTE BALLESTER.

Zeitschriften

Die wichtigste Kulturdebatte im linken Lager führten der Maler RAMÓN GAYA und der Plakatkünstler JOSEP RENAU über das politische Engagement der Kunst. Die Diskussion wurde in der Zeitschrift *Hora de España* ausgetragen. Sie erschien 1937 in Valencia. Als Herausgeber zeichneten der katholische Dichter JOSÉ BERGAMÍN und die Philosophin MARÍA ZAMBRANO. Sie führten die Zeitschrift, die eine kulturelle Kontinuität gewährleisten sollte, im Exil fort, aber schon im Oktober 1938 wurde sie eingestellt.

Im rechten Lager muss die katholische Zeitschrift *Jerarquía* erwähnt werden. Sie wurde von FERMÍN YZURDIAGA herausgegeben und galt als intellektuelle Basis der Faschisten. Das imperiale Spanien des Goldenen Zeitalters wurde in allen Nummern heraufbeschworen. Abgedruckt wurde außerdem die *Antología Poética del Alzamiento* und EDUARDO MARQUINAS Panegyrikos, *La sonrisa de Franco*. Die Erhöhung FRANCOS liest sich bei ERNESTO GIMÉNEZ CABALLERO sogar sexuell konnotiert: *„Francisco Franco, si lo veis, no lo veis nunca con el sable de los antiguos generales decimonónicos de los pronunciamientos [...] Sólo se le ve en el bolsillo de la guerrera una pequeña varita negra mágica. Su porra, su falo incomparable. Un rasgo de esta estilografía sobre el papel es superior en* *energía y voluntad a la porra, al fusil, a la ametralladora y al cañón mejor disparado."* (zit. nach *Vida cotidiana y canciones* 1990, I: 15).

Zu den wichtigsten Darstellungen Francos im linken Lager gehören die Blätter *Sueño y mentira de Franco*, die Picasso im Zusammenhang mit seinen *Guernica*-Studien zeichnete. Franco wird hier, übrigens ebenfalls mit stark phallischen Konnotationen, in surrealistischer Weise in seiner Beziehung zu Machismo, Kirche und Kapital als Ungeheuer karikiert (siehe S. 36).

Kongress

Schon 1935 wurde die Vereinigung der antifaschistischen Intellektuellen in Paris gegründet. Als Präsidenten der spanischen Sektion wurden RICARDO BAEZA, JOSÉ BERGAMÍN und RAFAEL ALBERTI ernannt. Publikationsorgan war *El Mono Azul. Hoja para la defensa de la cultura.* Das spanische Gründungsmanifest ist auch als Verteidigung der Kultur, die nach den Verfassern in Spanien schon immer Volkskultur gewesen sei, zu verstehen.

Angesichts der Bedrohung durch den Faschismus wurde vom 2. bis zum 11. Juli 1937 in Barcelona der Zweite Internationale Schriftstellerkongress zur Verteidigung der Kultur abgehalten. Einige Sitzungen fanden auch in Valencia und in Madrid statt. U.a. las der peruanische Dichter CESAR VALLEJO aus seinem Band *España, aparta de mí este cáliz.* Das Schlusskonzert in Barcelona bestritt der katalanische Cellist PAU CASALS.

Belagerungen

Die militärischen Auseinandersetzungen waren inzwischen in vollem Gang, und die Oppositionshaltung der Linksintellektuellen drückte sich kulturell sehr vielfältig aus. RAFAEL ALBERTI passte während der Belagerung Madrids CERVANTES' Theaterstück *Numancia* den aktuellen Verhältnissen an. Die römische Belagerung der iberischen Stadt Numantia und das heldenhafte Ausharren ihrer Bewohner konnten leicht auf die Einkesselung Madrids übertragen werden. Am Ende mussten beide Städte kapitulieren. ALBERTIS Version wurde noch vorher, im Dezember 1937, im *Teatro de la Zarzuela* uraufgeführt. Eine ähnliche Thematik behandelte EMILIO PRADOS in *Ciudad sitiada.*

ALBERTI schrieb 1956 im Exil ein weiteres Theaterstück, *Noche de guerra en el Museo del Prado*, das ebenfalls mit dem Angriff auf Madrid im Zusammenhang steht. Während der Bombardierung treten im Museum die Figuren aus den Gemälden heraus und organisieren sich, um im Befreiungskrieg gegen Napoleon, wie er auf GOYAS Gemälde *Los fusilamientos del 3 de mayo* thematisiert ist, mitzukämpfen. Die Gemeinsamkeit zwischen 1808 und 1936 sieht ALBERTI im Krieg der Unterdrücker gegen das spanische Volk.

Ende einer Epoche

Der Bürgerkrieg – die Republikaner bezeichneten ihn als Kampf gegen die Inquisition, die Falangisten als Kreuzzug gegen den Kommunismus – hatte verheerende Auswirkungen auf beiden Seiten. GARCÍA LORCA und LEOPOLDO ALAS (der Sohn CLARÍNS) waren die berühmtesten

Opfer des Faschismus. RAMIRO DE MAEZTU wurde von den Republikanern erschossen und JOSÉ ANTONIO PRIMO DE RIVERA am 19. 11. 1936 hingerichtet. Am gleichen Tag starb der Anarchistenführer BUENAVENTURADO DURRUTI in Madrid. Hans Magnus Enzensberger hat ihn in dem Roman *Der kurze Sommer der Anarchie* (1972) verewigt.

Die große Mehrheit der spanischen Künstler, Intellektuellen und linken Politiker wurde ins Exil getrieben. ANTONIO MACHADO ging nach Frankreich und starb Anfang 1939 in Colliure. UNAMUNO starb am 31. Dezember 1936 in Salamanca. Kurz vor seinem Tod kam es zu einer Auseinandersetzung anlässlich der Eröffnung des akademischen Jahres in der Universität. Der offizielle Akt wurde mit FRANCOS Portrait und in Anwesenheit seiner Frau, CARMEN POLO, des Bischofs von Salamanca und des Gründers der Fremdenlegion, General JOSÉ MILLÁN-ASTRAY, zu einer faschistischen Kundgebung hochstilisiert. Der General bezeichnete die Katalanen und Basken in seiner Rede als *„Krebsgeschwüre im Körper der spanischen Nation"*, die nur der Faschismus, der eiserne Chirurg, ausmerzen könne. Sein Motto lautete *„Es lebe der Tod"*. Unamuno ergriff daraufhin als Rektor der Universität das Wort. Er sei Baske und der anwesende Bischof Katalane. Und *„Hace un momento he escuchado el necrófilo e insensato grito de ‚Viva la Muerte'. Yo que he pasado mi vida creando paradojas provocadoras de la ira de quienes no las entiendan, he de deciros, como experto en la materia que creo ser, que la paradoja del general es sencillamente grotesca. El general Millán-Astray es un inválido. No es preciso que lo digamos en voz baja. El es un inválido de verdad. También lo fue Cervantes. [...] Un mutilado que carezca de la grandeza espiritual de Cervantes es hasta cierto punto lógico que encuentre un terrible alivio a su situación viendo como en torno suyo se multiplican los mutilados."* Der General entgegnete noch einmal mit *„¡Muera la inteligencia, viva la muerte!"* und UNAMUNO brachte seine Oppositionshaltung mit den Worten *„Venceréis, pero no convenceréis"* auf den Punkt. Bis zu seinem Tod wurde er daraufhin unter Hausarrest gestellt.

Hier kristallisierte sich die Zweiteilung Spaniens deutlicher als je zuvor heraus. Die Kultur des Wortes stand der bloßen Gewalt ohnmächtig gegenüber. FRANCOS Krieg wurde nicht nur gegen die Linke und – wie der offizielle Diskurs lautete – gegen die Freimaurer, d.h. gegen die Aufklärung, geführt. Der Faschismus kämpfte gegen die Intellektuellen, wie es auch das 1937 erschienene Buch *Los intelectuales y la tragedia de España* des Franquisten ENRIQUE SUÑER bezeugte. Die darin zum Ausdruck kommende Diffamierung der Intelligenz nimmt wichtige Aspekte der Kulturpolitik zwischen 1939 und 1975 vorweg.

Literatur

Abellán (2000); Beneyto (1999); Cacho Viu (1998); Frey (1989); Gauger (1995); García Queipo de Llamo (1988); Ors (1987); Ors (1996); Rodríguez Martín (1998b); Sáenz de la Calzada (1986); Saura (1999); *Spanien und Europa* (1979); Tuñón de Lara (1985); *Vida cotidiana y canciones* (1990); Villacorta Baños (1985); Xirau (1969).

2 Franquismus und Oppositionsbewegungen

1 Kultur unter Franco

Zäsur 1936

Die Ermordung Federico García Lorcas durch spanische Faschisten am 19. August 1936 gilt als Zeichen für das Ende des *Silbernen* Zeitalters der spanischen Kultur. Unamunos Hausarrest und sein Tod am letzten Tag des Jahres 1936 bestätigen die Zäsur. Schon im Oktober 1937 sah Manuel Azaña voraus, wie sich nach einem Sieg Francos die spanische Kultur verändern würde: *„Si triunfara un movimiento de fuerza contra la República, recaeríamos en una dictadura militar y eclesiástica de tipo español tradicional. Por muchas consignas que traduzcan y muchos motes que se pongan. Sable, casulla, desfiles militares y homenajes a la Virgen del Pilar. Por ese lado, el país no da otra cosa“* (zit. nach *La segunda República a través del Presidente Manuel Azaña* 1991: 96).

Falange

Die *Falange* war eine paramilitärische politische Organisation, die, wie der Name sagt, aus militärischen Eliteeinheiten bestand. Sie wurde 1933 von José Antonio Primo de Rivera gegründet. Bald schloss sie sich mit den nationalistischen Gewerkschaften, den *Juntas de Ofensiva Nacional-Sindicalista*, zur *Falange Española Tradicionalista y de las Juntas de Ofensiva Nacional-Sindicalista* zusammen und übertrug die traditionellen Werte des Katholizismus auf das Phänomen der Massenkultur. Sie war straff und flächendeckend organisiert und ihre Anhänger vertraten eine totalitaristische Staatsauffassung. Franco machte aus der *Falange Española* die Einheitspartei der Diktatur. Sie konnte die Politik jedoch nur zeitweise beeinflussen. Andere Interessengruppen wie die Nationalkatholiken oder das Opus Dei machten ihr die Macht streitig.

Ideologie

Zwei Bücher, die im ersten Dezennium nach dem Sieg erschienen, verdeutlichen den kulturellen Übergang von der Republik zur Diktatur. Die Ideologie der Sieger, die sich in ihnen spiegelt, basierte auf katholisch-traditionellen Werten, auf der Ablehnung einer wissenschaftlich-modernen Weltanschauung und auf Intoleranz gegenüber Andersdenkenden.

1937 veröffentlichte Enrique Suñer den Essay *Los intelectuales y la tragedia española*, wo er Gewaltanwendung zum Erlangen der spanischen Einigung rechtfertigt. Hier wird auch deutlich, dass der Krieg nicht nur gegen die Kommunisten und Freimaurer, sondern auch gegen die Intellektuellen der Avantgarde geführt wurde. 1941 forderte Pedro Laín Entralgo, damals Chef der Zensurabteilung in der *Dirección General de Propaganda*, in *Los valores morales del nacional-sindicalismo* auf der Basis des Nationalkatholizismus eine kulturelle Regenerierung des neuen Spanien, die von oben herab diktiert werden sollte. In beiden Veröffentlichungen ist eine sprachliche Regression und der Versuch, das kollektive Gedächtnis auszulöschen, zu erkennen.

Autarkie

Das spanische Anderssein, die gewollte Abwendung von der Moderne und von Europa, stellte zu Beginn des Franquismus, ähnlich wie während der Restauration des 19. Jhs., wiederum die kulturellen Weichen. ORTEGA Y GASSET sprach in diesem Zusammenhang von der *tibetanización de España*, aber auch der Werbeslogan zur Förderung des Tourismus aus den sechziger Jahren, *Spain is different*, steht im gleichen Kontext.

Der Historiker Raymond Carr (1966) bezeichnet die daraus resultierende Stagnation als Kulturkollaps, denn die Verbindung zwischen dem imperialen Enthusiasmus und der Exaltation militärischer und religiöser Tugenden führte automatisch und trotz bescheidener Öffnungsversuche zu einer Ausschließung modernerer kultureller Tendenzen.

Etappen

Die strenge Haltung in der frühen Francozeit entkrampfte sich im Laufe der Jahre. Nach Juan Marichal (1995) sind schon zwischen den Anfängen der Diktatur und 1966, wo es durch ein neues Pressegesetz zu einer breiteren Öffnung kam, verschiedene Phasen der ideologischen Expansion zu unterscheiden. Von 1939 bis 1946 redet er vom *„Franquismo brutal"*. Dies ist die Zeit, die Michael Richards (1998) in Anlehnung an LUIS MARTÍN SANTOS' Roman *Tiempo de silencio* als *Time of Silence* bezeichnet. Die Aufgabe der Isolationspolitik und die Suche nach internationaler Anerkennung führten in den Fünfzigern zu einer relativen Öffnung. 1953 schloss FRANCO ein Konkordat mit dem Vatikan. 1955 wurde Spanien in die UNO aufgenommen, und sechs Jahre später besuchte EISENHOWER das Land. Nach Auffassung Marichals begann die *transición* schon mit den Unruhen von 1956, als die Studenten landesweit erstmals gegen das Regime protestierten. Nach ihrer Unterdrückung wurde die letzte Phase des Franquismus 1966 eingeleitet.

Nach Fusi (1999: 141) können im Franquismus drei Kulturlagen unterschieden werden: die offizielle, katholisch geprägte, die hauptsächlich in den beiden ersten Jahrzehnten der Diktatur das gesamte Spektrum der Bildungspolitik monopolisierte, dann die sich Mitte der fünfziger Jahre etablierenden Tendenzen, die sich der liberalen Tradition annäherten, und schließlich gegen Ende des Regimes die regionale, im Falle des Baskenlandes gar radikale Kulturbewegung.

Folgen

Die zunehmende Öffnung des Regimes hatte positive innenpolitische Auswirkungen. Die Universitäten forderten Freiheiten ein. Schon 1954 wurden auf Initiative des abtrünnigen DIONISIO RIDRUEJO (1912–1975) *Encuentros de Poesía y la Universidad* abgehalten. 1955 folgten die *Conversaciones Cinematográficas de Salamanca* und der *Congreso Universitario de Escritores Jóvenes* an der *Universidad Complutense de Madrid*. Die postume Ehrung ORTEGA Y GASSETS in diesem Rahmen ist als Versuch zu deuten, an die kulturelle Tradition vor 1936 anzuknüpfen.

Das Regime nutzte die Öffnung, um der Welt das Bild eines modernen Spanien zu präsentieren. Der Architektur kam dabei eine symbolische Funktion zu. In Madrid bezeugen Hochhäuser wie das *Edificio España* (1953) und die *Torre de Madrid* (1957) auf der *Plaza de España* oder das Gewerkschaftsgebäude (1958) die Annäherung des Regimes an internationale Bautendenzen. Der Franco-Staat kaufte jetzt für eine Ausstellung in New York seine zwei einzigen Gemälde PICASSOS. Auf verschiedenen Kunstbiennalen zeigte das Regime nach und nach nicht mehr nur Bilder ZULUAGAS und seiner Epigonen, sondern auch ein Maler wie ANTONIO SAURA, der sich an der internationalen Kunstentwicklung orientierte, durfte in einem begrenzten Rahmen sein Land repräsentierten.

Auslöschungen

Zunächst brach der Franquismus jedoch radikal mit den kulturellen, politischen und sozialen Leistungen der Republik. Nach dem offiziellen Sieg am 1. April 1939 wurden alle oben erwähnten Gründungen im Kontext der Europäisierung und Modernisierung rückgängig gemacht: Die *Junta para Ampliación de Estudios e Investigaciones Científicas* musste dem *Consejo Superior de Investigaciones Científicas* (*CSIC*) weichen. Die Mitarbeiter des *CSIC* hatten keine Lehrverpflichtungen und sollten die Re-Christianisierung der Wissenschaften einleiten. Die Institution wurde in der Praxis jedoch weniger ideologisch beeinflusst, als ursprünglich beabsichtigt, und bis heute steht sie in der Tradition der Universitätsforschung, wie sie in Spanien vor 1936 praktiziert wurde.

Die *Residencia de Estudiantes* ließ FRANCO auf dem Höhepunkt ihres Daseins schließen. Das *Instituto Escuela* wurde durch das noch heute renommierte Madrider Gymnasium *Ramiro de Maeztu* ersetzt. Das Regime gedachte mit dem Namen RAMIRO DE MAEZTU, der sich als Mitglied der *generación del 98* unter der Diktatur PRIMO DE RIVERAS dem Gedankengut des extremen Nationalismus angenähert hatte.

Auch die *Revista de Occidente*, zwischen 1926 und 1936 wichtigste Kulturzeitschrift Spaniens, wurde eingestellt, die restliche liberale Presse verboten. Bald war das Sportblatt *Marca* die meist verkaufte Zeitung in Spanien. Heute ist sie es übrigens wieder.

Kulturkontrolle

Unmittelbar nach dem Sieg wurde die *Säuberung* der Kultur eingeleitet. Lehrer wurden auf ihre nationale und franquistische Loyalität hin überprüft, eine curriculare Neuorientierung wurde initiiert, und aus den öffentlichen Bibliotheken verschwanden kommunistische und liberale Schriften. Im *Instituto de España*, einer 1937 gegründeten Dachorganisation der spanischen Akademien, musste jedes Mitglied nach der Formulierung des Direktors, EUGENIO D'ORS, einen Eid *„ante Dios y los ángeles custodios"* ablegen. 1939 und 1940 wurden in Spanien auf Buchmessen Bücher verbrannt. Dazu wurde die Passage I,5 aus dem *Don Quijote* vorgelesen, wo der Kanoniker Quijanos Ritterromane verurteilt: *„y a fee que no se pase el día de mañana sin que dellos no se haga auto público, y sean condenados al fuego, porque no den ocasión a quien los leyere de hacer lo que mi buen amigo debe de haber hecho."*

Schon 1941 wurde ein Erlass veröffentlicht, in dem die spanischen *„Dialekte"* (d.h. die katalanische, baskische und galicische Sprache) und Fremdwörter verboten wurden. Auch bei der Übertragung von Liedern im Radio und im Kino sollten keine Fremdsprachen erlaubt sein. Ende der vierziger Jahre mussten diese Bestimmungen jedoch wieder aufgehoben werden.

Land ohne Lehrer

JUAN GOYTISOLO schreibt im Prolog seiner Essaysammlung *Cogitus interruptus* (1999) über die desolate Lage der Erziehung im frühen Franquismus: *„Como muchos españoles de mi edad que comenzaron la enseñanza primaria en el otoño de 1939, no recibí educación alguna. Los cuatro años que permanecí en el colegio de San Ignacio, de Sarriá [...] y los cinco en los que proseguí los estudios en el de Nuestra Señora de la Bonanova, de los hermanos de la doctrina Cristiana, tuvieron escasa repercusión en mi vida: pasaron por ella sin dejar otra huella que un tenaz resabio a cuanto de cerca o de lejos se asociaron al catolicismo. Lo que aprendí entre 1939 [...] y 1948, cuando pasé el examen de Estado y me matriculó en la Facultad de Derecho, fue en la calle y, sobre todo, en casa."* (1999: 7). Das Zitat zeigt, dass Schulen und Universitäten wegen der katholischen Indoktrinierung und damit Vereinfachung ihrer Lernziele und -inhalte keine Bildungsfunktion inne hatten. Das Lied, das jeden Morgen vor Unterrichtsbeginn gesungen werden musste, *„Guerra a la hoz fatal/y al destructor martillo./¡Viva nuestro Caudillo/y la España imperial!"* fasst noch einmal die Werte zusammen, durch die sich der Franquismus selbst darstellte.

Frauen

Frauen waren in diesem System juristisch unmündig. Ihre rechtliche Stellung basierte auf dem bürgerlichen Gesetzbuch von 1889. Ledige waren von ihren Vätern, Verheiratete von den Ehemännern abhängig. Scheidung war natürlich nicht möglich, und auch Verhütung und Abtreibung blieben bis nach der Diktatur verboten. Zeitweise mussten unter dem Druck der katholischen Moralvorstellung sogar die Bordelle geschlossen werden.

Die Frauenpolitik oblag der *Sección femenina*, Unterabteilung der *Falange* und wurde geleitet von PILAR PRIMO DE RIVERA. Ihr Bruder JOSÉ ANTONIO stellte die Weichen dieser Politik, als er sagte *„La Sección Femenina [...] tiene que tener una actitud de obediencia y subordinación absolutas, como es siempre el papel de la mujer en la vida de sumisión al hombre."* (zit. nach Gallego Méndez 1983: 186). Die Jungfrau Maria, die katholische Königin ISABEL VON KASTILIEN und die Heilige TERESA DE ÁVILA waren die Vorbilder, nach denen sich jede spanische Frau zu richten hatte. Unterwerfung und Dienst galten als nachzuahmende Werte. Nach dem 17. Lebensjahr mussten Frauen einen Sozialdienst von sechs Monaten leisten, wo sie in Hygiene und Moral auf das Leben als Ehefrau und Mutter vorbereitet wurden. Wie anachronistisch die Situation der Frauen im Franquismus war, zeigt z. B. der so genannte *Bikini-Krieg*. Noch 1970 war in städtischen Schwimmbädern das Tragen dieser zweiteiligen Schwimmanzüge verboten.

In einem bekannten *cuplé*, das das Frauenbild des Franquismus widerspiegelt, heißt es: *„La española cuando besa/es que besa de verdad/y a ninguna le interesa/besar por frivolidad"*. Diesen Frauentyp zwischen nationalistisch-temperamentvoll und anständig verkörperten LOLA FLORES, JUANITA REINA, CARMEN SEVILLA stellvertretend für zahlreiche andere *Flamenqueras*. Gekoppelt war diese Variante der spanischen Carmen an Lieder über das Stierkampfmilieu wie *El reliquario* oder *Francisco Alegre*. Der Orginaltext des berühmten Liedes *Ojos verdes* (RAFAEL DE LEÓN), gesungen u. a. von MIGUEL MOLINA oder CONCHA PIQUER, beginnt mit: *„Apoyá en el quicio de la mancebía"*. Die Zensur machte daraus *„Apoyá en el quicio de la casa mía"*, denn *„mancebía"* für Bordell galt noch in den sechziger Jahren als moralisch untragbar.

Folklore

Andererseits konnte man sich in der scheinbar harmlosen Welt der Unterhaltungsmusik der Zensur leichter entziehen. Die international bekannte SARA MONTIEL sang in *Fumando espero al hombre que yo quiero* zwar noch von einer treu liebenden Frau, die Tatsache aber, dass sie rauchte oder dass CONCHA PIQUER in *El Tatuaje* einem Matrosen nachtrauerte, stieß an die Grenze des Erlaubten. CONCHA PIQUER, die sich immer in den Randzonen des Franquismus bewegte, sang schon in den Fünfzigern *No te mires en el río*. Die Textgrundlage bildet eine anonyme Romanze, in der Ausarbeitung RAFAEL DE LEÓNS sind aber auch versteckte Anspielungen auf LORCA-Texte zu vernehmen. VÁZQUEZ MONTALBÁN erklärt in der *Crónica sentimental de España* (1980) die doppelbödige Lesart des Liedes: Die Spanier hatten in den vierziger Jahren vieles verloren im Laufe der nicht mehr zu kontrollierenden Ereignisse: Besitz, Verlobte, Freundinnen und Erinnerungen.

Sport

Neben Cuplé-Sängerinnen und *Flamenqueras* gehörte auch der Sport zur Massenkultur des Franquismus und unterstand der staatlichen Überwachung. Schon 1939 wurde die *Delegación Nacional de Deportes* gegründet. Um die Fußballvereine der *Peripherie* zu kontrollieren, wurden höhere Offiziere als Präsidenten der Fußballklubs von Barcelona und Valencia eingesetzt. Der *Atlético de Madrid*, der Klub im ärmeren Süden der Hauptstadt, wurde – ebenfalls aus Gründen der Überwachung – mit der *Aviación Nacional* fusioniert. Leichtathletik wurde von der *Sección Femenina* den Frauen als Sport verboten, nachdem sich die mehrfache spanische Meisterin MARÍA TORREMADÉ durch Hormonbehandlung und Operation in JORDI TORREMADÉ verwandelt hatte. Die Geschlechtsumwandlung provozierte einen Skandal.

PEDRO LAÍN ENTRALGO behauptete noch 1968, Spanien exportiere Wissenschaftler und importiere Fußballer. Der Satz, der übrigens bis heute gilt (der Fußballklub *Real Madrid* gibt europaweit das meiste Geld aus, um ausländische Spieler einzukaufen, und viele Naturwissenschaftler arbeiten noch immer an Universitäten in den USA), zeigt doch, in welche Richtung die kulturellen Bemühungen des Regimes gingen. *Real Madrid* galt als bester Botschafter Spaniens im Ausland. Der

Nobelpreisträger Severo Ochoa (1905–1993) erhielt diese höchste Auszeichnung für seine Forschungen in den Vereinigten Staaten.

Kino

Dieses stark überwachte Massenmedium setzte Franco ebenfalls zu Propaganda- und Kontrollzwecken ein. Ab Januar 1943 wurde vor jeder Kinoaufführung im Land die Tagesausgabe des NO-DO (*Noticiarios y Documentales Cinematográficos*) als offizielle Nachrichtenschau gezeigt. Erst 1981 verschwand der NO-DO definitiv aus den spanischen Kinos, nach 1975 war seine Projektion nicht mehr obligatorisch, und ab 1978 gab es auch eine Version auf katalanisch. Übrigens durften auch die wenigen privaten Radiosender des Franquismus nur die staatlichen Nachrichten übertragen.

Die meisten Spielfilme des Regimes bezogen sich entweder auf die glorreiche Vergangenheit Spaniens oder brachten die spanischen Stereotypen von andalusischer Folklore und Stierkampfdarstellungen auf die Leinwand. Franco selbst schrieb unter dem Pseudonym Jaime de Andrade das Drehbuch zu einem Propagandafilm von 1942. Dies zeigt, dass er der Gattung des *Cine de cruzada* große Bedeutung beimaß. *Raza*, so der Titel, behandelte die spanische Geschichte zwischen 1898 und 1939. Im Zentrum standen die franquistischen Helden und Märtyrer des Bürgerkriegs. Der Film wirkte mit seinen 50 Szenenbildern und 500 Kostümen monumental.

Filmzensur

Die Filmzensur hatte zur Folge, dass heimliche Busfahrten nach Perpignan organisiert wurden, um die damals beliebten Softpornos wie *Emmanuelle*, später auch Bertoluccis *Der letzte Tango von Paris* oder Kubricks *Glockwerk Orange* zu sehen. Unwillkürlich denkt man in diesem Zusammenhang auch an andere Fahrten ins Ausland, und zwar die Abtreibungsflüge nach England oder in die Niederlande. Noch 1971 durfte Aschenbach in Viscontis *Tod in Venedig* nicht die schwer wiegenden Worte *„Ich liebe dich"* gegenüber dem Knaben Tadzio aussprechen. In der Synchronübersetzung wurde der Satz durch den Ausruf *„Hijo mío"* ersetzt.

Aus nicht zu erklärenden Gründen produzierte der Franquismus in mexikanischer Koproduktion Luis Buñuels *Viridiana*. Man ließ dem heimgekehrten *verlorenen Sohn* bei den Dreharbeiten in Spanien freie Hand, aber als der Film 1961 in Cannes die Goldene Palme gewann, protestierte der Vatikan energisch gegen die Verunglimpfung der christlichen Werte. Daraufhin wurde der Film sofort verboten und die Verantwortlichen im *Ministerio de Información y Turismo* reichten ihren Rücktritt ein. Spätere Werke Buñuels, *Tristana* und *Ese oscuro objeto del deseo*, wurden zwar zum Teil in Spanien gedreht, aber ohne Erlaubnis und natürlich ohne finanzielle Beteiligung des Staates.

Kritik im Kino

Juan Antonio Bardem initiierte in den fünfziger Jahren einen kinomatografischen Stil, der unter dem Begriff des sozialen Realismus zusammengefasst werden kann. In seinen Filmen leitete er die politische Kritik in die Anprangerung sozialer Missstände um. *La Muerte de un ciclista* (1955) ist gegen die Hypokrisie des Bürgertums gerichtet. Damit ihre außereheliche Verbindung nicht entdeckt wird, versucht ein Liebespaar den von ihnen verursachten Unfalltod eines Radfahrers zu vertuschen.

Der ursprüngliche Titel von *La venganza* (1957), *Los segadores*, wurde verboten, weil er an die gleichnamige katalanische Hymne erinnerte. In diesem Film BARDEMS kommt ein junger Mann aus dem Gefängnis frei, wo er eine Tat verbüßen musste, die er nicht begangen hatte. Dass er seine Rachegedanken zuletzt nicht ausführt, verweist auf den Wusch einer nationalen Versöhnung nach dem Bürgerkrieg. In *Calle Mayor* aus dem gleichen Jahr wird eine allein stehende Frau auf grausame Weise von einer Horde Jugendlicher gequält. Sie wird Opfer der Barbarei, die in der spanischen Gesellschaft durch Machismo und Gewaltverherrlichung gefördert wurde.

1952 hatte LUIS GARCÍA BERLANGAS Filmkomödie *Bienvenido, Mister Marshall* Premiere. Erzählt wird, wie die Einwohner des kastilischen Dorfes Villar del Río den Besuch des amerikanischen Verteidigungsministers Marshall erwarten. Sie hatten vom Marshall-Plan erfahren und erhoffen sich finanzielle Hilfe. Um dem stereotypen Spanienbild und somit den Erwartungen der Amerikaner zu genügen, präsentieren sie ihr Dorf mit Flamenco-Tänzerinnen und Stierkämpfern auf andalusisch. Die Autokolonne des Amerikaners fährt jedoch ohne anzuhalten vorbei. Der Film, der als politische Satire gedacht war, wurde von der Zensur wegen des negativen Amerikabildes, das zu Beginn der fünfziger Jahre dem Regime schaden konnte, nicht freigegeben. Eine ähnliche Geschichte erzählt GARCÍA BERLANGA 1957 in dem Film *Los jueves, milagro*, wo wiederum Dorfbewohner ein Heiligenwunder erfinden, um Touristen anzulocken und einen wirtschaftlichen Aufschwung zu erreichen.

Kritik aus den Universitäten

1953 organisierte der franquistische Einheitsstudentenbund SEU (*Sindicato Español Universitario*) in der Universität von Salamanca einen *Cine-Club*, zunächst unter Leitung von BASILIO MARTÍN PATINO, der als Stipendiat in Perugia mit dem neuen italienischen Kino in Berührung gekommen war. In den darauf folgenden Jahren organisierte der Klub Kolloquien und Kurse, bei denen u. a. J.A. BARDEM und ENRIQUE TIERNO GALVÁN (1918–1986) Vorträge über den aktuellen Film hielten. 1955 wurde im gleichen Rahmen über die Situation des Kinos unter FRANCO diskutiert. Man kam zu dem Schluss, dass der spanische Film von Europa isoliert und nicht Zeuge seiner Zeit sei. J.A. BARDEM brachte diese Kritik wie folgt auf den Punkt: *„políticamente ineficaz, socialmente falso, intelectualmente ínfimo, estéticamente nulo e industrialmente raquítico.“*

Auch die studentischen Theatergruppen, zusammengefasst unter der Dachorganisation des *Teatro español universitario* (*TEU*), trugen zur kulturellen Erneuerung Spaniens bei. Zwischen 1939 und 1943 wurde in diesem Rahmen schon *Bodas de sangre* gespielt, 1953 ALFONSO SASTRES *Escuadra hacia la muerte* uraufgeführt (und nach der dritten Aufführung verboten). BERT BRECHT gehörte zu den ersten internationalen Autoren, die von den Studententruppen unter der Leitung von GUSTAVO PÉREZ PUIG und JOSÉ TAMAYO und verbunden mit Zensurproblemen inszeniert wurden.

1956 wurde der Erziehungsminister JOAQUÍN RUIZ-GIMÉNEZ abgesetzt, nachdem es zu studentischen Ausschreitungen in Madrid gekommen war. Ab jetzt war klar, dass die Universitäten die kulturelle Opposition anführten. Vorbereitet wurde die Bewegung 1954, als TIERNO GALVÁN in Salamanca die *Asociación Funcional Europea* gründete. Ihr Organ, das *Boletín Informativo del Seminario de Derecho Político de la Universidad de Salamanca* orientierte sich kulturell erneut an Europa. Der Philosoph JOSÉ LUIS LÓPEZ ARANGUREN schloss sich TIERNO GALVÁN an. Im *Boletín*, das 1962 in Princeton, 1963 aber wieder in Spanien ediert wurde, schrieben Dissidenten wie FRANCISCO AYALA, IGNACIO SOTELO, TUÑÓN DE LARA, IRIS M. ZAVALA und JOSÉ LUIS ABELLÁN über Themen, die vom Marxismus bis zu *„Notas sobre el barroco"* aus der Feder TIERNO GALVÁNS selber reichten. Auch BRECHTS gerade für die Strategien einer inneren Emigration wichtiger Text *Die fünf Schwierigkeiten, die Wahrheit zu sagen* wurde rezipiert. Es wundert nicht, dass TIERNO GALVÁN, LÓPEZ ARANGUREN und in Madrid der Altphilologe AGUSTÍN GARCÍA CALVO 1965 wegen Unterstützung der Studentenunruhen ihrer Lehrstühle enthoben wurden.

Spannungen

In der Forschung wird bis heute die Frage diskutiert, ob es in der Francozeit wirklich zu einer Stagnation der kulturellen Entwicklung kam, oder ob nicht vielmehr durch die Spannung zwischen Verbot (Zensur) und Durchlässigkeit Kreativität und künstlerische Aktivitäten sondergleichen frei wurden. Der Bruch mit der Republik kann in politischer Hinsicht nicht in Zweifel gezogen werden. Kulturell sieht Jordi Gracia (1996) nach der Auswertung mehrerer Kulturzeitschriften jedoch schon in der frühen Francozeit mehr Kontinuität als Wechsel.

Unbestreitbar bleibt, dass das Regime versuchte, alle Kulturinstanzen mit dem Ziel der Machtkonsolidierung und Legitimation zu kontrollieren. Trotz der Überwachung konnte FRANCO die Dichotomie der zwei Kulturen und der zwei Spanien nicht aufheben, sondern ganz im Gegenteil, so die plausible These Fusis (1999), trug die *andere* Kultur im Franquismus entscheidend dazu bei, die Demokratisierung des Landes vorzubereiten.

2 Kultur gegen FRANCO

Franco-Kultur

José María García Escudero nimmt in einem Artikel im ABC vom 11. August 2001 ein beliebiges Jahr, 1949, und erinnert an die Namen, die damals die Spitze der spanischen Kultur ausmachten: Da steht der katholische Falangist PEDRO LAÍN ENTRALGO neben dem liberalen ORTEGA Y GASSET und MENÉNDEZ PIDAL neben JOSÉ ANTONIO MARAVALL. Die Angehörigen der *generación del 98* AZORÍN und PÍO BAROJA waren nicht minder geduldet als der *27er* GERARDO DIEGO und die jüngeren Dichter DÁMASO ALONSO und VICENTE ALEIXANDRE. Sie alle befanden sich 1949 im Land. ORTEGA Y GASSET und JOSÉ ANTONIO MARAVALL nützen jedoch Einladungen aus dem Ausland, um Spanien öfter zu verlassen. Einige hatten Probleme mit der Zensur. Und dennoch beantwortet Álvaro Ferrary (1998) die Frage, ob unter FRANCO eine gehaltvolle Kultur entstehen konnte, mit einem klaren Ja. Wie genau das Verhältnis zwischen offizieller und Gegenkultur aussah, ist dabei nicht leicht nachzuvollziehen, weil das kulturpolitische Handeln der Verantwortlichen des Regimes oft willkürlich und widersprüchlich war.

Innere Emigration

Zu den bekanntesten Vertretern der inneren Emigration im Franco-Regime gehörte BUERO VALLEJO (1916–2000). 1939 hatten ihn die Faschisten zum Tode verurteilt, begnadigten ihn jedoch zu einer siebenjährigen Haftstrafe. Im Gefängnis in Ocaña kam er mit anderen Dissidenten in Kontakt und freundete sich u. a. mit dem Dichter MIGUEL HERNÁNDEZ an, der 1942 an den Folgen der harten Haftbedingungen starb. Nach seiner Freilassung verließ BUERO VALLEJO Spanien nicht. Er schrieb Theaterstücke, deren kritischer Inhalt wegen der metaphorischen oder historischen Verkleidung den Zensoren nicht als subversiv auffiel. Berühmtestes Beispiel ist die *Historia de una escalera* (1949), ein Stück, in dem sich in zwei Freunden die beiden Spanien gegenüberstehen. Am Ende des dreißigjährigen Handlungsverlaufs sind sie verfeindet, ihre Kinder symbolisieren aber die Hoffnung auf eine Versöhnung. *Historia de una escalera* wurde für die Verlierer des Bürgerkriegs geschrieben. BUERO VALLEJOS antifranquistische Haltung zeigte sich auch, als er 1972 *„Federico García Lorca ante el espectáculo"* als Thema seiner Eintrittsrede in die *Real Academia de la Lengua* wählte. Zu seiner Beerdigung wurde die bekannte *Elegía a la muerte de Ramón Sijé* von MIGUEL HERNÁNDEZ rezitiert: *„No perdono a la muerte enamorada,/no perdono a la vida desatenta,/no perdono a la tierra ni a la nada."*

ALFONSO SASTRE (1926) war in seiner regimekritischen Haltung radikaler als BUERO VALLEJO und sah sich deshalb auch einer strengeren Überwachung, die Verbote zur Folge hatte, ausgesetzt. SASTRE arbeitete in den fünfziger Jahren im revolutionären Studententheater mit und gründete mehrere Theatergruppen. Seine Manifeste und Stücke zeugen von einer strengen Protesthaltung. In *Escuadra hacia la muerte* (1953) rebellieren Soldaten gegen ihren Vorgesetzen, *La mordaza*

(1954) denunziert die Einschränkung der Meinungsfreiheit, *Guillermo Tell tiene los ojos tristes* (1955) handelt vom Tyrannenmord. SASTRE ist es außerdem zu verdanken, dass zahlreiche deutsche Autoren wie PETER WEISS oder HEINER MÜLLER schon zu FRANCOS Zeiten in Spanien rezipiert wurden.

Kulturdebatte

Zwischen BUERO VALLEJO und SASTRE entfachte 1960 eine Debatte, die sie in der Theaterzeitschrift *Primer Acto* austrugen und die BUERO VALLEJOS *posibilismo* und seinen Pakt mit der Gesellschaft in der Diktatur zum Gegenstand hatte. BUERO VALLEJO versuchte, sich mit der Macht und der Zensur zu arrangieren, SASTRE hingegen vertrat die Meinung, dass man auch weiterhin *unmögliches* Theater schreiben müsse, um in der Auseinandersetzung mit der Zensur die Mechanismen des Unterdrückungsstaates offen zu legen. Die Haltung der so genannten *posibilistas* könne zum *„caldo de cultivo en que se desarrollen enmascaradas actitudes conformistas“* (zit. nach Caudet 1984: 186) werden. Die Diskussion zwischen BUERO VALLEJO und SASTRE zeigt zwei Positionen, aus denen heraus anspruchsvolle und politisch nicht konforme Literatur gegen den Franquismus geschrieben werden konnte.

Modernisierung

Der Übergang von der Agrargesellschaft in eine Industrie- und Dienstleistungsgesellschaft vollzog sich in der Francozeit. 1960 arbeiteten noch 42 % der Bevölkerung im Landwirtschaftsbereich, 1976 waren es nur noch 20 %. Die beiden Metropolen Madrid und Barcelona wuchsen in jenen Jahren sehr unkontrolliert, was zu chaotischen Stadtbildern in den Randbezirken führte. Zwischen 1955 und 1975 zogen zwei Millionen Menschen, meist aus den ärmlichen Gegenden des Südens, nach Madrid, 1,8 Millionen nach Barcelona. Das Phänomen reflektierte der Filmemacher PEDRO ALMODÓVAR sehr treffend in *¿Qué he hecho yo para merecer esto?* (1984), wo eine Familie aus der *Mancha* in einem peripheren Stadtviertel Madrids auch gesellschaftlich am Rand steht.

Noch 1969 arbeiteten die Spanier 55 Wochenstunden, elf Stunden mehr als die Deutschen, und verdienten nur die Hälfte des europäischen Durchschnittslohns. Trotzdem war der Weg in die Konsumgesellschaft schon eingeschlagen. Der SEAT 600 wurde wie der VW-Käfer in der BRD Wohlstandssymbol. In den Sechzigern entwickelte sich der 1935 von RAMÓN ARECES (1905–1989) als kleines Geschäft gegründete *Corte Inglés* zur Kaufhauskette, die bis heute den Konsumwünschen des spanischen Bürgertums nachkommt. Heute beschäftigt der *Corte Inglés* mehr als 50000 Angestellte und ist der größte private Arbeitgeber im Land.

Tourismus

Die moderne Wohlstandsgesellschaft in Spanien ist auch an den Tourismusboom gekoppelt. 1960 zählte das Land sechs Millionen Übernachtungen pro Jahr, 1975 waren es schon 30 Millionen. 1962 landete das erste deutsche Charterflugzeug auf Mallorca, heute landen in der Hochsaison mehrere Dutzend pro Tag. Die Schwedinnen, *las suecas*, wurden zum Symbol für den Kontakt der spanischen Bevölkerung mit modernen Frauen: Sie brachten den Bikini, der 1962 zum ersten Mal in einem spanischen Film zu sehen war und einen Skandal provozierte. Mit dem Tourismus wuchs der Wunsch der Nation nach sexueller Freiheit, die erst nach 1975 realisiert werden konnte. In den sechziger Jahren hatten noch andere das Sagen, z. B. der Bischof von Ibiza, der sich wie folgt über die frühen Auswirkungen des Tourismus äußerte: *„esos indeseables con su indecoroso proceder en las playas, bares y vías públicas y, más aún, con sus hábitos viciosos y escandalosos van creando aquí un ambiente maléfico que nos asfixia y que no puede menos que pervertir y corromper a nuestra inexperta juventud"* (zit. nach Abella 1985: 176).

Gastarbeiter

Auf der anderen Seite gingen 1,5 Millionen Spanier als Fremdarbeiter in den europäischen Norden. Zur „Kulturwissenschaft Spanien" gehört auch das Problem der Emigranten aus wirtschaftlichen Gründen, ihre Eingliederung in modernere Gesellschaften wie die deutsche oder die französische und die eventuelle und immer problematische Rückkehr nach Spanien. Lieder wie *Adiós a España* von Miguel Molina oder *El emigrante* von Juanito Valderrama drücken das Massenphänomen sentimental-kitschig aus: *„Cuando salí de mi tierra/volví la cara llorando/porque lo que más quería/atrás yo lo iba dejando."* Wie gravierend der kulturelle Schock sein konnte, illustriert sehr treffend eine Anekdote, die der galicische Autor Manuel Rivas erzählt: Ein Galicier hatte zwei Söhne, die emigrieren mussten. Der eine, so der alte Mann, sei ganz in der Nähe geblieben, er sei nach Buenos Aires gegangen. Den anderen hingegen habe es weit weg verschlagen, in eine deutsche Stadt namens Frankfurt.

Auf der anderen Seite brach der Kontakt zwischen den Emigranten und ihrem Herkunftsland nie ab. Die Auswirkungen der Rückkehr waren für Spanien nicht nur ökonomischer Natur. Kulturell trugen auch sie zur Modernisierung des Landes bei. Interessant ist außerdem das Phänomen der zweiten Gastarbeiter-Generation, die in Deutschland aufgewachsen ist, wie z. B. José Oliver (1960), der als Kind andalusischer Eltern im Schwarzwald geboren wurde und heute Lyriker zwischen den Kulturen und Chamisso-Preisträger ist.

Indizien der Veränderung

Die national und katholisch hochstilisierte Vergangenheit war in diesem Kontext der Modernisierung und Öffnung nicht mehr glaubwürdig. Es wurde immer klarer, dass der Anschluss an Europa nicht verpasst werden durfte. Die innerspanische Oppositionsbewegung gewann mit den Jahren an Bedeutung und den Stimmen der Exilspanier wurde immer mehr Gehör geschenkt.

Das Ende der autarken Politik ist 1962 mit der Ernennung Manuel Fraga Iribarnes (1922) zum Amtsinhaber des *Ministerio de Información y Turismo* anzusetzen. Da erst kam es mit dem Pressegesetz von 1966 zu einer Liberalisierung der Kulturpolitik. In seinem Buch *Horizonte Español* (1965) forderte FRAGA trotz seiner Loyalität zum Regime die Öffnung und Annäherung an Europa. Zur gleichen Zeit drehte CARLOS SAURA seinen international ausgezeichneten Film *La caza,* in dem sich die Kritik am Faschismus über die Jagdmetapher zwar auf einer allgemeinen Ebene bewegte, aber dennoch auf die konkreten Verhältnisse in Spanien bezogen werden konnte. *La caza* erhielt 1965 in Berlin den Silbernen Bären.

Zeitschriften als Spiegel der Veränderung

Zeitschriften spiegeln als Kulturphänomene im Franquismus die Kulturhaltung sowohl der Befürworter als auch der Gegner des Systems wider. Ihnen können Detailinformationen über die Widersprüche der Diktatur entnommen werden. Schon 1940 starteten PEDRO LAÍN ENTRALGO und DIONISIO RIDRUEJO den Versuch einer Versöhnung durch die Gründung der Zeitschrift *Escorial.* Sie luden Exilspanier zur Mitarbeit ein. Da sich jedoch schon der Titel auf die gloriose Vergangenheit Spaniens bezog, distanzierten sich die linksgerichteten Intellektuellen von dem Projekt, obwohl die Herausgeber in der ersten Ausgabe ankündigten, sie wollten keine das Regime verherrlichenden Texte veröffentlichen. Ein strengerer Kurs wurde ein Jahr später in der *Revista de Estudios Políticos* eingeschlagen. Unter Bezugnahme auf die politischen Traditionen des *Siglo de Oro* wurde selbst der Liberalismus verurteilt. Sehr streng gingen auch die Schreiber in *Arbor* vor, der Kulturzeitschrift des nationalen, katholischen und traditionellen Spanien.

Die literaturwissenschaftliche Fachzeitschrift *Ínsula,* ab 1946 von JOSÉ LUIS CANO und ENRIQUE CANITO herausgegeben, leistet bis heute seriöse philologische Arbeit. In ihr glückte der Versuch, den Kontakt zu den Exilspaniern aufzunehmen. *Theoria* und *Aporía* sind zwei philosophische Publikationen, die ebenfalls für die Öffnung eintraten. Schon 1944 wurden in den *Cuadernos de Literatura Contemporánea,* herausgegeben von JOAQUÍN DE ENTRAMBASAGUAS, zehn Gedichte aus GARCÍA LORCAS *Poeta en Nueva York* veröffentlicht. Ab 1959 editierte RIDRUEJO die Zeitschrift *Revista,* die viel zur Entdeckung der neuen lateinamerikanischen Literatur in Europa beitrug. Auch hier kamen die Exilspanier zu Wort: MAX AUB, CLAUDIO GUILLÉN oder CLAUDIO SÁNCHEZ ALBORNOZ. Neben Artikeln über PICASSO und MIRÓ wurden Gedichte von LEÓN FELIPE und ein Theatermanifest von ALFONSO SASTRE abgedruckt.

Revista de Occidente

Eine Zäsur im Zeitschriftenwesen bildete 1963 nach einer Pause von 27 Jahren die Neuerscheinung der *Revista de Occidente.* Sie wurde jetzt von ORTEGA Y GASSETS Sohn JOSÉ ORTEGA SPOTTORNO (1916–2002) herausgegeben. Im Beirat saßen der Architekt FERNANDO CHUECA GOITIA, die Philosophen JULIÁN MARÍAS und JOSÉ LUIS LÓPEZ ARANGUREN, der Philologe RAFAEL LAPESA, der Historiker JOSÉ ANTONIO MARAVALL, der Schriftsteller JOSÉ LUIS SAMPEDRO und auch PEDRO LAÍN ENTRALGO, der schon mehrmals erwähnte katholische Falangist.

Als Vorwort zur ersten Nummer druckte José Ortega Spottorno den Text ab, den sein Vater 1923 seiner *Revista de Occidente* voranstellte und der nach 40 Jahren als Plädoyer für Öffnung und Freiheit seine Aktualität noch nicht eingebüßt hatte. In der ersten Nummer schrieb Robert Oppenheimer über das moderne Wissenschaftsverständnis, und Chueca Goita spricht dem Escorial seine Kraft als imperiales Symbol ab. Ganz ähnlich verfuhr auch José Antonio Maravall in der dritten Nummer des ersten Jahrgangs, in der er in einer wissenschaftlichen Analyse den spanischen Nationalcharakter infrage stellte. Laín Entralgo schrieb aus philosophisch-anthropologischer Sicht über die Bedingungen des Dialogs, unter denen er der Freiheit die zentrale Stellung einräumte. Alle diese Texte sind als Botschaft der Öffnung und Forderung der Veränderung zu lesen. Als *„recuerdo obligatorio y homenaje a nuestro antiguo colaborador“* druckte der Herausgeber in absichtlicher Provokation die Rede ab, die Federico García Lorca 1932 auf den Tod der Malerin María Blanchard gehalten hatte.

Literatur und Gesellschaftskritik

Schon während der Protestbewegungen von 1956/57 entwickelte sich unter den dissidierenden Schriftstellern ein Gruppengefühl. Sie trafen sich im Café Pelayo oder in den Wohnungen von Ignacio Aldecoa, Sánchez Ferlosio oder Alfonso Sastre. Aber erst 1962 initiierte Luis Martín Santos (1924–1964) mit dem Roman *Tiempo de silencio* eine sozialkritische Schreibweise, die sich auch durch formale Erneuerungen von der einseitigen Perspektive des Regimes entfernt. Alle Schichten der Gesellschaft, die gesamte spanische Geografie und die Vergangenheit lässt er Revue passieren. Aus dem gleichen Jahr und im gleichen Kontext wären Gil de Biedmas *Carta a España* und Tierno Galváns *Anatomía de la conspiración* zu erwähnen.

Auch 1966 kann wegen dreier wichtiger Romanveröffentlichungen als Schlüsseljahr betrachtet werden: *Señas de identidad* (Juan Goytisolo), *Últimas tardes con Teresa* (Juan Marsé) und *Cinco horas con Mario* (Miguel Delibes). Bei dem letzten Werk handelt es sich um einen Roman, der hauptsächlich in der *transición* gelesen wurde, aber schon im späten Franquismus Erfolge erzielt hatte. Er erzählt die Geschichte der Witwe Carmen Sotillo. In einem Monolog klagt sie vor der Leiche ihres Mannes (aus ihrer konservativen Einstellung unbeabsichtigt) die Ungerechtigkeit an, die dieser nach 1939 auf der Seite der Verlierer erleiden musste.

Autoren wie Juan Benet (*Volverás a Región*, 1968), Félix de Azúa (*Lecciones de Jena*, 1972), Juan Marsé (*Si te dicen que caí*, 1973) und natürlich Juan Goytisolo gehören zu den ästhetischen Neuerern der spanischen Literatur. Aber auch der Beginn der kritischen Auseinandersetzung mit der Vergangenheit, mit dem Bürgerkrieg und dem Franquismus, ist mit ihren Namen verbunden. Diese in den sechziger Jahren jungen Schriftsteller waren Kinder der Gewinner, die sich gegen die Konformität ihrer Eltern auflehnten. Die ältere Generation, der

Alfonso Sastre, Ignacio Aldecoa oder Sánchez Ferlosio angehörten, waren Dissidenten der Falange.

Kunst und Opposition

Ansätze des Widerstands fanden sich in den sechziger Jahren auf allen Kulturebenen. In der Architektur galt die barcelonesische Vereinigung *Grupo R* als oppositionell, denn ihre Mitglieder sprachen sich gegen den offiziellen Monumentalstil des Franquismus aus. Sie plädierten für eine ästhetische Öffnung und lehnten sich an die rationalistische Architektur an. Als erste Auswirkungen wurden schon 1954 die *Casa de Pescadores* von José Antonio Coderch und Manuel Valls im barcelonesischen Stadtviertel Barceloneta erbaut. Auch die 1964 in Madrid errichteten *Torres Blancas* von Sáenz de Oiza (1918–2000) und ebenfalls das von Coderch und Valls stammende *Edificio Trade* (1969) in Barcelona sind in diesem Kontext zu erwähnen.

In der bildenden Kunst steht Antoni Tàpies an der Spitze der Gruppe *Dau al Set*. Ihre Hinwendung zur Abstraktion widersprach den ästhetischen Prinzipien des Franquismus. Auch die *Escuela de Altamira* (Ricardo Gullón) oder die Gruppe *El Paso* mit Antonio Saura und etwas abseits Eduardo Chillida (1924–2002) als wichtigste Vertreter suchten den Kontakt zur internationalen Kunstszene. Eine besondere Stellung kommt im Rahmen der Protestgruppen dem *Equipo Crónica* (1964 bis 1981) zu. Ihre Mitglieder (die Maler Rafael Solbes, Manuel Valdés und Juan Antonio Toledo) entmystifizierten die spanische Kunstgeschichte, indem sie die Werke der Klassiker wie z. B. Velázquez oder Goya durch trivialkünstlerische Elemente verfremdeten (siehe auch S. 119).

Gauche divine

Mit der politischen Öffnung und dem wirtschaftlichen Aufschwung in den sechziger Jahren entstand in Barcelona eine kulturelle Oppositionsbewegung, die *Gauche divine*. Ihren Anfang nahm sie 1963 mit der Eröffnung des Nachtlokals *Bocaccio* [sic!]. Als letzte Aktivität der katalanischen Intellektuellen gilt die Protestversammlung vom 12. bis zum 14. Dezember 1970 auf dem Montserrat gegen die Verurteilung der ersten ETA-Mitglieder im Burgos-Prozess. In jenen Jahren bereicherten die Vertreter des Booms des lateinamerikanischen Romans García Márquez, Vargas Llosa und José Donoso das Kulturleben in Barcelona. Die italienische *Gruppe 63*, allen voran Umberto Eco, wurde erstmals bekannt, Sartre und Beauvoir wurden gelesen. Die Rezeption dieser Schriftsteller führte auch zu ästhetischen Veränderungen, die Pere Gimferrer im Vorwort seines Gedichtsbands *Arde el mar* (1966) reflektiert.

Die Zeitschriften der Bewegung waren *El Bocaccio* und *Tele-eXprés*. Zu ihren Mitarbeitern gehörten zahlreiche Schriftsteller, die gerade heute zu den erfolgreichsten im spanischen Literaturbetrieb zählen: José Agustín Goytisolo, Carlos Barral, Jaime Gil de Biedma, Juan Marsé, Terenci Moix, Ana María Moix, Eduardo Mendoza, Guillermo Carnero, Félix de Azúa oder Cristina Fernández Cubas. Carlos Barral gab als Ver leger die bekannte *Biblioteca Breve* des Verlags Seix Barral heraus. Unter den Architekten sind Federico Correa, Alfonso Milà, Oriol Bohigas, Óscar Tusquets und Ricardo Bofill zu erwähnen. Maler wie Arranz Bravo und Bertolozzi, Verleger wie Jorge Herralde, Esther Tusquets und Beatriz de Moura und Fotographen wie Xavier Miserachs, Pomés, Colita (Isabel Steva) und Oriol Maspons gehörten ebenso der *gauche divine* an wie die Philosophen Xavier Rubert de Ventós und Eugenio Trías. Sein Essay *La filosofía y su sombra* von 1968 wurde zu einem Schlüsseltext der Bewegung, weil er wie kein anderer ihre ironisch-rebellische Distanz zum System aufzeigt.

Alle die genannten Künstler und Intellektuelle setzten es sich zum Ziel, Fantasie und Farbe in das schwarze Franco-Spanien zu bringen. Die bekannten *go-gó girls* des Nachtlebens in Barcelona standen für die sexuelle Offenheit der *gauche divine*. Das Regime konnte sich der Bewegung nicht entziehen und erfand Mitte der sechziger Jahre eine entpolitisierte und damit verkitschte Variante des Phänomens: Die Schlagersängerin Conchita Velasco und ihr Lied *La chica ye-yé* (*„El pelo alborotado y las medias de color"*) repräsentierten auch nach außen das neue Bild der Diktatur.

Lieder

In den sechziger Jahren entstand ebenfalls in Katalonien die Protestbewegung der *Nova Cançó*. Sie richtete sich gegen das franquistische Einheitsdenken, gegen die puritanische Moral und deckte die sozialen Konflikte, die das Regime zu verbergen suchte, auf. Herausragende Vertreter waren Raimon (1940), Joan Manuel Serrat (1943) und etwas später Lluís Llach (1948). Die Haltung der Verweigerung wird in Raimons Lied *Diguem no* deutlich: *„Hem vist la por/ser llei per a tots./Hem vist la sang/– que sols fa sang –/ser llei del món./NO,/jo dic NO,/diguem NO./Nosaltres no som d'eixe món"* (zit. nach *La nueva canción* ... 1978: 469).

Trotz Zensur gelang es den Liedermachern, die Bewegung der *Nova Cançó* in ein Massenphänomen zu verwandeln und die Porosität des Franco-Regimes offensichtlich zu machen. Sie arbeiteten dabei mit den gleichen Mitteln wie die oppositionellen Schriftsteller. Das Lied *Camino*, das Serrat nach dem Text von Antonio Machado sang, konnte als Kritik gegen Franco gelesen werden. Serrat vertrat den spanisch-katalanischen Bilinguismus und konnte deshalb 1968 sein Land nicht beim Eurovisions-Wettbewerb vertreten, obwohl er nach der Vorauswahl nominiert war. Da er auf katalanisch singen wollte, wurde er kurzerhand durch die Schlagersängerin Massiel ersetzt, die dann auch den ersten Preis gewann. Hier erhielt das Schlagerfestival eine politische Note.

1971 sang Enrique Morente (1943), der die andalusische Version der *Nueva Canción* vertrat, sein Lied *Homenaje a Miguel Hernández* und mischte zum ersten Mal die populäre Tradition des *cante jondo* mit politischen Texten der linken Kultur.

Wertung

Laut José-Carlos Mainer (2000: 148) waren in den letzten Jahren des Franquismus kritische Werke wie *La prodigiosa aventura del Opus Dei. Génesis y desarrollo de la Santa Mafia* (Jesús Ynfante, 1970), *Recuento* (Luis Goytisolo, 1973), *Si te dicen que caí* (Juan Marsé, 1973), oder Gil de Biedmas Lyrikanthologie *Colección particular* (1969) heimliche Bestseller und bezeugten das nahe Ende des Regimes. Laut Bernecker (1998: 95) begann dieser Auflösungsprozess schon in den fünfziger Jahren. Auch wenn sich die Forschung über den genauen Zeitpunkt streitet, gilt doch als sicher, dass das Ende der Diktatur schon vor Francos Tod abzusehen war. Vielleicht liegt darin ein Grund für die fehlende Auseinandersetzung mit der Vergangenheit während der *transición* (siehe S. 111 ff.).

Es darf aber nicht vergessen werden, dass die politische Repression bis 1975 fortdauerte. 1970 zog Franco trotz Schlichtungsversuchen aus dem Ausland den Burgos-Prozess fast bis zum bitteren Ende durch. Nur wenige Monate vor seinem Tod verhängte er den Ausnahmezustand über die Provinzen Guipúzcoa und Vizcaya, und noch im September 1975 wurden fünf Terroristen zum Tode verurteilt und hingerichtet.

Literatur

Abella (1985); Bernecker (1997); Caudet (1984); Ferrary (1998); Fusi (1999); *Gauche divine* (2000); Gallego Méndez (1983); Gibson (1996); Gracias (1996); Mainer (2000); Vázquez Montalbán (1980); Vázquez Montalbán (2000).

3 Das *andere* Spanien im Exil

Exil

Ab Sommer 1939 gab es ein offizielles Spanien und ein Spanien im Exil. Dieses gehört zu den interessantesten und gleichzeitig traurigsten sozio-politischen und kulturellen Phänomenen des 20. Jhs. Über die Forschungslage gibt eine sechsbändige, von José Luis Abellán herausgegebene Darstellung Aufschluss (*El exilio español de 1936*, 1976–1978).

Exilregierung

Die Regierung der Zweiten Republik arbeitete während der gesamten Francozeit im Exil weiter. Erst am 21. Juni 1977 unterzeichnete José Maldonado, der letzte Exilpräsident, den Auflösungsvertrag mit König Juan Carlos I. Das eher anekdotische Ereignis zeigt das Durchhaltevermögen der Exilintellektuellen. In Anlehnung an den oben besprochenen Mythos der Belagerung und des Ausharrens (siehe S. 91) bezeichnete Luis Araquistáin die Regierung der Zweiten Republik deshalb als „*Numancia errante*".

Zu den politischen Aktivitäten der Exilregierung gehörte es u. a., den Kontakt zur innerspanischen Opposition aufrecht zu halten. Als Beispiel für diese Bemühungen kann das Treffen vom 5. bis zum 8. Juli 1962 in München gelten, als sich die Exilanten unter der Leitung von

Salvador de Madariaga mit den Monarchisten und Europaanhängern in Spanien traf. Obwohl es zu einer Annäherung der beiden Lager kam, hatte die Begegnung keine weiteren Konsequenzen.

Künstler im Exil

Mindestens 300000 Spanier verließen nach dem Bürgerkrieg das Land, aus dem vormals die Juden, dann die Morisken, mehrmals die Jesuiten und zu Beginn des 19. Jhs. auch die Liberalen verwiesen wurden. Viele gingen wegen der gemeinsamen Sprache nach Mittel- oder Südamerika, vor allem Mexiko hatte eine Brückenfunktion inne. Ab 1940 beherbergte das *Colegio de México*, 2001 mit dem *Premio Príncipe de Asturias* ausgezeichnet, die avantgardistischen Exilkünstler. Dank ihrer lernten die hispanoamerikanischen Staaten, die seit ihrer Unabhängigkeit dem ehemaligen Mutterland distanziert gegenüberstanden, die Kultur des anderen, nicht imperialistischen Spanien kennen.

Nicht alle liberalen Intellektuellen verließen das Land. Ortega y Gasset stand im Widerspruch zum Regime, er ging zunächst nach Amerika, besuchte aber schon 1945 Spanien, hielt Vorträge und gründete zusammen mit Julián Marías das *Instituto de Humanidades.* Zur definitiven Rückkehr konnte er sich jedoch nicht mehr entschließen. Einige kamen früh zurück, andere gingen erst später, wie zum Beispiel die Literaturwissenschaftler Ricardo Gullón und Gonzalo Sobejano oder der Soziologe Ignacio Sotelo, der einem Ruf an die Freie Universität Berlin folgte. Auch unter der jüngeren Generation der unter Franco Geborenen gingen viele aus politischen Gründen. Der Schriftsteller Agustín Gómez-Arcos (1939–1999) hatte zu Beginn der sechziger Jahre Erfolg in Spanien. 1966 erhielt er noch den *Premio Lope de Vega*, begab sich dann aber ins englische und definitiv ins französische Exil.

Folgen

Zunächst bewirkte die Entvölkerung ab 1939 (ähnlich wie in Deutschland nach 1933) eine kulturelle Leere im Inland. Obwohl die meisten Exilierten erst nach Francos Tod zurückkehrten, riss der Kontakt zu Spanien jedoch nicht ab. Ihre Werke wurden in Spanien gelesen und diskutiert. Schon Américo Castros *España en su historia* (1948) und *España, un enigma histórico* (1953) von Claudio Sánchez Albornoz fanden ihr gebührendes Echo.

Die Öffnung des Franquismus, die in den sechziger Jahren begann, kann teilweise auch auf die lebendige spanische Kulturbewegung, die sich im lateinamerikanischen und französischen Exil entwickelt hatte, zurückgeführt werden. Die Impulse fielen zurück ins Mutterland, die Grenzen waren durchlässig. Auch das Ansehen der internationalen Hispanistik nährte sich größtenteils vom Exil. Eine der wichtigsten Exilveröffentlichungen war die Studie von Vicente Lloréns, *Liberales y románticos: una emigración española en Inglaterra 1823–1834*, in der der Autor seine eigene Situation zu der des wichtigsten Exilspaniers im Frühliberalismus, Blanco White, in Beziehung setzte.

Zu den weiteren Varianten der spanischen Exilkultur gehörten z. B. die von Manuel Tuñón de Lara (1915–1997) in Pau organisierten Historikerkongresse. Der katalanische Philosoph JOSÉ FERRATER MORA lehrte an der Universität von Santiago de Chile und PEDRO BOSCH-GIMPERA, weltweite Autorität in iberischer Frühgeschichte, an der *Universidad Autónoma* in Mexiko. Von letzterem stammt übrigens der berühmte Ausspruch, er habe Katalonien erst in Berlin entdeckt. FRANCISCO AYALA lehrte bis zu seiner Emeritierung in Puerto Rico. Nach FRANCOS Tod kehrte er nach Spanien zurück und trat in die Königliche Sprachakademie ein. Viel geehrt nach FRANCOS Tod wurde auch der Historiker JOSÉ FERRATER MORA, dem u. a. 1985 der *Premio Príncipe de Asturias* zugesprochen wurde.

Aktivitäten

JOSÉ BERGAMÍN, JOSEP CARNER und JUAN LARREA gründeten im mexikanischen Exil den Kulturverein *Junta de Cultura Española*, dessen Publikationsorgan die Zeitschrift *Ciencia y España peregrina* war. Die Verlage *Fondo de Cultura Económica* in Mexiko und *Losada* in Argentinien widmeten sich in besonderem Maße der Exilliteratur. Die Exilzeitschrift *Cuadernos de Ruedo Ibérico*, die zwar erst ab Juli 1965 in Paris u. a. von JORGE SEMPRÚN (1923) mitherausgegeben wurde, spielte für die Zusammenarbeit zwischen den Exilspaniern und den Daheimgebliebenen eine so wichtige Rolle, dass von einer intellektuellen *Reconquista* durch die Zeitschrift gesprochen wurde. 1973 wurde sie eingestellt, 1975 in Barcelona erneut herausgegeben.

Jorge Semprún

Die Biografie JORGE SEMPRÚNS ist als Exilantenschicksal beispielhaft und erwähnenswert. Der Enkel des Restaurationspolitikers ANTONIO MAURA und Neffe des Mitbegründers der Zweiten Republik MIGUEL MAURA ging 1937 mit seiner Familie nach Frankreich und engagierte sich ab 1941 in der *Résistance* gegen das Nazi-Regime. Er kam in Gefangenschaft und wurde 1943 ins Konzentrationslager Buchenwald eingeliefert. Nach seiner Befreiung trat er der kommunistischen Partei Spaniens (*PCE*) bei. Unter dem Pseudonym FEDERICO SÁNCHEZ arbeitete er im Untergrund und hielt sich auch öfter in Spanien auf. Als er sich vom Stalinismus distanzierte, wurde er aus der Partei ausgeschlossen. In seinen Büchern erzählt und verarbeitet er diese Vergangenheit. 1988 wurde er von FELIPE GONZÁLEZ zum Kulturminister ernannt. 1991 entließ SEMPRÚN während des Golfkriegs oppositionelle Staatssekretäre und trat dann selbst zurück. 1994 wurde ihm der Friedenspreis des Deutschen Buchhandels zugesprochen, 1999 hielt er anlässlich der Goethe-Feiern in Weimar eine vielbeachtete Rede über Weimar und Buchenwald.

Unmögliche Rückkehr

Die meisten Exilierten kehrten nach 1975 zurück. Einigen ging es aber wie MAX AUB (1903–1972), der 1970 während eines Besuches in Spanien erkannte, dass er nicht zurückkehren konnte. Er fasste diesen Eindruck wie folgt in *La gallina ciega* (1971) zusammen: „*Regresé y me voy. En ningún momento tuve la sensación de formar parte de este nuevo país que ha usurpado su lugar al que estuve aquí antes: no que le haya here-*

dado. Hablo de hurto, no de robo. Estos españoles de hoy se quedaron con lo que aquí había pero son otros. Entiéndaseme: claro que son otros, por el tiempo, pero no sólo por él; es eso y algo más: lo noto por lo que me separa de su manera de hablar y de encararse con la vida." (zit. nach Mainer/Juliá 2000: 85). 1972 starb MAX AUB in Mexiko.

Literatur

Abellán (1983); *El exilio español* (1976–1978); Ferrer (2000); Gubern (1986); Mainer/Juliá (2000); Marichal (1995); Satrústegui (1993).

3 Die *transición*

1 Gedächtnis und Vorsicht

FRANCOS Tod

Den Eindruck, den FRANCOS Tod am 20. November 1975 hinterließ, vermittelt die Schriftstellerin CARMEN MARTÍN GAITE (1925–2000) sehr anschaulich in *El cuarto de atrás* (1978): *„Yo simplemente me quedé de piedra, se me vinieron encima los años de su reinado, los sentí como un bloque homogéneo, como una cordillera marrón de las que venían dibujadas en los mapas de geografía física [...] pensé que Franco había paralizado el tiempo, y precisamente el día que iban a enterrarlo me desperté pensando en eso con una peculiar intensidad"* (zit. nach Mainer 2000: 122). Die *transición*, die an jenem 20. November ihren Anfang nahm, war nicht radikal, brachte aber im Laufe der Jahre radikale Veränderungen in allen Lebensbereichen: statt Bürgerkrieg Versöhnung, statt Diktatur Freiheit, statt Zentralismus autonome Regierungen und Wohlstand statt Armut. Die kulturelle Entwicklung knüpfte, so zeigte es sich bald, an die pluralistischen Prinzipien der Zweiten Republik an.

Leitlinien

1970 bekannten sich 87 % der spanischen Bevölkerung als praktizierende Katholiken, 1991 waren es hingegen nur noch 49 %. Nachdem die alten Mythen von Katholizismus und imperialer Hispanität – *La España Una, Grande y Libre* – nicht mehr griffen, konzentrierte sich das junge Spanien auf drei neue Identitätsmechanismen: Versöhnung, Modernisierung und Europäisierung. Diese konnten nur in Verbindung mit der Demokratisierung des Landes und der Wachablösung innerhalb der politischen Elite funktionieren. Es kam zwar nicht zu Amtsenthebungen franquistischer Staatsbeamter, aber im Laufe der *transición* übernahmen Politiker die Führung des Staates, die unter FRANCO als Staatsfeinde galten und zum Teil als politische Gefangene Haftstrafen verbüßt hatten; der Gewerkschaftsführer MARCELINO CAMACHO oder der Präsident von Katalonien, JORDI PUJOL, gehören zu den bekanntesten.

Zwei weitere Aspekte charakterisieren die spanische Kulturpolitik seit der *transición*. Zum einen wurden die regionalen Kulturen neu aufgewertet, und zum andern machte es sich das Kulturministerium noch in den siebziger Jahren zur Aufgabe, vom Franquismus vernachlässigten Künstlern ihren verdienten Platz im Kulturleben zurückzugeben. Als wichtigste Voraussetzung dafür ist mit dem Ende des *Ministerio de Información* – der kulturellen Kontrollinstitution des Franquismus – die Aufhebung der Zensur anzusehen.

Abgrenzungen

Die *transición* ist, wie ihr Name schon andeutet, als ein allmähliches Hineinwachsen in die Demokratie zu verstehen. Deshalb vertreten Historiker wie z. B. Charles Powell (2001) die These, dass diese Phase der spanischen Geschichte schon in den sechziger Jahren ihren Anfang nahm. Raymond Carr (1983) sieht den Beginn bereits im *Plan de Estabilización* von 1957, greift damit jedoch eindeutig zu weit zurück. Dagegen spricht Anthony L. Geist (1995: 145) von einer verspäteten Reaktion der spanischen Kultur auf die Diktatur. Fusi (1999, 135) bezieht sich auf López Aranguren, wenn er davon ausgeht, dass das Kulturestablishment spätestens seit 1970 wieder von liberalen Intellektuellen in der Tradition der *krausistas* bestimmt wurde. Wie dem auch sei, als 1977 Vicente Aleixandre den Nobelpreis für Literatur erhielt, war dies als eine Geste von außen zu deuten: Die demokratische Welt hatte Spanien wieder in ihren kulturellen Kreis aufgenommen.

Was das Ende der Übergangszeit angeht, so herrschen ebenfalls Meinungsverschiedenheiten. Nach den ersten freien Parlamentswahlen von 1977, der Verfassung von 1978 und dem gescheiterten Putschversuch am 23. Februar 1981 konsolidierte sich die junge Demokratie 1982 mit dem Wahlsieg der sozialistischen Partei (*PSOE*). Der Eintritt Spaniens in die Europäische Union am 1. Januar 1986 und die positiv ausgefallene Volksabstimmung über die Mitgliedschaft in der NATO im gleichen Jahr werden öfters als Endpunkte der *transición* genannt (Rodríguez Ibáñez 1987). Nach Bernecker (1998: 92) kam es erst jetzt zur *„Rückkehr Spaniens zur europäischen ‚Normalität'"*.

Auch 1992, als die sozialistische Regierung durch die 500-Jahrfeier der *Entdeckung* Amerikas (Expo-Sevilla) und die Olympischen Spiele in Barcelona der Welt ein neues, modernes Spanienbild zeigte, könnte als Zäsur gelten. Zu spät für das Ende der *transición* erscheint jedoch das Jahr 1996 mit der politischen Wende von der sozialistischen (*PSOE*) zur konservativen Regierung des *Partido Popular*. Dass die spanische Rechte heute nicht mehr in der Tradition Francos steht, sondern sich schon längst in das Konzert der demokratischen Parteien Europas eingefügt hat, war 1996 keine Frage mehr.

Pakt des Schweigens

Eine umfassende Bewältigung der Vergangenheit fand während der *transición* und findet bis heute nicht statt. Der spanische Historiker Santos Juliá behauptet, um den Neubeginn möglich zu machen, habe man sich entschieden, das Gewesene zwar nicht zu vergessen, aber doch *„echar en olvido"*, also ruhen zu lassen.

1986 jährte sich zum 50. Mal der Ausbruch des Bürgerkriegs. Der damalige Ministerpräsident Felipe González schrieb dazu in *El País*

(18. 7. 1986) den bezeichnenden Satz: *„Una guerra civil no es un acontecimiento conmemorable"* (zit. nach Bernecker 1998: 79). Dieser Schlussstrich diente dem Selbstverständnis des demokratischen Spanien, weil die Erinnerung an die jüngste Vergangenheit Minderwertigkeitsgefühle erzeugte, die nicht zum Selbstverständnis des neuen EU-Mitgliedstaates passten. Nach Juan Goytisolo (1999: 43) schlossen die Akteure aus den verschiedenen politischen Lagern nach FRANCOS Tod den *„pacto de borrón"*, um die Spaltung der spanischen Gesellschaft, den Mythos der *dos Españas*, zu überwinden und somit den Übergang in die demokratische Gesellschaftsordnung überhaupt erst möglich zu machen. Daraus lässt sich folgern, dass die spanische Kultur keine Erinnerungskultur ist.

Namen der Vergangenheit

Die Auseinandersetzung mit der jüngsten Vergangenheit findet bis heute höchstens bruchstückhaft statt. In vielen Städten wurden die Straßennamen, die an die Diktatur erinnerten, umbenannt. Doch findet man in konservativen Gegenden wie z. B. in Kastilien weiterhin die *Calle del Generalísimo* oder die *Avenida del 18 de Julio*. Auf der Fassade der Kathedrale in Ávila ist noch immer der Name des Regime-Märtyrers JOSÉ ANTONIO PRIMO DE RIVERA zu lesen. Denkmäler FRANCOS gibt es noch in Santander oder in Madrid auf der *Plaza San Juan de la Cruz*. In Valencia hingegen wurde die *Plaza del Caudillo* in *Plaza del Pays Valenciá* umgetauft, und FRANCOS Reiterbild wurde entfernt. Das Gebäude der franquistischen Sicherheitspolizei auf der *Plaza de Sol* in Madrid ist heute Sitz der autonomen Regierung. An die Tatsache, dass dort in den Kellern bis 1975 politisch Andersdenkende gefoltert wurde, erinnert eine Inschrift am Eingang.

Es gibt in Spanien ein Bürgerkriegsarchiv in Salamanca, es gibt aber kein Bürgerkriegsmuseum. Kultstätten des Franquismus wie *El valle de los caídos* (siehe S. 66) können noch immer besichtigt werden. Auf Staatskosten werden sie instand gehalten und symbolisieren die Ideologie der Diktatur, auch wenn in der Repräsentationsform der letzten Jahre eine Verschiebung von politischen auf christlich-katholische Werte stattgefunden hat. Eine kritische Auseinandersetzung mit der Vergangenheit findet dadurch nicht statt. Es gibt in Spanien keine Mahnmale für die Opfer der Diktatur.

Franquistische Staatsbeamte wurden nicht entlassen. ADOLFO SUÁREZ, u. a. Fernsehdirektor unter FRANCO, wurde vom König zum ersten Ministerpräsidenten der *transición* ernannt und dann auch demokratisch gewählt. MANUEL FRAGA, der schon öfters erwähnte Minister unter FRANCO, war nach 1975 langjähriger Führer der demokratischen Rechten und ist bis heute Präsident der autonomen Region Galicien.

Symbole der Gegenwart

Während die Jubiläen des Franquismus – *Glorioso Alzamiento* und *Día de la Victoria* – aus dem kollektiven Gedächtnis gelöscht werden, blieben der 12. Oktober, der Tag der *Entdeckung* Amerikas, als *Día de la*

Hispanidad und Feiertag der Virgen del Pilar erhalten. Heute wird außerdem CERVANTES' Todestag am 23. April 1616 als *Día del libro* gefeiert. An diesem Tag verleiht das Königspaar in der Universität von Alcalá de Henares den spanischsprachigen Literaturpreis *Premio Cervantes* und empfängt danach im Madrider *Palacio de Oriente* spanische und hispanoamerikanische Kulturvertreter. Wer an diesem Tag ein Buch kauft, erhält in den Buchhandlungen Preisnachlass. Der 23. April ist außerdem als Namenstag des Heiligen Georg Feiertag in Katalonien.

Premio Cervantes

Noch kurz vor FRANCOS Tod wurde im September 1975 der *Premio Cervantes* ins Leben gerufen. Die Jury des nun renommiertesten Preises für spanischsprachige Schriftsteller setzt sich bis heute aus Mitgliedern der *Real Academia de la Lengua* zusammen, die vom Kulturministerium ernannt werden. Die erste Verleihung ging 1976 an JORGE GUILLÉN, der als Vertreter der *generación del 27* und Exilspanier die antifranquistische Kultur repräsentierte. Ein anderer *Siebenundzwanziger*, GERARDO DIEGO, teilte sich die Auszeichnung 1980 mit JORGE LUIS BORGES.

Der *Premio Cervantes* ist ein politischer Preis, was deutlich daran zu erkennen ist, dass er unter den Sozialisten an ideologisch links orientierte Schriftsteller (RAFAEL ALBERTI) vergeben wurde, an konservative unter der Regierung des *Partido Popular*: 1996 z. B. ging der *Premio Cervantes* an den Vertreter des *garcilasismo* JOSÉ GARCÍA NIETO und im Jahr 2000 an FRANCISCO UMBRAL.

Versöhnungsgesten

Schon 1944 näherten sich Regimegegner aus verschiedenen Lagern einander an. Die Monarchisten unter GIL ROBLES und die Kommunisten sprachen von einem unnützen Bruderkrieg und boten sich gegenseitiges Verzeihen an. 1956 forderte die Kommunistische Partei die nationale Versöhnung und bereitete damit den Diskurs vor, der erst in der *transición* wirksam werden sollte.

Am 14. Oktober 1977 ratifizierte das Parlament eine großzügige politische Amnestie. Seit 1978 zahlt der Staat Pensionen an republikanische Kriegsverletzte und Hinterbliebene. Eine Schlüsselposition bei diesen Maßnahmen kam JUAN CARLOS I. zu. Von FRANCO erzogen und zu seinem Nachfolger bestimmt, suchte der zukünftige König früh seinen eigenen Weg. Schon Anfang der siebziger Jahre pflegte er den Kontakt zur politischen Opposition. Die erste Staatsreise des Königspaares ging im November 1978 nach Mexiko, das Land der Exilspanier *per se*. Der Symbolcharakter wurde noch dadurch unterstrichen, dass der König dort die Witwe MANUEL AZAÑAS besuchte.

Ebenfalls als Versöhnungsgesten sind schon 1976 die Reisen des Königspaars in die verschiedenen spanischen Regionen zu verstehen. In Katalonien sprach der König einige Sätze auf Katalanisch. In Galicien besuchte er aber auch FRANCOS Witwe in El Ferrol. Niemand sollte nach 1975 ausgeschlossen bleiben, was auch ein berühmtes Foto bezeugt, auf dem König Juan Carlos I. während einer Unterredung dem Präsidenten der Kommunistischen Partei SANTIAGO CARRILLO den Aschenbecher reicht. Diese wenigen Beispiele zeigen, dass sich JUAN CARLOS I. als König aller Spanier und Ende des 20. Jhs. in Europa nur als Oberhaupt einer pluralistischen demokratischen Monarchie verstehen konnte.

Neben der Krone hat sich auch die spanische Kirche um Versöhnung bemüht. Bis heute ist sie die einzige öffentliche Institution, die sich mindestens teilweise für ihre Zusammenarbeit mit FRANCO entschuldigt hat. Die entscheidende Rolle kam dabei Kardinal ENRIQUE Y TARANCÓN (1907–1994), zuletzt Erzbischof von Madrid-Alcalá, zu.

Rückkehr aus dem Exil

Eine außerordentliche Symbolkraft gewann die Rückkehr des Gemäldes *Guernica* (siehe S. 36) aus New York im Jahr 1981, als sich PICASSOS Geburtstag zum hundertsten Mal jährte. Wie er testamentarisch bestimmt hatte, sollte das Bild dem Prado-Museum vermacht werden, nachdem Spanien wieder eine Republik geworden sei. Nicht im Prado-Museum, dessen Direktor PICASSO während des Bürgerkriegs war, sondern im Nebengebäude *Casón del buen retiro* wurde *der letzte Heimkehrer* hinter Glas und von *Guardias civiles* bewacht ausgestellt. Die Vorsichtsmaßnahmen zeigen, wie dünnhäutig die junge Demokratie noch war. 1992 erfolgte dann der Umzug des Gemäldes ins *Museo de Arte Contemporáneo Reina Sofía*, wo es bis heute unter immer weniger strengen Sicherheitsvorkehrungen ausgestellt ist.

Auch Tote kehrten zurück. Der Präsident der Zweiten Republik, NICETO ALCALÁ ZAMORA, 1949 in Buenos Aires gestorben, und der Sozialist und republikanische Minister FRANCISCO LARGO CABALLERO, im französischen Exil von den Nazis ermordet, wurden nach Madrid umgebettet. Die Leiche des letzten spanischen Königs, ALFONSO XIII., der 1941 in Rom starb, wurde in die Königsgruft des Escorials überführt. JOSÉ ANTONIO PRIMO DE RIVERA wurde dort exhumiert, um im *Valle de los Caídos* neben FRANCO seine letzte Ruhestätte zu finden.

Wichtiger als diese Symbolakte war ebenfalls im Zeichen der Versöhnung die Rückkehr der Exilspanier, nachdem die Generalamnestie für politische Gefangene gewährt worden war. Linksintellektuelle wie der schon erwähnte Schriftsteller und Maler RAFAEL ALBERTI oder die Kommunistenführerin DOLORES IBÁRRURI, *La Pasionaria* genannt, gehörten zu den meisterwarteten Heimkehrern.

Dolores Ibárruri

DOLORES IBÁRRURI (1895–1989) stammte aus einer baskischen Minenarbeiterfamilie. Während der Zweiten Republik war sie in der Führung der Kommunistischen Partei (*PCE*) aktiv. Sie prägte den bekannten und viel diskutierten Slogan des Bürgerkriegs *„vale más morir de pie que vivir de rodillas"*. 1939 ging sie nach Moskau und war dort Generalsekretärin und ab 1960 Präsidentin der Kommunistischen Partei im Exil. 1977 kehrte sie nach achtunddreißigjähriger Abwesenheit nach Spanien zurück. Noch im gleichen Jahr wurde sie bei den ersten demokratischen Wahlen als Abgeordnete in die Cortes gewählt, die sie als

Alterspräsidentin eröffnete. In diesem ersten Übergangsparlament saßen noch Vertreter der Diktatur, die sie ins Exil gezwungen hatten. *La Pasionaria* hielt sich an die Spielregeln der *transición* und forderte keine Genugtuung für das ertragene Leid.

1963 erschien ihre Autobiografie, die sie wahrscheinlich in ironischer Anlehnung an *El camino de perfección* jetzt *El único camino* nannte, und 1985 wurden die *Memorias de Dolores Ibárruri: la lucha y la vida* veröffentlicht. Schon zu Lebzeiten hatte die Partei sie in einen Mythos verwandelt.

Rafael Alberti

RAFAEL ALBERTI (1902–1999), der jüngste Vertreter der *generación del 27*, verbrachte die langen Jahre des Exils in Frankreich, Lateinamerika und zuletzt in Italien. Anfang 1977 hielt er sich in Rom auf und war entschlossen, nach Spanien zurückzukehren. Als dann aber bei dem Attentat rechtsextremer Terroristen in der *Calle Atocha* fünf Rechtsanwälte starben, bat ihn FRANCISCO UMBRAL in einem öffentlichen Brief in *El País*, nicht zurückzukehren, denn Spanien sei immer noch das alte, düstere Land. ALBERTI antwortete ebenfalls in *El País* vom ersten Februar in einem Artikel mit der Überschrift „*Tengo que ir a España*". In dem Text erinnert er an den Beginn des Bürgerkriegs 1936 und an den oben erwähnten Vorfall in der salmantinischen Universität (s. S. 92).

Noch im Februar 1977 lud ihn das Königspaar in Rom zur Rückkehr nach Spanien ein. Am 27. April betrat der andalusische Dichter und Maler wieder spanischen Boden. Mit dieser Rückkehr kann vom Ende des Exils gesprochen werden. Auch ALBERTI wurde als Mitglied der Kommunistischen Partei in die *Cortes* gewählt und leitete nach DOLORES IBÁRRURIS Rückzug aus der Politik 1979 als Alterspräsident die Eröffnungssitzung des Parlaments.

Rückschläge

Es lag, wie schon gesagt, in der Natur der *transición*, dass die autoritären Strukturen des Franquismus erst allmählich abgebaut wurden. PILAR MIRÓS Film *El crimen de Cuenca* durfte, obwohl die franquistische Zensurbehörde abgeschafft war, 1979 nicht uraufgeführt werden, denn er stellte Folterpraktiken der *Guardia Civil* in den fünfziger Jahren dar. Die alte Militärmacht lebte noch fort. 1977 gelang es ihr auch, durch eine Strafanzeige ALBERT BOADELLA, den Direktor der katalanischen Theatergruppe *Els Joglars*, ins Gefängnis zu bringen, weil in dem Stück *La torna* Seitenhiebe auf das spanische Heer unter FRANCO ausgeteilt wurden. *Els Joglars* musste sich auch gegen Zensurversuche vonseiten der Katholischen Kirche wehren, z. B. 1983, als die Gruppe das Stück *Teledeum* uraufführte.

Modernisierung bedeutete während der *transición* auch die Legalisierung von Verhütungsmitteln (1978), ein Abtreibungsgesetz (1985) und die Abschaffung des Homosexuellenparagrafen. Nicht alle Sektoren der Gesellschaft waren damit einverstanden. Zu den Versuchen, die Modernisierung der Kultur aufzuhalten, zählten 1977 die Bomben in den Redaktionen der Tageszeitung *El País* und der Satirezeitschrift

El Papus. Ihren Höhepunkt erreichten die Aktivitäten der Reaktion am 23. Februar 1981, als der Angehörige der *Guardia civil*, TEJERO, die *Cortes* in Madrid mit Waffengewalt besetzte. Der Putschversuch scheiterte, weil JUAN CARLOS I. als Oberbefehlshaber der Armee noch in der gleichen Nacht vor der Kamera des staatlichen Fernsehens Loyalität für die Demokratie forderte. Am folgenden Morgen war auf der ersten Seite von *El País* doppelbödig und unmissverständlich *„El País con la Constitución“* zu lesen.

El País

El País erschien am 4. Mai 1976 als erste freie Tageszeitung der Demokratie. Die erste Schlagzeile hatte – charakteristisch für die spanischen Verhältnisse – ein ETA-Attentat zum Thema. Die Zeitung galt während der *transición „als intellektuelles Gewissen des Landes“*, wie es Martin Dahms in einem *Zeit*-Artikel vom Mai 1996 ausdrückte, und steht bis heute in der liberalen Tradition ORTEGA Y GASSETS.

Daneben erschienen wichtige regionale Zeitungen in den jeweiligen Sprachen: die katalanische *Avui* und ein Jahr später dann die baskische Zeitung *Egin*. 1978 war die der katholischen Kirche nahe stehende *Ya* noch die meist verkaufte Tageszeitung (82000 Exemplare), es folgten *ABC* mit 73000 und *El País* mit 63000 Lesern. Sieben Jahre später stand Letztere an erster Stelle.

2 Kulturerneuerung

Vokabeln

Kulturelle Veränderungen können auch an *Kulturwörtern* abgelesen werden. Aus dem kollektiven Wortschatz der Spanier verschwanden nach FRANCOS Tod Wörter wie *aperturistas* für Politiker, die in den letzten Jahren der Diktatur für eine Teilmodernisierung des Landes plädierten, oder *azules*, die ironische Bezeichnung für die Mitglieder der *UCD* (Suarez' Regierungspartei in der *transición*), die ihre blauen Hemden (Uniform der *Falange*) versteckten, um in der Demokratie zu regieren. Die *grises* hingegen waren die Polizisten der *Policía Nacional*; ab den achtziger Jahren trugen sie dann braune Uniformen. Als *carcas* beschimpfte die spanische Linke während der Übergangszeit jene, die sich allen Neuerungen (Scheidung, Verhütungsmittel, Abtreibung, usw.) streng verweigerten. Inzwischen sind sie fast ausgestorben. *Parte*, ursprünglich Heeresbericht, war unter FRANCO der populäre Ausdruck für die Nachrichtenmeldungen des Regimes. Ältere Spanier verwenden ihn noch heute. Die *platajunta* (Zusammensetzung aus *plataforma* und *junta*) war eine Art Runder Tisch aus der frühen Zeit der *transición*, den die demokratischen Parteien gegen das Weiterleben des Franquismus organisiert hatten.

Umorientierungen

Das *Ministerio de Cultura* gründete nicht nur neue kulturelle Institutionen, sondern wies den alten neue Inhalte zu. Im *Centro dramático nacional* werden beispielsweise in einer eigens eingerichteten Abteilung die aktuellsten Tendenzen des spanischen Theaters gepflegt. In den beiden Häusern der Institution, *María Guerrero* und *Sala Olimpia,* führt man seit 1978 neben ausländischen auch spanische Autoren auf, die unter FRANCO verfolgt oder zensiert waren.

1985 wurde das *Teatro clásico* mit der Aufgabe gegründet, die Rezeption der spanischen Bühnenklassiker des Goldenen Zeitalters, CERVANTES, LOPE DE VEGA, CALDERÓN und TIRSO DE MOLINA zu intensivieren, aber in einer anderen Konzeption als dies zum Beispiel in der *Comédie Française* der Fall ist. Nicht die Werktreue hat Priorität, sondern die Aktualisierung der Stücke durch moderne Inszenierungen.

Aufwertungen

Das Œuvre des Malers JOAN MIRÓ (1893–1983) erhielt schon 1975 eine Stiftung und ein eigenes Museum in Barcelona. Mit MIRÓS emblematischen Lithografien warb Spanien in den achtziger Jahren um Touristen. RAFAEL ALBERTI wurde mit Auszeichnungen überschüttet, 1983 erhielt er den *Premio Cervantes* und 1989 trat er in die *Real Academia de Bellas Artes* ein. Die ebenfalls exilierte Philosophin MARÍA ZAMBRANO, Schülerin ORTEGA Y GASSETS, erhielt 1981 den *Premio Príncipe de Asturias* und 1989 den *Cervantes.* Es wäre ein Leichtes, weitere Beispiele anzuführen. Die Werke FEDERICO GARCÍA LORCAS, die von der Diktatur ignoriert oder verschwiegen wurden, kamen endlich zur Aufführung. *El Público* und *Comedia sin título* wurden 1976 ediert und Anfang der neunziger Jahre erstmals gespielt. Die stark homoerotisch konnotierten *Sonetos del amor oscuro* kamen erst 1995 auf den Markt.

Dissidenten wie AGUSTÍN GÓMEZ-ARCOS (1939–2000) wurden in der Werkreihe der Theaterzeitschrift des Ministeriums, *El Público,* der spanischen Leserschaft vorgestellt. Der Exilspanier FERNANDO ARRABAL (1939) lebt seit 1955 in Paris und war noch zu Beginn der siebziger Jahre im Ausland besser bekannt als in Spanien, obwohl er zu den großen Neuerern des spanischen Theaters gehört. Erst nach der Aufsehen erregenden Inszenierung von *El arquitecto y el emperador de Asiria* 1977 in Barcelona (Regie KLAUS MICHAEL GRÜBER) wurde ihm mehr Beachtung geschenkt.

Neu bewertet und uminterpretiert wurde auch die Geschichte. Das Kulturministerium organisierte 1988 eine monumentale Ausstellung zum 200. Todestags CARLOS' III. Damit war eine Aufwertung der Aufklärung beabsichtigt; im Franquismus war sie als Wiege des liberalen Gedankenguts verpönt. JOSÉ ANTONIO MARAVALLS kritische Studien zur Geschichte des *Siglo de Oro* fanden jetzt ebenso Gehör wie die Ergebnisse der schon erwähnten Kongresse in Pau, die MANUEL TUÑÓN DE LARA im französischen Exil organisiert hatte. Dem Philologen ALONSO ZAMORA VICENTE ist es zu verdanken, dass VALLE-INCLÁN, der unter FRANCO aus dem Literaturkanon gestrichen und in Vergessenheit geraten war, seine Bedeutung zurückerhielt. Auch die marxistische Interpretation seiner Werke, die JUAN ANTONIO HORMIGÓN schon 1972 vorlegte, konnte jetzt rezipiert und diskutiert werden.

Auf ganz besondere Weise spiegelt sich die *transición* in Malerei und Architektur wider. So umarmen sich auf dem Gemälde *El brazo* (1976) von JUAN GENOVÉS (1930) mehrere gesichtslose Menschen. Diese anonyme Versöhnungsgeste – auch als Plakat für die Amnestieforderung eingesetzt – wurde zur Ikone der Übergangszeit. Eine engagiertere Auseinandersetzung mit dem Bürgerkrieg initiierte die Künstlergruppe *Equipo Crónica* schon 1969 mit dem Gemälde *El intruso*. Ein maskierter Krieger zerstört PICASSOS *Guernica* und produziert dadurch ein verheerendes Chaos. In *Guernica cortado* (1974) kommen zum gleichen Thema Motive des Barockmalers ZURBARÁN hinzu. Dadurch wird die sakrale Kunst und damit der Katholizismus der Francozeit entmystifiziert. Direkter denunziert MANUEL RIVERA (1925–1995) in *Retablo de las víctimas de la violencia* von 1977 das Unrechtssystem zwischen 1939 und 1975.

Vergangenheitsbewältigung und Kunst

EDUARDO ARROYO (1937) malte schon im Exil gegen die *España Negra*. 1963 stellte er auf der Dritten Pariser Biennale seine FRANCO-Vision in *Los cuatro dictadores* vor: Die Opfer des Faschismus zeichnete er dem Diktator ins Gesicht, auf seiner linken Brust sind ein *Ecce homo* und ein Wolfshund zu sehen. Ein Flugzeug der Legion Condor fliegt ihm in den Unterleib. Der gelb-rote Hintergrund des Bildes, der auf die spanische Staatsfahne anspielt, musste nach den Protesten seitens der spanischen Regierung während der Ausstellung verdeckt werden.

Aus der Zeit der *transición* ist der Zyklus *Reflexiones sobre el exilio* (ab 1978) hervorzuheben. Das Bild *Regreso de Companys a Barcelona* evoziert durch ein Gestapo-Auto, das an einen Sarg erinnert, die Ermordung des katalanischen Politikers. Die SS hatte COMPANYS in Frankreich aufgegriffen und an FRANCO ausgeliefert. Auch ARROYO wurde von der Demokratie restituiert: 1976 beauftragte ihn die Regierung mit der Ausstattung des spanischen Pavillons auf der Bienale von Venedig. 1982 erhielt er den *Premio Nacional de Artes Plásticas*. Aus diesem Jahr stammt das Bild *La muerte de García Lorca*. Berühmt ist auch das Gemälde *Retrato del enano Sebastián de Morra, bufón de corte nacido en Figueras en la primera mitad del siglo XX* von 1970. Hier rechnet ARROYO in einer VELÁZQUEZ-Parodie mit SALVADOR DALÍ ab, indem er ihn als Franquisten bloßstellt.

Eduardo Arroyo

Trotz der eher halbherzigen Vergangenheitsbewältigung ist die Aufarbeitung des Krieges und der Diktatur ein Thema der spanischen Nachkriegsliteratur. 1976 wurde JESÚS TORBADO für *En el día de hoy* der hoch dotierte Verlagspreis *Premio Planeta* verliehen. In dem Roman gewinnen die Republikaner den Bürgerkrieg. Die Art des humoristischen und parodistischen Umgangs mit dem Thema kann über GABRIEL PLAZA MOLINAS *Crónica milagrosa de Óscar Ferreira* (1978) bis zu CELAS *Marzurca para dos muertos* (1983) weiterverfolgt werden. Diese Banalisierung der jüngsten Geschichte ist als Versuch der Distanzgewinnung zu verstehen, wobei gemäß der Natur der *transición* keine Schuld eingefordert wurde.

Vergangenheitsbewältigung und Literatur

Zwei Jahre nach TORBADO erhielt JUAN MARSÉ den *Premio Planeta* für den Roman *La muchacha de las bragas de oro.* Hier bekennt ein Francoanhänger seine Schuld, ähnlich wie PEDRO LAÍN ENTRALGO in seiner Autobiografie *Descargo de conciencia 1930–1960* von 1976. Der Text des bekehrten Falangisten inspirierte MARSÉ zu einer jetzt ernsthafteren Auseinandersetzung mit der Vergangenheit. In der Regel erfolgt diese bis heute weitaus oberflächlicher nach dem Muster, das der Erfolgsautor ANTONIO MUÑOZ MOLINA in *Beatus ille* (1986) anwendet. Ein junger Philologe schreibt dort seine Doktorarbeit über Jacinto Solano, einen vergessenen Dichter der *generación del 27.* Dabei wird gezeigt, dass durch FRANCO vieles an kollektivem Gedächtnis verloren ging, es kommt aber zu keiner wirklichen Anklage. Das geschehene Unrecht wird verdrängt.

Abrechnungen

Die Modernisierung, wie sie während der *transición* in allen gesellschaftlichen Bereichen erfolgte, wurde besonders anschaulich auf der Bühne dargestellt. In *El día de Gloria* (1983) von FRANCISCO ORS erfährt Gloria, eine spanische Durchschnittshausfrau, dass ihr Sohn Amado anstelle der von ihr erträumten Schwiegertochter deren Vater als Lebenspartner gewählt hat. Indem sie lernt, diese Beziehung zu akzeptieren, gelingt es ihr, ihre eigene, schon lange zur Farce gewordene Ehe infrage zu stellen und aus den konventionellen Familienstrukturen auszubrechen, und zwar mit dem besten Freund ihres Sohnes. Das Stück bedeutet eine Absage an die traditionelle Macho-Gesellschaft. Männliche Familienoberhäupter, die sich als Einzige der Moderne verweigern, verweisen auf das Staatsoberhaupt der Diktatur und ziehen sich als Leitmotive durch die Literatur und durch das Kino der *transición.* Ors zeigt acht Jahre nach FRANCOS Tod in diesem Stück ähnlich wie PEDRO ALMODÓVAR in seinen Filmen, wie die spanische Gesellschaft gelernt hat, die traditionellen Grundsätze hinter sich zu lassen, um sich der neuen pluralistischen Wirklichkeit zu öffnen.

Vergangenheitsbewältigung und Film

Die Busfahrten in die Kinos von Perpignan waren nicht mehr nötig, nachdem am 11. November 1977 die Filmzensur abgeschafft worden war. Das spanische Kino hatte sich bald an die europäischen Verhältnisse angepasst. Produktionen aus den USA wurden zu Kassenschlagern, 1981 z.B. war *Supermann II* der meistgesehene Film, an zweiter Stelle rangierte *Die blaue Lagune,* ein amerikanischer Erotikfilm, erst an vierter Stelle folgte PILAR MIRÓS *El crimen de Cuenca.*

Die eigentliche Auseinandersetzung mit der Vergangenheit fand zunächst in Dokumentarfilmen statt. *Canciones para después de una guerra* von BASILIO MARTÍN PATINO wurde schon 1971 gedreht, aber erst 1976 freigegeben. Der Film mischt authentische Bilder und *coplas* von CELIA GÁMEZ und IMPERIO ARGENTINA aus den *„harten“* Jahren der Francozeit. Expliziter arbeitete MARTÍN PATINO in *Caudillo* (1977). *La vieja memoria* (1979) von JAIME CAMINO rettet die Erinnerungen von Opfern der Diktatur – LA PASIONARIA, FEDERICA MONTSENY, JOSEP TARRADELLAS – vor dem Vergessen. Vom gleichen Regisseur stammt der 2001 uraufgeführte Dokumentarfilm *Los niños de Rusia* über eine traurige Nebenerscheinung des Bürgerkriegs: das Schicksal der 3000 Kinder, die während des Krieges nach Russland evakuiert wurden und nie wieder nach Spanien zurückfanden.

Nach Buñuels Film *Le charme discret de la bourgeoisie*, der eine französische Produktion war, erhielt das spanische Kino 1983 mit *Volver a empezar* von José Luis Garci den ersten Oscar. Auch dieser Film lässt die spanische Geschichte seit dem Bürgerkrieg Revue passieren, ohne dass eine wirkliche Anklage ausgesprochen wird. Der Republikaner Antonio Miguel Albajara ging ins französische Exil, kam dort in ein KZ, emigrierte nach Mexiko und lehrte zuletzt Literatur an einer Universität in den USA. Als ihm der Nobelpreis zugesprochen wurde, kam er zurück nach Spanien, um in Gijón für einige Wochen seinen Erinnerungen nachzugehen. Zuletzt kehrte er in seine Wahlheimat USA zurück, um dort zu sterben.

Nachholbedürfnisse

Zwei Charakteristika des postfranquistischen Kinos, das Nachholbedürfnis nach der jahrelangen sexuellen Unterdrückung und der Boom der regionalen Produktionen, fallen in Imanol Uribes Film *La muerte de Miguel* (1984) über Homosexualität im Baskenland zusammen. Uribes Laufbahn begann 1979 mit einem Dokumentarfilm über den Prozess von Burgos. Das Thema der gleichgeschlechtlichen Liebe in Verbindung mit Politik behandelt auch Eloy de la Iglesia in *El diputado* (1978), wo ein Neonazi und Francoanhänger sich in einen kommunistischen Abgeordneten verliebt und deshalb von seinen Gesinnungsgenossen ermordet wird.

In *Flor de Otoño*, 1974 von José María Rodríguez Méndez als Theaterstück geschrieben, aber erst 1981 uraufgeführt, bereitet in den zwanziger Jahren ein junger barcelonesischer Anwalt mit Anarchisten eine Revolte vor. Nachts tritt er als Frau in einem Nightclub auf. Der Grund für seine Hinrichtung am Ende des Dramas liegt in der sowohl sexuellen als auch politischen Ambiguität seiner Persönlichkeit. Wie notwendig die Aufarbeitung dieser Aspekte der jahrelangen Unfreiheit war, zeigt sich auch daran, dass das Stück schon 1978 in einer kinematographischen Version unter der Regie von Pedro Olea beachtlichen Erfolg verzeichnen konnte. Aus dem gleichen Jahr stammt Ventura Pons' Dokumentarfilm *Ocaña. Retrato intermitente* über einen berühmten Transvestiten aus Barcelona. Die Vorliebe für traditionelle Folklore in subversiver Anlehnung an die Kitsch-Kultur des Franquismus ist eine Möglichkeit, auf die auch Pedro Almodóvar zurückgreift, um das Trauma der Diktatur durch eine Verzerrung ins Komische zu überwinden.

Auch in der Literaturszene ist das Nachholbedürfnis evident. Schon 1979 reagierte der Verlag Tusquets mit der erotischen Reihe *La sonrisa vertical* auf eine Lücke im bisherigen spanischen Kulturleben. Der gleichnamige Preis für erotische Literatur ging auch an namhafte spanische Autoren wie z. B. ALMUDENA GRANDES, ANA ROSSETTI oder LUIS ANTONIO DE VILLENA.

Schwulen- und Lesbenkultur

Natürlich konnte sich auch die schwule und lesbische Gegenkultur erst nach FRANCOS Tod in Szene setzen. Oscar Guasch (1991) spricht für die Zeit nach 1975 bezeichnenderweise von einer *„transición homosexual"*. 1979 wurde das homophobe FRANCO-Gesetz von 1970, die *Ley de Peligrosidad y Rehabilitación Social*, außer Kraft gesetzt. Schon ab 1974 ging mit den Zeitschriften *Ajoblanco* und *Bicicleta*, später auch *Nosotras* und *Entiendes*, das Kulturleben der Homosexuellen an die Öffentlichkeit. Ihr Manifest erschien 1977 in Barcelona, herausgegeben von der Gruppe *Dignitat* unter dem Vorsitz des Jesuiten SALVADOR GUASCH FIGUERAS. Wichtige Akteure der Bewegung waren die Musikgruppe *Azúcar Moreno* oder der *Gay Rock* von EDUARDO HARO IBARS. Das Lied *„¿A quién le importa lo que yo haga?"* der Popsängerin ALASKA gilt bis heute als Hymne der Bewegung. Wie bei anderen Phänomenen der *transición* kam es bald zu einer regionalen Auffächerung der Schwulen- und Lesbenorganisationen. In Madrid gibt es inzwischen ein Stadtviertel, Chueca, wo sich die homosexuelle (Alltags-) Kultur angesiedelt hat.

Ein Merkmal der spanischen Schwulenkultur ist die Ironisierung und blasphemische Darstellung der traditionellen Werte. Beispiele aus der Theaterliteratur sind die Stücke von FRANCISCO NIEVA, aus der Romanliteratur passen in diesen Kontext EDUARDO MENDICUTTIS transvestierte Heiligenikonen. PEDRO ALMODÓVAR zählte 2000 in den Dankesworten anlässlich der Verleihung des Oscars für *Todo sobre mi madre* in einer Art Litanei alle möglichen und unmöglichen Heiligen Spaniens auf. Schon in *La ley del deseo* (1986) – der Film schließt mit einer homoerotischen Pietà – werden die traditionellen Familienverhältnisse ad absurdum geführt. Dass dieser frei-freche und selbstbewusste Umgang mit den einst unantastbaren Werten des Franquismus überhaupt möglich wurde, zeugt zuletzt doch von einer tief greifenden Veränderung der soziokulturellen Verhältnisse nach FRANCOS Tod.

Dieter Ingenschay (2000) vermisst allerdings mit Recht eine Auseinandersetzung der spanischen Homosexuellen mit ihrer eigenen Vergangenheit, d.h. mit der Unterdrückung und Verfolgung von Schwulen und Lesben während der Diktatur. Wohl wurde in dem Paysender *Canal Plus* im Juni 1998 ein Dokumentarfilm über die Diskriminierung Homosexueller durch Inhaftierung und Umerziehung gezeigt, da aber der spanische Faschismus in Bezug auf die Homosexualität kein kollektives, sondern *nur* ein individuelles Trauma hinterließ, fand die Bewältigung auch nicht kollektiv statt. Während der spanischen Diktatur gab es keinen Holocaust. Daher gilt auch hier, wie in der *transición* generell, der *pacto del olvido*.

Bis 1975 konnte in Spanien keine verheiratete Frau ohne Erlaubnis ihres Mannes ein Konto eröffnen, einen Pass beantragen oder auch nur ein Auto kaufen. Abtreibung und Verhütung waren, wie schon erwähnt, illegal, Scheidung nicht möglich. Ab 1978 konnten dann Verhütungsmittel gekauft werden, ab 1981 gab es wieder ein Scheidungsrecht in Spanien. In der *transición* wurden die ersten Frauenbuchläden eröffnet, und 1983 wurde das dem Kulturministerium angegliederte *Instituto de la mujer* gegründet. Heute gibt es feministische Forschungsinstitute an verschiedenen Universitäten (z. B. an der *Universidad Autónoma de Madrid*, in Barcelona und in Valencia). In Spanien studieren zurzeit mehr Frauen als Männer, nach Frankreich und Dänemark gibt es hier die meisten Studentinnen in Europa.

Frauen

Bernecker (1998); Cruz (1999); Fusi (1999); Geist (1995); Goytisolo (1999); Guasch (1991); Ingenschay (2000); Mainer (2000); Martín Gaite (1978); Moleón (1995); Powell (2001); Rodríguez Ibáñez (1987); Sánchez Vidal (1995); Sánchez Vidal (2000); Tusell/Soto (1996); Vilar (1976); Vilar (1984).

Literatur

4 Demokratische Neuordnung

1 Zwischen Tradition und Innovation

In einigen Bereichen wird sich Spanien trotz der inzwischen erreichten Europäisierung auch weiterhin von anderen Ländern unterscheiden. Tagesrhythmus und Essenszeiten sind im Vergleich zum übrigen Europa verschoben, das Mittagessen wird nie vor zwei Uhr serviert, und in spanischen Restaurants kann man vor 21 Uhr kein Abendessen bestellen. Die Kultur der *tapas* und ein Nachtleben, das nie vor Mitternacht beginnt, gehören zu den Attraktionen und zu den Topoi, die viele Ausländer faszinieren. „*Pasárselo bien*" und „*salir*" in der erst neuerdings von der Königlichen Sprachakademie akzeptierten Bedeutung von „*abends ausgehen*" sind Schlüsselwörter der spanischen Kultur der *vividura* nach 1975.

Lebensweisen

Glücksspiele sind in Spanien sehr verbreitet. Laut Statistik gaben die Spanier im Jahr 1999 mehr als sieben Milliarden Euro in den zahlreichen Bingo-Lokalen und in den Annahmestellen der staatlichen Lotterien aus. Die Weihnachtslotterie, die am 22. Dezember gezogen und während mindestens fünf Stunden vom Ersten Fernsehprogramm direkt übertragen wird, gehört zu den Highlights der Spielkultur.

Aber natürlich kommt das Glück nicht von allein. Deshalb findet man in vielen spanischen Haushalten noch immer Statuen des Heiligen Pankratius, Schutzpatron für Glücksspiele und Vollbeschäftigung. Auch Wahrsager werden konsultiert. Skurrile Figuren der spanischen

Massenkultur, wie z. B. der Hellseher Rapell oder die *pitonisa* Lola, sind extreme Varianten des Phänomens Aberglaube. Sie stehen gleichzeitig für eine Gesellschaft, die wirtschaftlich noch hinter dem europäischen Niveau zurücksteht.

Fiestas

Diese Spannung zwischen modernem Weltverständnis und Aberglaube findet sich auch in anderen Kulturbereichen. Oben (S. 61) wurde schon auf die Bedeutung der Karwochentradition seit dem Barockzeitalter hingewiesen. Sie stellt jedoch nur die Spitze eines Eisbergs von Bräuchen dar, die in Spanien seit Jahrhunderten gepflegt werden. In der Gegend von Alicante, bis 1609 Zentrum der moslemischen Bevölkerung, tragen alljährlich *Cristianos y moros* Kämpfe aus. Sie zeugen ebenso vom Weiterbestehen traditioneller Kulturphänomene wie die Pilgerfahrt zum Rocío (siehe S. 41). Als *lunes de aguas* wird in Salamanca der Ostermontag bezeichnet und noch immer gefeiert. Nachdem die Prostituierten im *Siglo de Oro* während der Fastenzeit die Stadt verlassen mussten, wurden sie am Tag nach dem Auferstehungsfest wieder eingelassen. Der Bischof und die Stadthonoratioren persönlich empfingen sie am Tormes-Fluss. Gerade die religiösen Feste haben bis heute ihre Bedeutung nicht verloren, obwohl immer weniger Spanier praktizierende Katholiken sind.

Zu den charakteristischen Verquickungen gehört auch die von Religion und Heidentum, z. B. in Calanda, dem Geburtsort Buñuels, wo zwischen Karfreitag und der Auferstehungsnacht pausenlos die Trommeln geschlagen werden. Diese *tamboradas* mit bestimmten Rhythmen werden so lange durchgehalten, bis den Trommlern die Hände bluten und sie in Trance geraten. Sie sind weniger Zeichen innerer Religiosität als einer kollektiven Katharsis. Ihr Echo findet sich in den Trommeln aus Buñuels oben erwähntem Film *L'âge d'or*. Gerade in seinen Filmen spielt die Religion eine wichtige Rolle. Ob es der unnütze Fanatismus eines Säulenheiligen oder die sich ins Absurde steigernden Diskussionen über die katholischen Glaubensdogmen sind – der Auseinandersetzung mit den christlichen Normvorstellungen ist immer eine blasphemische Note beigegeben.

Movida

Diese Erscheinung der frühen Achtziger ist der Madrider Beitrag zur Punk- und Subkultur. Die Popsängerin Martirio präsentierte eine Mischung zwischen Tradition und Postmoderne nicht nur in ihren Liedern, sondern auch in ihrem Outfit. Anstatt einer *peineta*, dem typischen spanischen Einsteckkamm, steht die *Giralda* von Sevilla auf ihrem Kopf. Die phallische Implikation des Glockenturms der Kathedrale von Sevilla ist natürlich beabsichtigt. Auch die Ohrringe in Form von Kaffeekännchen, die María Barranco in dem Film *Mujeres al borde de un ataque de nervios* (1988) von Pedro Almodóvar trägt, können die neue Ästhetik, die bis heute fortdauert, illustrieren. Alaskas Rockmusik, gespielt in Lokalen wie *La Vía Láctea* oder *Pentagrama*, gehört genauso zur *movida madrileña* wie die Zeitungsartikel von Francisco

UMBRAL, TERENCI MOIX oder ROSA MONTERO. Lieder wie *El Tatuaje* oder *Fumando espero* (siehe S. 97) feiern jetzt ihr nostalgisches Come-back.

Den kinematographischen Startschuss der *movida* gab ALMODÓVARS erster Film *Pepi, Luci, Bom y otras chicas del montón* (1979–1980), und zwar nicht nur, weil ALASKA darin die lesbische Punksängerin Bom spielt, sondern auch weil die sado-masochistischen Praktiken eines faschistoiden Polizisten als Abrechnung mit der Vergangenheit verstanden werden können. Dass es sich dabei nicht um eine Form der Bewältigung handelt, geht aus der folgenden Erklärung ALMODÓVARS hervor: „*Yo nunca hablo de Franco, así que no hay nostalgia ni nada similar. Las historias se desarrollan como si él nunca hubiera existido, porque para la gente que hoy tiene 15 ó 20 años todos sus puntos de referencia, sus traumas, los fantasmas de su pasado, están desconectados de la dictadura [...]. Si existe un tema común en mis películas es una lucha por la absoluta libertad individual llevada al extremo, y esto puede ser considerado como una postura política*" (Besas 1985: 216). So vermitteln Schwule, Lesben, Prostituierte und Transsexuelle in der *movida* ein neues Bild der Hispanität. Fröhlich enthemmt fordert die Normabweichung nach der langjährigen Unterdrückung ihre Rechte ein.

Design

In den Designerbars Barcelonas finden Kultur, Kommerz, Architektur, Innenausstattung und *fashion* zusammen. Im *Merbeye* (1978), in *Las Torres de Ávila* (1991) oder der rechtzeitig zur Olympiade fertig gestellten Bar *La Langosta* arbeitete der Designer JAVIER MARISCAL (1950) mit Kulturclichés wie Stieren oder Flamencotänzerinnen. MARISCAL entwarf auch „Cobi", das Symbol der Olympiade in Barcelona, und gilt mit den *Historias de Garriris* als Erneuerer des spanischen Comics. Der Mallorquiner Maler MIQUEL BARCELÓ (1957) verwendet ebenfalls die spanischen Kultursymbole und verbindet sie z. B. in dem 1985 entstandenen Gemälde *La gran cena española* spielerisch mit Pfannen und Töpfen oder ähnlichen Elementen aus der spanischen Alltagskultur.

Architektur

Spanische Architekten erwarben sich in den letzten zwanzig Jahren einen internationalen Ruf: RAFAEL MONEO (1937), RICARDO BOFILL (1939) und SANTIAGO CALATRAVA (1951) sind dabei an erster Stelle zu nennen. MONEOS *Museo Nacional de Arte Romano* (1986) steht am Anfang einer Baupolitik, die der offiziellen Freizeitarchitektur eine besondere Bedeutung beimisst: Es folgen in San Sebastián das *Auditorio* (MONEO) oder in Valencia der *Palacio de la Música* (JOSÉ MARÍA GARCÍA DE PAREDES). Erwähnenswert sind auch von Ausländern konzipierte und inzwischen schon emblematische Gebäude, wie der *Centro de Arte Contemporáneo* in Santiago de Compostela (ÁLVARO SIZA) oder das *Museo de Arte Contemporáneo de Barcelona* (RICHARD MEIER). 1997 wurde in Bilbao das Guggenheim-Museum eröffnet. Das postmoderne Projekt FRANK O. GEHRYS gehört in ein Spanien, das die *transición* endgültig hinter sich gelassen hat.

Presse

El País gehört zum größten spanischen Medienkonzern *Prisa*, der außerdem die meistgehörte spanische Radiokette *Cadena Ser*, den Fernsehsender *Canal Plus*, die Spielfilmproduktion *Sogetel* und den Verlag *Alfaguara* kontrolliert. Diese monopolähnlichen Verflechtungen drücken der weitverzahnten Medienkultur einen eigenen Stempel auf. Der Abstand zum nächsten Konzern, *ZETA* (*Interviú*, *El Periódico de Cataluña*), ist beträchtlich.

Inzwischen gibt es Alternativen auf dem Medienmarkt. 1989 gründete PEDRO J. RAMÍREZ, zuvor Chefredakteur vom *Diario 16*, die jetzt zweite Tageszeitung Spaniens, *El Mundo*. Sie hat sich zum Organ der modernen Konservativen entwickelt. Ihr Ton ist aggressiv und polemisch, sie ist auf der ständigen Suche nach Skandalen und hat sich auf die Korruptionsfälle der *PSOE*-Zeit spezialisiert. 1999 verließ LUIS MARÍA ANSÓN die rechtsgerichtete Zeitung *ABC* und gründete in einer ähnlichen Couleur *La Razón*. Sie nimmt inzwischen Platz vier auf der Verkaufsliste der spanischen Tageszeitungen ein.

Die ideologischen Zuordnungen verlaufen jedoch nicht allzu streng. Ein Blatt wie das katholische und monarchistische *ABC* konnte bis vor kurzem eine progressive Kulturbeilage herausgeben, die nicht zur sonstigen Konzeption der Zeitung passte. *Babelia*, die Kulturbeilage von *El País*, erscheint seit 1991, und seit 1992 in einer speziellen Edition für Katalonien. Die Verkettung auf dem Medienmarkt sieht man auch daran, dass die bei Alfaguara verlegten Bücher in *Babelia* positiv besprochen werden. Allerdings sollte man sich auch hier vor zu groben Generalisierungen hüten.

Literaturbetrieb

Nach Hans Neuschäfer (1998) zeichnet sich der spanische Literaturbetrieb durch eine besonders auffällige Verflechtung von Kultur und Kommerz aus. Das Beispiel des Bestseller-Autors PÉREZ REVERTE, der z. B. als Berichterstatter am Golfkrieg teilnahm, zeigt, wie dicht Journalismus und Schriftstellerei verwoben sind. Dieses Phänomen, das schon zu Beginn des 20. Jhs. existierte, erklärt außerdem, dass hierzulande eine Unterscheidung zwischen trivialer und *hoher* Literatur oft nicht vorgenommen werden kann.

Zu den typischen Vernetzungen gehört auch die enge Verbindung zwischen dem Literaturbetrieb und der Literaturwissenschaft, wie sie an der Universität betrieben wird. ANDRÉS AMORÓS ist Lehrstuhlinhaber an der *Universidad Complutense*, als Schriftsteller verfasste er zuletzt das Libretto zur Oper *Don Quijote* (Musik: CRISTÓBAL HALFFTER), die 2000 im *Teatro Real* uraufgeführt wurde. Inzwischen ist er Staatssekretär im Kulturministerium. Poeten wie CARLOS BUSOÑO oder FANNY RUBIO lehren Literaturwissenschaft. ALBERTO DE CUENCA, der den Ruf eines „postmodernen" Dichters hat, ist Professor für griechische Philologie am

Consejo superior de Investigaciones Científicas. Er war außerdem Direktor der Nationalbibliothek und arbeitet zurzeit als Staatssekretär im Kulturministerium.

Fernsehen

1956 wurde die *Televisión Española* gegründet, seit 1966 sendet auch das Zweite Programm. Wichtiger politischer Rahmen der Fernsehanstalten ist nach FRANCOS Tod die in der demokratischen Verfassung garantierte Pressefreiheit. Seit 1979/80 unterliegt das staatliche Fernsehen der parlamentarischen Kontrolle, was bis heute darauf hinausläuft, dass die Regierungspartei über die Ämterbesetzung im *RTE* (*Radio Televisión Española*) bestimmt. Im Jahr 1983 begann das baskische *Euskal Telebista* seine Übertragung, ein Jahr später folgte der erste katalanische Sender. Beide haben inzwischen mehrere Programme. 1985 starteten die regionalen Sender in Galicien, in Andalusien (*Canal Sur*), in Valencia (*Canal 9*) und in Madrid (*TeleMadrid*) ihre Übertragungen. Seit 1983 gibt es in Spanien Satellitenfernsehen und seit 1990 private Fernsehanstalten: *Antena 3, Telecinco, Canal Plus,* sodass mittlerweile die Medienlandschaft in Spanien den europäischen Verhältnissen angeglichen ist.

Auch die Programmgestaltung entspricht inzwischen der europäischen Norm. Nur in der Übertragung von Stierkämpfen und folkloristischen Musikprogrammen ist noch eine Eigenart zu erkennen. Ein beachtenswertes Phänomen sind die *Telenovelas*, die Mitte der achtziger Jahre aus Lateinamerika eingekauft wurden. Die Intrigen von *Los ricos también lloran* oder *Cristal* wurden täglich von mehr als 10 Millionen Zuschauern verfolgt. Heute senden sowohl die staatlichen als auch die privaten Programme eigene Serienproduktionen, 1994 startete im katalanischen Fernsehen *Poble Nou* und im Baskenland *Goenkale*. Seit 1998 gehört *Al salir de clase* (*Telecinco*) zu den beliebtesten *Telenovelas*.

Väter

Im Film der Francozeit spielte der Kinderstar MARISOL die ideologisch vorbildliche Tochter. Schon zu Beginn der *transición* schwor PEPA FLORES dem Regime ab und entpuppte sich als Kommunistin. Die Rebellion der Tochter repräsentiert auch in einigen Schlüsselfilmen der späten Diktatur kritische Haltung und politische Verweigerung. In CARLOS SAURAS Film *La prima Angélica* (1973) steht aus dem Blick Angélicas die autoritäre Vaterfigur für den Franquismus, der liberale Onkel für die Hoffnung auf Veränderung.

Agustín Sánchez Vidal (1995: 97) stellt heraus, dass unmittelbar vor oder nach FRANCOS Tod Filme gedreht wurden, die sich auf eine verdeckte, psychologisch zu interpretierende Weise mit der Diktatur auseinander setzen. SAURAS *Cría Cuervos* (1975) und *Mamá cumple cien años* (1979) gehören ebenso dazu wie *Furtivos* (1975) von JOSÉ LUIS BORAU oder *Camada negra* (1977) und *Sonámbulos* (1977) von MANUEL GUTIÉRREZ ARAGÓN. In diesen Werken spielen Väter nur eine untergeordnete Rolle oder fehlen ganz. Um das Autoritätsdenken und andere

Werte des Franquismus zu überwinden, musste der Übervater Franco durch Mutterfiguren ersetzt werden.

Mütter

1999 wurden zwei bemerkenswerte Filme über Mütter uraufgeführt, *Todo sobre mi madre* von Pedro Almodóvar und *Solas*, das Erstlingswerk des 1965 geborenen Benito Zambrano. *Todo sobre mi madre* erhielt den Oscar für den besten nichtamerikanischen Film und ist wie schon *Mujeres al borde de un ataque de nervios* (1988) als Hommage an die spanischen Frauen zu verstehen. In allen Filmen Almodóvars werden die Grenzen zwischen den Geschlechtern verwischt, das weiblich Elemente dominiert und selbst die Männer wollen Frauen werden.

Solas spielt in der grauen Vorstadt Sevillas. Im Zentrum der Handlung stehen Mutter und Tochter als Verliererinnen der Gesellschaft und Opfer eines archaisch anmutenden, aber noch immer präsenten Machismo. Die Tochter kommt nicht zurecht mit den widersprüchlichen Verhältnissen in der spanischen Gesellschaft, die sich zu schnell den Regeln einer modernen Demokratie anpassen musste und die alten Strukturen noch nicht überwunden hat. Wegen der Desorientierung verfällt sie dem Alkohol. Gegen das brutale und gefühlskalte Verhalten von Vater und Liebhaber bietet die Mutter eine stille Alternative, in der Sensibilität, Menschlichkeit und Liebe vorherrschen. Um diese Frauenwelt darzustellen, verzichtet Benito Zambrano auf den Glamour, wie er sich durch das Schaffen Almodóvars zieht.

3 „Spanienjahre" 1992 und 1998

Polemik

Der spanische Staat inszenierte die Fünfhundertjahrfeier der „Entdeckung" Amerikas gewichtig und unkritisch. Von offizieller Seite wurde das während der *Conquista* begangene Unrecht nicht thematisiert. Fray Bartolomé de las Casas, der sich im 16. Jh. als Erster kritisch gegen seine Landsleute auf die Seite der einheimischen Bevölkerung stellte, wurde nicht aufgewertet. Nur einzelne Organisationen und Intellektuelle äußerten abweichende Haltungen: die *Mujeres unidas contra el quinto centenario*, die *Grupo de los cien* mit der *Declaración Morelia* oder Juan Goytisolo, der sich in Anlehnung an Günter Grass als Nestbeschmutzer im eigenen Land versteht.

Die sozialistische Regierung wollte die Feierlichkeiten als Aushängeschild für den definitiven Eintritt Spaniens in Europa nutzen. Der Welt wurde ein modernes Spanienbild, vorbereitet durch die Gründung des *Instituto Cervantes* 1991, gezeigt. Diesem staatlichen Kulturinstitut obliegt seither die Vermittlung der spanischen Sprache und Kultur im Ausland. Im Logo des *Instituto Cervantes* ist der Buchstabe *ñ* zu erkennen, der im Rahmen der europäischen Computerglobalisierung abgeschafft werden sollte, sich jedoch nach dem Protest der spanischen Regierung behaupten konnte.

Sevilla

Als offizieller Akt des Jubiläumsjahrs galt die Eröffnung der Expo-Sevilla. Die Weltausstellung und das Kulturprogramm – dazu gehörten auch 65 Stierkämpfe – lockte 41 Millionen Besucher an. Zur Aufarbeitung der Geschichte Lateinamerikas kam es dabei kaum, auch wenn das eurozentrische Wort *Entdeckung* (*descubrimiento*) durch den Terminus *Begegnung* (*encuentro*) ersetzt wurde. In Spanien und Lateinamerika wurden 28 historische Gebäude restauriert, in Madrid beherbergt der *Palacio de Linares* seit 1992 das Kulturzentrum der *Casa de América*. Der erste spanische Hochgeschwindigkeitszug (*AVE*) zwischen Madrid und Sevilla war eine weitere Auswirkung des Jubiläumsjahres. MONEO baute dafür den Madrider Bahnhof Atocha um, ANTONIO ORTIZ und ANTONIO CRUZ den Bahnhof Santa Justa in Sevilla.

Barcelona

Barcelona veranstaltete 1992 die Olympischen Spiele. Voraus ging eine Umgestaltung und Modernisierung der Stadt. Die Eröffnungs- und Schlussfeiern der Spiele waren der Darstellung symbolisch wichtiger Themen der spanischen Kultur nach FRANCO vorbehalten. Als das Königspaar das Olympiastadion betrat, erklang nicht die nationale, sondern die während der Diktatur verbotene katalanische Hymne *Els segadors*. MONTSERRAT CABALLÉ und JOSEP CARRERAS sangen das katalanische Lied *El Cant de la Senyera* (*La Senyera* ist die katalanische Fahne). Als es der aktuelle Präsident von Katalonien, JORDI PUJOL, in der Francozeit öffentlich sang, war er dafür eingekerkert worden. Der Bürgermeister Barcelonas, PASQUAL MARAGALL, gedachte in seiner Eröffnungsrede LLUÍS COMPANYS, der 1934 die katalanische Unabhängigkeit ausrief und unter FRANCO hingerichtet wurde. Die Theatergruppe *La Fura dels Baus* inszenierte in der Schlussfeier der Spiele Kultursymbole der Mittelmeerregion.

Madrid

Gleichzeitig mit Sevilla und Barcelona wurde Madrid 1992 zur europäischen Kulturhauptstadt ernannt. 1992 zog PICASSOS *Guernica* ins *Museo Nacional Centro de Arte Reina Sofía* um, und nach langen Verhandlungen konnte im selben Jahr das Museum Thyssen Bornemisza eröffnet werden. Madrid zeigte sich unter dem rechten Bürgermeister ÁLVAREZ DEL MANZANO traditioneller als die anderen Jubiläumsstädte. Die *movida madrileña* gehörte der Vergangenheit an. Im Mittelpunkt der Feierlichkeiten standen jetzt *Zarzuela*-Aufführungen und die monumentale Inszenierung eines *Auto sacramental* CALDERÓNS auf der Plaza Mayor. Wie im Barockzeitalter verwandelte sich der Abend in ein Theaterfest mit Umzug, Vor-, Zwischenspielen und anschließender Tanzveranstaltung.

Sephardenjahr

1992 jährte sich mit der Rückeroberung Granadas zum fünfhundertsten Mal das Ende der *Reconquista* und damit die Vertreibung der Juden aus Spanien. Dem Epoche machenden Ereignis wurde nur halbherzig gedacht. Im Zusammenhang mit der Aufwertung der pluralistischen Vergangenheit Spaniens könnten die Ausstellung *Al Andalús* auf der

Alhambra in Granada oder die Einweihung des *Centro Islámico* in Madrid durch JUAN CARLOS I., der im Jahr 1992 größten Moschee Europas, als Versöhnungsgesten verstanden werden.

1998

1998 wurde vier wichtiger Ereignisse gedacht. Die Formierung der *generación del 98* im Zusammenhang mit dem Verlust der letzten spanischen Kolonien wird heute aus dem Krisenbewusstsein heraus als Beginn der Hinwendung Spaniens zu Europa interpretiert. Dieses Kulturereignis ersten Ranges harmonierte mit dem zwanzigjährigen Bestehen der Verfassung der Monarchie als Garant für den endgültigen Abschluss der Demokratisierung des Landes. Das vierhundertste Todesjahr FELIPES II., das mit drei wichtigen Ausstellungen und einer Fülle von Publikationen gefeiert wurde, diente nicht mehr dazu, eine glorreiche Vergangenheit heraufzubeschwören, wie dies unter FRANCO der Fall gewesen wäre. Ebenfalls 1998 wurde GARCÍA LORCAS hundertstem Geburtstag gedacht. Die homophobe Äußerung CAMILO JOSÉ CELAS während der Feierlichkeiten in Granada („*Prefería para mí una conmemoración más sobria, menos anecdótica y sin el apoyo de los colectivos gay. No tengo nada en contra de los gay, simplemente me limito a no tomar por culo*"), die natürlich scharfe Proteste hervorrief, zeigt, dass der kulturelle Antagonismus zwischen reaktionären und progressiven Intellektuellen der *dos Españas* noch nicht ganz überwunden ist.

4 Kulturkritik

Geschichtsbild

Santos Juliá stellt in seinem Artikel „Anomalía, dolor y fracaso de España" vom Oktober 1996 fest, dass die jüngeren Historiker ihre Untersuchungen nicht mehr auf die Prämisse des gescheiterten Spanien gründen. Themen wie Rückständigkeit, Dekadenz und Abtrennung von Europa zogen sich, denkt man nur an die wichtigen Studien von PIERRE VILAR, VICENS VIVES oder JORDI NADAL I OLLER, bis in die achtziger Jahre als Leitfäden durch die Historiographie. Die modernen Geschichtsanalysen lassen diese Gemeinplätze auf der Suche nach einer neuen Identitätsfindung hinter sich. Sie interpretieren den Verlauf der spanischen Geschichte parallel zur europäischen und im europäischen Kontext. Zu den Wissenschaftlern, die den Mythos des Scheiterns und der Dekadenz durch ein positiveres Geschichtsbild abzulösen versuchen, gehören JUAN PABLO FUSI, NICOLÁS SÁNCHEZ ALBORNOZ und SANTOS JULIÁ selber.

Kulturkritik

Die neuen geschichtswissenschaftlichen Arbeiten spiegeln auch das Hauptproblem der spanischen Gesellschaft nach der *transición* wider: die Gedächtnislücke. MANUEL VÁZQUEZ MONTALBÁN (1939) schreibt gegen den stillschweigenden Pakt der *transición* und die Verdrängung der jüngsten Vergangenheit an. Sein berühmter Ausspruch „*Gegen*

Franco *lebten wir besser"* zeigt darüber hinaus, dass der Verlust eines politischen Ziels zur Lethargie führen kann.

Die Vergangenheit wird verdrängt, aber ihr Schatten, so Antonio Saura (1999: 351 ff.), bleibt und trägt die Schuld für viele Rückständigkeiten. Die spanischen Künstler hätten vor 1975 den Anschluss an die Moderne verpasst und nach Francos Tod habe sich die Gesellschaft zu schnell und demnach nur oberflächlich verändert. Diese Kritik kann auch auf andere Bereiche bezogen werden. Naturwissenschaften oder Geisteswissenschaften hinken hinter dem internationalen Niveau her, und die spanischen Universitäten sind außer Landes kaum präsent.

Juan Goytisolo

Ganz ähnlich klingt die kulturkritisch gewichtige Stimme Juan Goytisolos. Seine intellektuelle Haltung ist sowohl in nationaler, kultureller als auch sexueller Hinsicht grenzüberschreitend und konnte schon im Franquismus vernommen werden. In *Coto vedado* (1985) denunzierte er rückblickend die Kultur der Diktatur. Der *Wojtysolo* der spanischen Kultur, wie ihn Juan Benet ironisch bezeichnet hatte, bemängelt heute einen Literaturbetrieb, der in Spanien ganz ähnlich wie unter Franco über wirtschaftliche und politische Beziehungen funktioniert. Sehr polemisch sprach er sich in diesem Zusammenhang zuletzt gegen die Verleihung des *Premio Cervantes* an Francisco Umbral aus.

In der Tradition Américo Castros wendet er sich in zahlreichen Essays und Zeitungsartikeln gegen das ausschließende Spanien, wie es sich historisch als katholisches Spanien der Inquisition gegen die Juden und Moslems zeigte. Parallelen in der Gegenwart sieht er im Europa-Spanien, das seine Grenzen der arabischen und lateinamerikanischen Welt verschließt. Nach Goytisolo lebten im 16. Jh. bis zu ihrer Vertreibung im Jahre 1609 mehr Mauren in Spanien als jetzt. Seine politischen Überzeugungen setzt Goytisolo auch literarisch um: Viele seiner Werke handeln von kulturellen Grenzüberschreitungen, und sein Roman *Juan sin tierra* (1975) endet mit einem Text in arabischer Schrift.

Rassismus versus multikulturelle Gesellschaft

Die Verbindungen Spaniens zu Amerika sind geschichtlich, die zu Afrika geografisch begründet, und die Immigration politischer und wirtschaftlicher Flüchtlinge aus diesen Kontinenten kann nicht unterbunden werden. Nur vierzehn Kilometer trennen Europa von Afrika. Jeder fünfte Einwanderer nach Europa geht zurzeit nach Spanien. In den letzten Jahren wurden hunderte Leichen von Marokkanern, die über die Meerenge von Gibraltar überzusetzen versuchten, an den spanischen Küsten geborgen. Dieser menschlichen Tragödie sind sich die Spanier kaum bewusst. Aktionen wie die von Javier Bauluz, José Bienvenido oder Ángel Carrasco Ragel, die die angeschwemmten Opfer fotografieren und die Fotos u. a. an den Badestränden ausstellen, sind selten.

In Sevilla leben ungefähr 50000 Sinti und Roma, in ganz Spanien sind es knapp eine Million. Nach FRANCO verfolgen die demokratischen Regierungen eine Integrationspolitik, die sich vor allem auf die Schulpflicht konzentriert. Ihre Kinder haben die gleichen Rechte wie alle anderen spanischen Schüler, und wenn – was immer wieder vorkommt – Eltern gegen die Anwesenheit von Sinti und Roma in den Schulen protestieren, hält sich der Staat streng an die Vorgaben der Verfassung gegen die Diskriminierung.

Kunst gegen Rassismus

Mehrere Künstler haben wiederholt auf die Probleme der Emigration aufmerksam gemacht: MONTXO ARMENDÁRIZ in seinem Film *Las cartas de Alou* (1990), der von einem illegal eingereisten Senegalesen handelt, oder IMANOL URIBE mit *Bwana*, der 1996 die *Concha de Oro* auf den Filmfestspielen von San Sebastián erhielt. Ein Taxifahrer und seine Familie begegnen im Urlaub einem Schwarzen und lernen, während sie mit ihm Freundschaft schließen, ihre Vorurteile abzulegen. In *Flores de otro mundo* von 1999 erzählen ICÍAR BOLLAÍN (Regie) und JULIO LLAMAZARES (Drehbuch) die Geschichte eines spanischen Dorfes, in dem plötzlich heiratswillige Frauen aus der Dominikanischen Republik eine kulturelle Öffnung provozieren, die nicht ohne Konflikte vonstatten geht. Der Film wurde mit dem Kritikerpreis in Cannes ausgezeichnet.

Homogenität

Es hat sich gezeigt, dass das Bild der spanischen Kultur im Laufe des 20. Jhs. radikalen Veränderungen unterzogen war. Zu Beginn stand eine auf Kastilien zentrierte Nationalkultur, die im Franquismus wieder aufgegriffen wurde. Heute befinden wir uns in einer multikulturellen Auflösung, wie sie sich auch in den übrigen europäischen Ländern ereignet. Die Medienabhängigkeit der Kultur bewirkt, dass die Unterschiede zwischen den verschiedenen Nationalkulturen eingeebnet werden. Diese Einebnung der lokalen Eigenheiten durch die Fernseh-Gesellschaft führt zu einem Verlust vieler kultureller Eigenheiten. Es bleibt jedoch festzustellen, dass in Spanien Unterschiede weiter bestehen. Sie fallen schon, wenn man aus Frankreich kommend die Grenze passiert, in dem Alltags- und Kultursymbol des schwarzen Stiers in den Blick. Auch wenn dieser nur als Reklame für eine nationale Brandysorte dient.

Literatur

Besas (1985); Guash (1991); Ingenschay, (1995); Juliá (1996); Neuschäfer (1998); Saura (1999); Trenzado Romero (1999).

Literatur

Nachschlagewerke

Anuario El País (1982ff). Madrid: Ediciones El País .

El racismo y la intolerancia en España en la mirada de la prensa, el arte y la cultura (2000). Hrsg.: Mercedes MARTÍNEZ DE LA TORRE/ Ubaldo MARTÍNEZ VEIGA. Madrid: C.S. de Comisiones Obreras.

Enciclopedia de Historia de España (1988–1993). Hrsg.: Miguel ARTOLA. 7 Bde. Madrid: Alianza.

GASCA, Luis (1998): *Un siglo de cine español*. Barcelona: Planeta.

Historical Dictionary of Modern Spain, 1700–1988 (1990). Hrsg.: Robert W. KERN. New York/Westport/London: Greenwood Press.

Historical Dictionary of Spain (1996). Hrsg.: Angel SMITH. Lanham/London: Scarecrow Press (= European Historical Dictionaries 11).

PREGO, Victoria (1999): *Diccionario de la Transición. De la Dictadura a la Democracia: quiénes la hicieron posible y quiénes trataron de impedirla*. Barcelona: Plaza & Janés.

QUESADA MARCO, Sebastián (1997): *Diccionario de civilización y cultura españolas*. Madrid: Istmo.

Spanienlexikon. Wirtschaft, Politik, Kultur, Gesellschaft (1990). Hrsg.: Walter L. BERNECKER u. a. München: C.H. Beck.

TRUSCOTT, Sandra/GARCÍA, María J. (1998): *A Dictionary of Contemporary Spain*. London: Hodder and Stoughton.

Einzelstudien

ABAD, Francisco (1994): *Introducción al pensamiento español del siglo XX. Dos estudios*. Málaga: Editorial Librería Ágora.

ABELLA, Rafael (1985): *La vida cotidiana en España bajo el régimen de Franco*. Barcelona: Argos Vergara.

ABELLÁN, José Luis (1971): *La cultura en España (Ensayo para un diagnóstico)*. Madrid: Edición Cuadernos para el Diálogo, S.A. Edicusa.

ABELLÁN, José Luis (1980): *Censura y creación literaria en España (1939–1976)*. Barcelona: Península.

ABELLÁN, José Luis (1983): *De la guerra civil al exilio republicano (1936–1977)*. Madrid: Editorial Mezquita.

ABELLÁN, José Luis (1989): *Visión de El Escorial (aproximación al mito)*. Madrid: J.L.A.

ABELLÁN, José Luis (2000): *Ortega y Gasset y los orígenes de la transición democrática*. Madrid: Espasa Calpe.

AGUILAR FERNÁNDEZ, Paloma (1996): *Memoria y olvido de la Guerra Civil española*. Madrid: Alianza.

ALCALDE, Carmen (1996): *Mujeres en el Franquismo. Exiliadas, nacionalistas y opositoras*. Barcelona: Flor del Viento Ediciones.

ALIAGA, J.V./CORTÉS, J.M.G. (1997): *Identidad y diferencia. Sobre la cultura gay en España*. Madrid: Egales.

ALMIRALL DE PI, Valentín (1886): *Lo Catalanisme. Motius que'l llegitiman*. Barcelona: Verdaguer.

ALTAMIRA, Rafael (1900–1911): *Historia de España y de la civilización española*. 4 Bde. Barcelona: Juan Gili.

ALTMANN, Werner (1998): „Totgeschossen, totgeschwiegen, totgefeiert. Federico García Lorca zum 100. Geburtstag." In: *Tranvía. Revue der Iberischen Halbinsel* 50, S. 6–13.

ALTMANN, Werner (2000): „Stierkampf. Versuch einer kulturhistorischen Rechtfertigung." In: *Hispanorama* 89, S. 67–76.

ALTMANN, Werner (2001): „Salir del armario. Los estudios ‚gays' en España." In: *Iberoamericana. América Latina – España – Portugal* I, 1, S. 181–195.

ÁLVAREZ DE MIRANDA, Ángel (1998): *Rito y juegos del toro*. Madrid: Biblioteca Nueva.

ÁLVAREZ JUNCO, José (2001): *Mater dolorosa. La idea de España en el siglo XIX*. Madrid: Taurus.

AMORÓS, Andrés (1990): *Lenguaje taurino y sociedad*. Madrid: Espasa Calpe.

ARREGI, Joseba/LÓPEZ GARRIDO, Diego (2000): *Ser nacionalista. Dos visiones en diálogo*. Madrid: Acento Editorial.

ASEMISSEN, Hermann Ulrich (1981): *Las Meninas von Diego Velázquez*. Kassel: Gesamthochschul-Bibliothek.

Asensio, Eugenio (1992): *La España imaginada de Américo Castro.* Barcelona: Editorial Crítica.

Azaña, Manuel (1990–1992): *Obras completas.* 4 Bde. Madrid: Giner.

Azorín (²1988): *La ruta de Don Quijote.* Ed. José María Martínez Cachero. Madrid: Cátedra.

Bachond, Andrée/Mourier-Martinez, Francisca (1990): *España, una democracia joven.* Paris/Milan/Barcelone: Masson.

Balcells, Albert (1996): *Catalan Nationalism. Past and Present.* London: MacMillan.

Barreiro Fernández, Xosé Ramón (1981): *Historia de Galicia.* Vigo: Galaxia.

Beneyto, José María (1999): *Tragedia y razón. Europa en el pensamiento español del siglo XX.* Madrid: Taurus.

Bennassar, Bartolomé (1984): *Inquisición española: poder político y control social.* Barcelona: Crítica.

Berger, John (1994): *Glanz und Elend des Malers Pablo Picasso.* Reinbek bei Hamburg: Rowohlt (= Rowohlts Enzyklopädie. Kulturen und Ideen 459).

Bernecker, Walter L. (1996): „Die spanische ‚Dekadenz' im Urteil der Historiker der Franco-Ära." In: *Siglo de Oro – Decadencia. Spaniens Kultur und Politik in der ersten Hälfte des 17. Jahrhunderts. La cultura y política de España en la primera mitad del siglo XVII.* Hrsg.: Heinz Duchhardt/Christoph Strosetzki. Köln/Weimar/Wien: Böhlau (= Münstersche historische Forschungen 10), S. 151–166.

Bernecker, Walter L. (1997): *Spaniens Geschichte seit dem Bürgerkrieg.* München: Beck.

Bernecker, Walter L. (1999): „Die Vertreibung der Juden aus Spanien. Zur Diskussion über das ‚Dekadenz-Syndrom'." In: *Spanien und die Sepharden.* Hrsg.: Norbert Rehrmann/Andreas Koechert. Tübingen: Niemeyer, S. 27–42.

Besas, Peter (1985): *Behind the Spanish Lens.* Denver: Arden Press.

Böhme, Hartmut/Matussek, Peter/Müller, Lothar (2000): *Orientierung Kulturwissenschaft. Was sie kann, was sie will.* Reinbek bei Hamburg: Rowohlt.

Böhme, Hartmut/Scherpe, Klaus R. (1996): *Literatur und Kulturwissenschaft. Positionen, Theorien und Modelle.* Reinbek bei Hamburg: Rowohlt.

Bolaños, María (1997): *Historia de los museos en España.* Gijón: Trea.

Bosse, Monika/Stoll, André (1999): *Theatrum mundi: Figuren der Barockästhetik in Spanien und Hispano-Amerika: Literatur, Kunst, Bildmedien.* Bielefeld: Aisthesis Verlag (=Bielefelder Schriften zu Linguistik und Literaturwissenschaft 8).

Botti, Alfonso (1992): *Cielo y dinero: el nacionalcatolicismo en España (1881–1975).* Madrid: Alianza.

Boyd, Carolyn P. (1997): *Historia patria. Politics, history and national identity in Spain, (1975–1995).* Princeton: Princeton University Press.

Bozal, Valeriano (1994): *Goya y el gusto moderno.* Madrid: Alianza (=Alianza Forma 127).

Braun, Karl (1997): *Der Tod des Stiers. Fest und Ritual in Spanien.* München: C.H. Beck.

Brenan, Gerald (1950): *The Face of Spain.* London: Turnstile Press.

Brenan, Gerald (1990): *The Spanish Labyrinth.* Cambridge: Cambridge University Press.

Buero Vallejo, Antonio (1961): *Las Meninas: fantasía velazqueña en dos partes.* Madrid: Alfil.

Cacho Viu, Vicente (1998): *El nacionalismo catalán como factor de modernización.* Madrid: Residencia de Estudiantes.

Calvo Carilla, José Luis (1998): *La cara oculta del 98. Místicos e intelectuales en la España del fin de siglo (1895–1902).* Madrid: Cátedra.

Camba, Julio (1916): *Alemania. Impresiones de un español.* Madrid: Espasa Calpe.

Caro Baroja, Julio (1970): *El mito del carácter nacional. Meditaciones a contrapelo.* Madrid: Seminarios y Ediciones.

Caro Baroja, Julio (1984): *El laberinto vasco.* San Sebastián: Txertoa (= Estudios vascos 12).

Carr, Raymond (⁹1999): *España 1808–1975.* Barcelona: Ariel.

Carr, Raymond (1983): *España de la Restauración a la democracia.* Barcelona: Ariel.

Castro, Américo (1948): *España en su historia. Cristianos, moros y judíos.* Buenos Aires: Losada.

Castro, Américo (1958): *Santiago de España.* Buenos Aires: Emecé.

Castro, Américo (1959): *Origen, ser y existir de los españoles.* Madrid: Taurus.

CASTRO, Américo (1971): *La realidad histórica de España*. México: Porrua.

CASTRO, Américo (1973): *Sobre el nombre y el quién de los españoles*. Madrid: Taurus.

CASTRO, Américo (1990): *De la España que aún no conocía*. 2 Bde. Barcelona: PPU.

CAUDET, Francisco (1984): *Crónica de una marginación. Conversaciones con Alfonso Sastre*. Madrid: Ediciones de la Torre.

CHUECA GOITIA, Fernando (1974): *Madrid, ciudad con vocación de capital*. Santiago de Compostela: Pico Sacro.

Cien años de cultura catalana 1880–1980. Catálogo a la exposición en el Madrid, Palacio de Velázquez (1980). Junio-octubre 1980. Madrid: Ministerio de Cultura.

Claves de la España del siglo XX (2001). Valencia: España Nuevo Milenio.

Contemporary Spanish Cultural Studies (2000). Hrsg.: Barry JORDAN/Rikki MORGAN-TAMOSUNAS. London: Arnold.

COSTA, Joaquín (1998): *Oligarquía y caciquismo como actual forma de gobierno en España: urgencia y modo de cambiarla*. Madrid: Biblioteca Nueva.

COTARELO Y MORI, Emilio (2001): *Historia de la zarzuela o sea del drama lírico en España desde su origen a fines del siglo XIX*. Madrid: Ediciones del ICCMU.

CRUZ, Rafael (1999): *Pasionaria*. Madrid: Biblioteca Nueva.

Cuando la transición se hizo posible. El ‚contubernio de Múnich' (1993). Hrsg.: Joaquín SATRÚSTEGUI. Madrid: Tecnos.

Del franquismo a la postmodernidad: cultura española 1975–1990 (1995). Hrsg.: José B. MONLEÓN. Madrid: Akal.

DÍAZ ARENAS, Ángel (1999): *La historia de España (1936–1996) en la literatura española contemporánea*. Madrid: Vosa.

DÍAZ, Lorenzo (1992): *La radio 1923–1995*. Madrid: Alianza.

DÍAZ, Lorenzo (1994): *La televisión en España 1949–1995*. Madrid: Alianza.

DÍAZ-PLAJA, Fernando (1981): *Francófilos y germanófilos*. Madrid: Alianza.

Diseño industrial en España. Exposición organizada por el Museo Nacional Centro de Arte Reina Sofía (1998). Madrid, 13 de mayo de 1998 – 31 de agosto de 1998. Barcelona: Plaza & Janés.

Dissidenten der Geschlechterordnung: Homosexuelle Literatur auf der iberischen Halbinsel (2000). Hrsg.: Werner ALTMANN/Cecilia DREYMÜLLER/Arno GIMBER. Berlin: Tranvía (= Gender Studies Romanistik Bd. 5).

DRESSENDÖRFER, Peter (1999): „Idearium der späteren Reconquista – zu Américo Castros ahistorischer Begrifflichkeit". In: *Spanien und die Sepharden: Geschichte, Kultur, Literatur*. Hrsg.: Norbert Rehrmann/Andreas Koechert. Tübingen: Niemeyer, S. 125–132.

El exilio español de 1939 (1976–1978). Hrsg.: José Luis ABELLÁN. 6 Bde. Madrid: Taurus.

ENZENSBERGER, Hans Magnus (1972): *Der kurze Sommer der Anarchie*. Frankfurt a. M.: Suhrkamp.

ENZENSBERGER, Hans Magnus (1981): „Las Casas oder Ein Rückblick in die Zukunft." In: Bartolomé de Las Casas: *Kurzgefaßter Bericht von der Verwüstung der Westindischen Länder*. Frankfurt a. M.: Insel, S. 124-153.

ENZENSBERGER, Hans Magnus (1989): *Ach Europa! Wahrnehmungen aus sieben Ländern. Mit einem Epilog aus dem Jahre 2006*. Frankfurt a. M.: Suhrkamp.

ESPAGNE, Michel/WERNER, Michael (1987): „La construction d'une référence culturelle allemande en France. Genèse et histoire (1750–1914)." In: *Annales E.S.C.* 4, S. 969–992.

España: sociedad, política y civilización (siglos XIX-XX) (2001). Hrsg.: José María JOVER ZAMORA/Guadalupe GÓMEZ-FERRER/Juan Pablo FUSI AIZPÚRUA. Madrid: Debate.

Estructura social y cambio político en España (1982). Hrsg.: José CAZORLA PÉREZ. Granada: Universidad de Granada.

Euskadi. Ein Lesebuch zu Politik, Geschichte und Kultur des Baskenlandes (1999). Hrsg.: Reiner WANDLER. Berlin: Edition Tranvía – Verlag Walter Frey.

FANJUL, Serafín (2000): „El mito de las tres culturas." In: *Revista de Occidente* 224, S. 9–30.

FELTEN, Uta (1998): *Traum und Körper bei Federico García Lorca: Intermediale Inszenierungen*. Tübingen: Niemeyer.

FERNÁNDEZ SORIA, José Manuel (1984): *Educación y Cultura en la Guerra Civil*. Valencia: Nau Llibres.

FERNÁNDEZ-QUINTANILLA, Rafael (1981): *La odisea del „Guernica" de Picasso*. Barcelona: Planeta.

FERRARY, Álvaro (1998): „La vida cultural: limitaciones, condicionantes y desarrollo. El franquismo." In: *Historia contemporánea de España (siglo XX)*. Hrsg.: Javier Paredes. Barcelona: Ariel, S. 836–861.

FOUCAULT, Michel (1966): *Les mots et les choses*. Paris: Gallimard.

FOX, Inman E. (1966): „Galdós's *Electra*. A detailed study of its historical significance and the polemic between Martínez Ruiz and Maeztu." In: *Anales Galdosianos* 1, S. 131–141.

FOX, Inman E. (1976): *La crisis intelectual del 98*. Madrid: Cuadernos para el diálogo.

FOX, Inman E. (1998): *La invención de España*. Madrid: Cátedra.

FRANZBACH, Martin (1988): *Die Hinwendung Spaniens zu Europa: die generación del 98*. Darmstadt: Wissenschaftliche Buchgesellschaft.

FREY, Peter (1989): *Spanien und Europa. Die spanischen Intellektuellen und die Europäische Integration*. Bonn: Europa Union Verlag.

FUSI, Juan Pablo (1984): *El País Vasco. Pluralismo y nacionalidad*. Madrid: Alianza.

FUSI, Juan Pablo (1999): *Un siglo de España. La cultura*. Madrid/Barcelona: Marcial Pons.

GABILONDO, Joseba (1999): „Travestismo y novela terrorista: masoquismo femenino y deseo en la literatura vasca postnacional." In: *La balsa de la Medusa* 49, S. 45–76.

GALLEGO MÉNDEZ, María Teresa (1983): *Mujer, Falange y Franquismo*. Madrid: Taurus.

GARCÍA CAMARERO, Enrique/GARCÍA CAMARERO, Ernesto (1970): *La polémica de la ciencia española*. Madrid: Alianza.

GARCÍA CÁRCEL, Ricardo/MORENO MARTÍNEZ, Doris (2001): *Inquisición. Historia crítica*. Madrid: Temas de Hoy.

GARCÍA CÁRCEL, Ricardo (1992): *La leyenda negra. Historia y opinión*. Madrid: Alianza.

GARCÍA QUEIPO DE LLAMO, Genoveva (1988): *Los intelectuales y la dictadura de Primo de Rivera*. Madrid: Alianza.

Gauche divine. Catálogo de la exposición organizada por el Ministerio de Educación y Cultura (abril-diciembre (2000). Madrid: Lunwerg.

GAUGER, Martin (1995): „Ein Beispiel: ‚Schlaf' oder ‚Traum' der Vernunft?" In: ders.: *Über Sprache und Stil*. München: C.H. Beck, S. 143–163.

GEIST, Anthony L. (1995): „Poesía, democracia, postmodernidad: España, (1975–1990)." In: *Del franquismo a la postmodernidad: cultura española (1975–1990)*. Hrsg.: José B. Monleón. Madrid: Akal, S. 143–158.

Geschichte der spanischen Literatur (1991). Hrsg.: Christoph STROSETZKI. Tübingen: Niemeyer.

Geschichte der spanischen Literatur (1997). Hrsg.: Hans-Jörg NEUSCHÄFER. Stuttgart: Metzler.

GIBSON, Ian (1998): *Federico García Lorca*. Barcelona: Crítica.

GIMÉNEZ CABALLERO, Ernesto (1927): *Los toros, las castañuelas y la Virgen*. Madrid: Caro Raggio.

GIMÉNEZ CABALLERO, Ernesto (1944): *Madrid nuestro*. Madrid: Vicesecretaría de Educación Popular.

GÓMEZ MARTÍNEZ, José Luis (1972): „Américo Castro y Sánchez Albornoz: dos posiciones ante el origen de los españoles". In: *Nueva Revista de Philología Hispánica* 21, S. 301–319.

GONZÁLEZ ANTÓN, Luis (1997): *España y las Españas*. Madrid: Alianza.

Goya. Caprichos – Desastres – Tauromaquia – Disparates (1982). Textos de Alfonso E. PÉREZ-SÁNCHEZ. Madrid: Fundación Juan March.

GOYTISOLO, Juan (1970): *Reivindicación del conde Don Julián*. México: Joaquín Mortíz.

GOYTISOLO, Juan (1982): *Spanien und die Spanier*. Frankfurt a. M.: Suhrkamp.

GOYTISOLO, Juan (1999): *Cogitus interruptus*. Barcelona: Seix Barral.

GRACIA, Jordi (1996): *Estado y cultura. El despertar de una conciencia crítica bajo el Franquismo (1940–1962)*. Toulouse: Presses Universitaires du Mirail.

GUASCH, Oscar (1991): *La sociedad rosa*. Barcelona: Anagrama.

GUBERN, Román (1986): *1939–1939: La guerra de España en la pantalla*. Madrid: Filmoteca Española.

GUBERN, Román u. a. (1995): *Historia del cine español*. Madrid: Cátedra (= Signo e imagen 40).

GULLÓN, Ricardo (1972): *De Goya al arte abstracto*. Madrid: Seminarios y ediciones.

GUMBRECHT, Hans Ulrich (1990): Eine *Geschichte der spanischen Literatur*. 2 Bde. Frankfurt a. M.: Suhrkamp.

HARLIZIUS-KLÜCK, Ellen (1995): *Der Platz des Königs: Las Meninas als Tableau des klassischen Wissens bei Michel Foucault*. Wien: Passagen Philosophie.

HERRERAS, Isabel (1995): *Mitología de la cruzada de Franco: El Alcázar de Toledo*. Madrid: Voga.

Historia de la transición 1975–1986 (1996). Hrsg.: Javier Tusell/Álvaro Soto. Madrid: Alianza.

Hofmann, Christina (1985): *Das spanische Hofzeremoniell von 1500–1700.* Frankfurt a. M./Bern: Peter Lang.

Hönsch, Ulrike (2000): *Wege des Spanienbildes im Deutschland des 18. Jahrhunderts. Von der Schwarzen Legende zum „Hesperischen Zaubergarten".* Tübingen: Niemeyer.

Hottinger, Arnold (1995): *Die Mauren. Arabische Kultur in Spanien.* München: Fink.

Huertas Vázquez, Eduardo (1988): *La política cultural de la Segunda República Española.* Madrid: Ministerio de Cultura.

II Congreso internacional de Escritores Antifascistas (1937) (1978). Hrsg.: Luis Mario Schneider. Barcelona: Laia.

Ilie, Paul (1972): *Los surrealistas españoles.* Madrid: Taurus.

Ingenschay, Dieter (1992): „‚Das kommt mir spanisch vor...' Homosexualität in der modernen spanischen Literatur." In: *Forum. Homosexualität und Literatur* 16, S. 26–52.

Ingenschay, Dieter (2000): „Identidad homosexual y procesamiento del franquismo en el discurso literario de España desde la transición." In: *Disremembering the Dictatorship: The Politicis of Memory in Spain since the Transition to Democracy.* Hrsg.: Joan Ramon Resina. Amsterdam: Rodopi, S. 157–190.

Iriarte, Iñaki (2000): *Tramas de identidad. Literatura y regionalismo en Navarra (1870–1960).* Madrid: Biblioteca Nueva.

Jones, Anny Brooksbank (1997): *Women in Contemporary Spain.* Manchester: Manchester University Press.

Juaristi, Jon (2000): „El nacionalismo vasco en el siglo XX. Der baskische Nationalismus im 20. Jahrhundert." In: *Hispanorama* 87, S. 43–58.

Juliá, Santos (1996): „Anomalía, dolor y fracaso de España." In: *Claves de la Razón Práctica* 66, S. 10–21.

Juliá, Santos (1990): *Manuel Azaña. Una biografía política: del Ateneo al Palacio Nacional.* Madrid: Alianza.

Justi, Carl (1983): *Diego Velázquez und sein Jahrhundert.* Leipzig: Reclam.

Kasper, Michael (1997): *Baskische Geschichte.* Darmstadt: Primus Verlag.

Kesser, Caroline (1994): *Las Meninas von Velázquez: eine Wirkungs- und Rezeptionsgeschichte.* Berlin: Reimer.

Koppelberg, Stephan (1998): „Galegisch, Euskara und Katalanisch – Sprachen und Sprachpolitik im spanischen Staat." In: *Spanien heute. Politik – Wirtschaft – Kultur.* Hrsg.: Walther L. Bernecker/Klaus Dirscherl. Frankfurt a. M.: Vervuert, S. 387–426.

Kortazar Uriate, Jon (1999): „Die baskische Literatur." In: *Euskadi. Ein Lesebuch zu Politik, Geschichte und Kultur des Baskenlandes.* Hrsg.: Reiner Wandler. Berlin: Edition Tranvía – Verlag Walter Frey, S. 120–137.

Kultur als Text. Die anthropologische Wende in der Literaturwissenschaft (1996). Hrsg.: Doris Bachmann-Medick. Frankfurt a. M.: Fischer.

La cuestión vasca. Claves de un conflicto cultural y político (1999). Hrsg.: Josetxo Beriain/Roger Fernández Ubieta. Barcelona: Proyecto A Ediciones.

La cultura española durante el Franquismo (1977). Hrsg.: Equipo Reseña. Bilbao: Ediciones mensajero.

La cultura española en la Restauración (I encuentro de Historia de la Restauración) (1999). Hrsg.: Manuel Suárez Cortina. Santander: Sociedad Menéndez Pelayo.

La Guerra Civil Española 50 años después (1989). Hrsg.: Manuel Tuñón de Lara u. a. Barcelona: Labor.

La nueva canción en España. Antología crítica y temática (1991). 2 Bde. Hrsg.: Jean-Jacques Fleury. Barcelona: Hogar del Libro (1991).

La Segunda República Española a través del Presidente Manuel Azaña, en el cincuentenario de su muerte (1940–1990) (1991). Getafe: Ayuntamiento de Getafe.

Lamo de Espinosa, Emilio (April 2001): „La normalización de España. España, Europa y la modernidad." In: *Claves de razón práctica* 111, S. 4-16.

Larra, Mariano José de (1989): *Artículos de costumbres.* Hrsg.: Luis F. Díaz Larios. Madrid: Espasa-Calpe.

Lissorgues, Yván (1999): „Los intelectuales españoles influidos por el krausismo frente a la crisis de fin de siglo (1890–1910)." In: *La actualidad del krausismo en su contexto europeo.* Hrsg.: Enrique M. Ureña/Pedro Álvarez Lázaro. Madrid: Parteluz, S. 313–352.

Llera Esteban, Luis de (2000): *La modernización cultural de España 1898–1975.* Madrid: Actas.

Llorente, Ángel (1995): *Arte e ideología en el franquismo (1936–1951)*. Madrid: Visor.
López Aranguren, José Luis (1975): *La cultura española y la cultura establecida*. Madrid: Taurus.
López-Cordón Cortezo, M.ª Victoria (1985): „La mentalidad conservadora durante la Restauración.“ In: *La España de la Restauración: Política, Economía, Legislación y Cultura. 1 Coloquio de Segovia*. Hrsg.: José Luis García Delgado. Madrid: Siglo XXI, S. 71–109.
Luis Buñuel. Film – Literatur – Intermedialität (1994). Hrsg.: Ursula Link-Heer/Volker Roloff. Darmstadt: Wissenschaftliche Buchgesellschaft.
Madariaga, Salvador de (1929): *Englishmen, Frenshmen, Spainiards. An Essay in Comparative Psychology*. London: Lowe & Brydone.
Maeztu, Ramiro de (121981): *Don Quijote, Don Juan y La Celestina. Ensayos en simpatía*. Madrid: Espasa-Calpe.
Maeztu, Ramiro de (1998): *Defensa de la Hispanidad*. Madrid: Rialp.
Mainer, José-Carlos (1994): *De postguerra (1951–1990)*. Barcelona: Crítica.
Mainer, José-Carlos (1998): „El otoño del miedo. La imagen fílmica y literaria de Franco.“ In: *Letras Peninsulares* 11, 1, S. 387–412.
Mainer, José-Carlos (41987): *La Edad de Plata (1902–1939). Ensayo de interpretación de un proceso cultural*. Madrid: Cátedra.
Mainer, José-Carlos/Juliá, Santos (2000): *El aprendizaje de la libertad 1973–1986*. Madrid: Alianza.
Mann, Thomas (1982): *Leiden und Größe der Meister*. Frankfurt a. M.: Fischer.
Manuel de Falla y Manuel Ángeles Ortiz: El retablo de Maese Pedro. Bocetos y figurines (1996). Catálogo a la exposición. Madrid: Residencia de Estudiantes.
Maravall, José Antonio (1960): *Velázquez y el espíritu de la modernidad*. Madrid Guadarrama.
Maravall, José Antonio (1975): *La cultura del Barroco*. Barcelona: Ariel.
Maravall, José Antonio (1979): *Poder, honor y élites en el siglo XVII*. Madrid: Siglo XXI de España.
Marías, Julián (1964): *Consideraciones de Cataluña*. Barcelona: Aymá.
Marías, Julián (1966): *Meditaciones sobre la sociedad española*. Madrid: Alianza.
Marichal, Juan (1995): *El secreto de España. Ensayo de historia intelectual y política*. Madrid: Taurus.
Martín Gaite, Carmen (1978): *El cuarto de atrás*. Barcelona: Destino.
Martín Gaite, Carmen (102001): *Usos amorosos de la postguerra española*. Barcelona: Anagrama.
Martín Martín, Fernando (1983): *El pabellón español en la Exposición Universal de París en 1937*. Sevilla: Publicaciones de la Universidad de Sevilla.
Martínez-Expósito, Alfredo (1998): *Los escribas furiosos. Configuraciones homoeróticas en la narrativa española*. New Orleans: University Press of South.
Menéndez Pidal, Ramón (31991): *Los españoles en la historia*. Madrid: Espasa Calpe.
Menéndez y Pelayo, Marcelino (1956): *Historia de los heterodoxos españoles*. Madrid: BAC.
Miguel, Amando de (1994): *Los españoles. Sociología de la vida cotidiana*. Madrid: Ediciones Temas de Hoy.
Miguel, Amando de (1997): *La sociedad española (1996)-(1997). Informe sociológico de la Universidad Complutense*. Madrid: Editorial Complutense.
Miguel, Amando de (2000): *El espíritu de Sancho Panza. El carácter español a través de los refranes*. Madrid: Espasa Calpe.
Mira Nouselles, Alberto (1999): *Para entendernos. Diccionario de cultura homosexual, gay y lésbica*. Barcelona: Ediciones de la Tempestad.
Modern Spanish Culture (1999). Hrsg.: David T. Gies. Cambridge: Cambridge University Press.
Montseny Mané, Federica (1987): *Mis primeros cuarenta años*. Barcelona: Plaza & Janés.
Neuschäfer, Hans-Jörg (1998): „Die Residencia de Estudiantes in Madrid.“ In: *Tranvía. Revue der Iberischen Halbinsel* 50, S. 17–19.
Neuschäfer, Hans-Jörg (1998): „Von der *movida* zum Kulturbusiness. Ein Blick in den spanischen Literaturbetrieb der 90er-Jahre.“ In: *Spanien – die Entdeckung einer europäischen Kultur*. Hrsg.: Hans-Peter Burmeister. Loccum: Evangelische Akademie, S. 31–53.
Noteboom, Cees (1992): *El desvío a Santiago*. Madrid: Ediciones Siruela.
Ors, Eugenio d' (1987): *La ben plantada. Glosari*. Barcelona: Edicions 62.
Ors, Eugenio d' (1993): *Lo barroco*. Madrid: Tecnos.

ORS, Eugenio d' (1996): *Goya: el vivir y el arte de Goya. Goya y lo grotesco a la luz de la historia.* Madrid: Libertarias/Prodhufi.

ORTEGA Y GASSET, José (1983): *Obras completas.* 12 Bde. Madrid: Alianza Editorial.

Pabellón Español. Exposición internacional de París 1937 (1987). Madrid: Centro de Arte Reina Sofía.

PAYNE, Stanley G. (1993): *Spain's first Democracy: the Second Republic, 1931–1936.* Madison: University of Wisconsin Press.

PÉREZ GALDÓS, Benito (1998): *Electra.* Madrid: Editorial Biblioteca Nueva.

PÉREZ GALDÓS, Benito (²1982): *Misericordia.* Madrid: Cátedra.

POWELL, Charles T. (2001): *España en democracia, 1975–2000.* Barcelona: Plaza & Janés.

PRESTON, Paul (2001): *Las tres Españas del 36. Una visión radicalmente distinta y original de la compleja trama de la guerra civil española.* Barcelona: Plaza & Janés.

RAMÍREZ, Juan Antonio (1999): *Guernica. La historia y el mito, en proceso.* Madrid: Electa.

REHRMANN, Norbert (1991): *Spanien: kulturgeschichtliches Lesebuch. Texte und Kommentare.* Frankfurt a. M.: Vervuert.

REHRMANN, Norbert (²1993): „Ist Spanien noch anders? Historisch-kulturelle Überlegungen zur Genealogie eines Mythos." In: *Spanien heute. Politik – Wirtschaft – Kultur.* Hrsg.: Walther L. Bernecker/Josef Oehrlein. Frankfurt a. M.: Vervuert, S. 347–387.

RICHARDS, Michael (1998): *A Time of Silence. Civil War and the Culture of Repression in Franco's Spain, 1936–1945.* Cambridge: The Press Syndicate of the University of Cambridge.

RODIEK, Christoph (1990): *Sujet-Kontext-Gattung. Die internationale Cid-Rezeption.* Berlin/New York: Walter de Gruyter.

RODRÍGUEZ IBÁÑEZ, José Enrique (1987): *Después de una dictadura: cultura autoritaria y transición política en España.* Madrid: Centro de estudios constitucionales.

RODRÍGUEZ MARTÍN, José Manuel (1996): „Aspectos neobarrocos en la ciudad actual. El ejemplo de Madrid." In: *La ciudad: Historia, Geografía y Arte.* Hrsg.: Josefa Otero/María Jesús Fuente. Madrid: Asociación Española del Profesorado de Historia y Geografía, S. 107–117.

RODRÍGUEZ MARTÍN, José Manuel (1998a): „La estética del franquismo." In: *Tiempo y Tierra. Revista de la Asociación Española del Profesorado de Historia y Geografía* 6, S. 119–136.

RODRÍGUEZ MARTÍN, José Manuel (1998b): *Historia del arte contemporáneo en España e Iberoamérica.* Madrid: Edinumen.

RODRÍGUEZ MARTÍN, José Manuel (2000): „La obra de Velázquez como fuente del arte contemporáneo." In: *Hispanorama* 90, S. 65–75.

ROLLHÄUSER, Lorenz (1990): *Toros, toreros.* Reinbek bei Hamburg: Rowolth.

RUIZ SALVADOR, Antonio (1971): *El Ateneo científico, literario y artístico de Madrid (1835–1885).* London: Tamesis.

SÁENZ DE LA CALZADA, Margarita (1986): *La Residencia de Estudiantes.* Madrid: C.S.I.C..

SALAS, Jaime de/BRIESEMEISTER, Dietrich (1999), *Las influencias de las culturas académicas alemana y española desde 1898 hasta 1936.* Frankfurt a. M.: Vervuert.

SAÑA, Heleno (1975): *España sin equilibrio. De los Reyes Católicos a la Segunda República.* Madrid: Sala Editorial.

SÁNCHEZ ALBORNOZ, Claudio (1956): *España, un enigma histórico.* Buenos Aires: Sudamericana.

SÁNCHEZ VIDAL, Agustín (1991): *Buñuel, Lorca, Dalí: El enigma sin fin.* Barcelona: Círculo de Lectores.

SÁNCHEZ VIDAL, Agustín (1995): „El cine español y la transición." In: *Del franquismo a la postmodernidad: cultura española 1975–1990.* Hrsg.: José B. Monleón. Torrejón de Ardoz: Akal, S. 85–98.

SÁNCHEZ VIDAL, Agustín (2000): *Eduardo Arroyo.* Madrid: Electa.

SAURA, Antonio (1999): *Fijeza. Ensayos.* Barcelona: Galaxia Gutenberg.

SAURA, Antonio (2000): *Crónicas. Artículos.* Barcelona: Galaxia Gutenberg.

SCANLON, Geraldine M. (1986): *La polémica feminista en la España contemporánea 1868–1974.* Torrejón de Ardoz: Akal.

SCHMID NOERR, Gunzelin/EGGERT, Annelinde (1986): „Die Herausforderung der Corrida. Vom latenten Sinn eines profanen Ritus." In: *Kultur-Analysen. Psychoanalytische Studien zur Kultur.* Hrsg.: Alfred Lorenzer. Frankfurt a. M.: Fischer, S. 99–162.

SCHNEIDER, Reinhold (1982): *Gesammelte Werke in zehn Bänden.* Hrsg.: Edwin Maria Landau. Frankfurt a. M.: Suhrkamp.

SCHWARZ, Egon (1983): „Reiseliteratur und Ideologie: Zum Deutschlandbild Julio Cambas." In: *Probleme der Moderne: Studien zur deutschen Literatur von Nietzsche bis Brecht.* Hrsg.: Benjamin Bennett/Anton Kaes/William Liiyman. Tübingen: Niemeyer, S. 405–429.

SECO SERRANO, Carlos (1984): *Militarismo y civilismo en la España contemporánea.* Madrid: Instituto de Estudios Económicos.

SERRAHIMA, Maurici (1967): *Realidad de Cataluña: respuesta a Julián Marías.* Barcelona: Aymá.

SERRANO, Carlos (1999): *El nacimiento de Carmen.* Madrid: Taurus.

SMITH, Paul Julian (1994): *Desire Unlimited: the Cinema of Pedro Almodóvar.* London.

SMITH, Paul Julian (1996): *Vision machines: cinema, literature and sexuality in Spain and Cuba, 1983–(1993).* London: Verso.

SOUTHWORTH, Herbert R. (1963): *El mito de la cruzada de Franco.* Paris: Ruedo Ibérico.

Spanien – die Entdeckung einer europäischen Kultur (1998). Hrsg.: Hans-Peter BURMEISTER. Loccum: Evangelische Akademie.

Spanien heute. Politik – Wirtschaft – Kultur (1998). Hrsg.: Walther L. BERNECKER/Klaus DIRSCHERL. Frankfurt a. M.: Vervuert (= Bibliotheca Ibero-Americana 65).

Spanien heute. Politik – Wirtschaft – Kultur ([2]1993). Hrsg.: Walther L. BERNECKER/Josef OEHRLEIN. Frankfurt a. M.: Vervuert.

Spanien und Europa. Stimmen zu ihrem Verhältnis von der Aufklärung bis zur Gegenwart (1979). Hrsg.: Hans HINTERHÄUSER. München: dtv.

Spanische Bilderwelten. Literatur, Kunst und Film im intermedialen Dialog (1993). Hrsg.: Christoph STROSETZKI/André STOLL. Frankfurt a. M.: Vervuert (= Studia Hispanica 3).

Spanish Cultural Studies. An Introduction. The Struggle of Modernity (1995). Hrsg.: Helen GRAHAM/Jo LABANYI. Oxford: Oxford University Press.

SUEIRO, Daniel (1976): *La verdadera historia del Valle de los Caídos.* Madrid: Sedmay.

TAMAMES, Ramón (1973): *La República; la era de Franco.* Madrid: Alianza.

TORRES FEIJÓ, Elias J. (1990): „Der »Saudosismo« in Galicien. Die Zeit von »Nós« und ihr Kontext." In: *Tranvía. Revue der Iberischen Halbinsel* 18, S. 32–35.

TRENZADO ROMERO, Manuel (1999): *Cultura de masas y cambio político: El cine español de la transición.* Madrid: Siglo XXI.

TUÑÓN DE LARA, Manuel (1989): „Cultura y culturas. Ideologías y actitudes mentales." In: *La Guerra Civil Española 50 años después.* Hrsg.: Manuel Tuñón de Lara u. a. Barcelona: Labor, S. 275–358.

UNAMUNO, Miguel de (1987): *El Cristo de Velázquez.* Madrid: Espasa-Calpe.

UNAMUNO, Miguel de (1988): *Vida de Don Quijote y Sancho.* Madrid: Cátedra.

UNAMUNO, Miguel de (2000b): *En torno al casticismo.* Madrid: Taurus.

VALDIVIESO RODRIGO, Mercedes (1988): *Die Generation von 98 und die Spanische Malerei.* Köln/Wien: Böhlau.

VARELA, Javier (1998): „Los intelectuales ante la Gran Guerra." In: *Claves* 88, S. 27–37.

VÁZQUEZ MONTALBÁN, Manuel (1980): *Crónica sentimental de España.* Barcelona: Bruguera.

VÁZQUEZ MONTALBÁN, Manuel (1993): *Autobiografía del General Franco.* Barcelona: Círculo de Lectors.

VÁZQUEZ MONTALBÁN, Manuel (2000): *Cancionero general del franquismo 1939–1975.* Barcelona: Crítica.

VENTÓS, Xavier Rubert de (1987): *El laberinto de la hispanidad.* Barcelona: Círculo de lectores.

VERHAEREN, Émile (1899): *España negra.* Barcelona: Pedro Ortega.

VERNET, Juan (1999): *Lo que Europa debe al Islam de España.* Barcelona: El Acantillado.

Vida cotidiana y canciones. España de los 40 a los 90 (1990). 2 Bde. Madrid: Ediciones del Prado.

VILAR, Sergio (1976): *La oposición a la dictadura. Protagonistas de la España democrática.* Barcelona: Aymá.

VILAR, Sergio (1984): *Historia del antifranquismo 1939–1975.* Barcelona: Plaza & Janés.

VILLACORTA BAÑOS, Francisco (1980): *Burguesía y cultura. Los intelectuales españoles en la sociedad liberal, 1808–1931.* Madrid: Siglo XXI.

VILLACORTA BAÑOS, Francisco (1985): *El Ateneo de Madrid (1885–1912).* Madrid: C.S.I.C.

VILLALOBOS RACIONERO, Isidoro (1995): „El lenguaje taurino, presencia y constancia." In: *Los toros en la cultura. Ciclos de conferencias en el Ayuntamiento de Ciudad Real.* Hrsg.: ders. Ciudad Real: Concejalía de Cultura del Ayuntamiento, S. 55–67.

ZULUETA, Carmen de/MORENO, Alicia (1993): *Ni convento ni college. La Residencia de Señoritas.* Madrid: Publicaciones de la Residencia de Estudiantes.

Personenregister

Sachregister